海外中国研究丛书

刘东 主编

[日] 富谷至 著

刘恒武 孔李波 译

文書行政の漢帝国

文书行政的汉帝国

江苏人民出版社

图书在版编目(CIP)数据

文书行政的汉帝国/[日]富谷至著;刘恒武,孔李波译.--南京:江苏人民出版社,2013.7(2022.2重印)
(海外中国研究丛书/刘东主编)
ISBN 978-7-214-10192-1

Ⅰ.①文… Ⅱ.①富…②刘…③孔… Ⅲ.①行政-文书-研究-中国-汉代 Ⅳ.①K234.063

中国版本图书馆 CIP 数据核字(2013)第 151641 号

MONJO GYOSEI NO KAN TEIKOKU
by TOMIYA Itaru
Copyright © 2010 TOMIYA Itaru
All rights reserved.
Originally published in Japan by THE UNIVERSITY OF NAGOYA PRESS, Aichi.
Chinese (in simplified character only) translation rights arranged with THE UNIVERSITY OF NAGOYA PRESS, Japan, through THE SAKAI AGENCY and BARDON-CHINESE MEDIA AGENCY.
Simplified Chinese translation copyright © 2013 by Jiangsu People's Publishing Ltd

江苏省版权局著作权合同登记:图字 10-2013-282

书　　　名	文书行政的汉帝国
著　　　者	[日]富谷至
译　　　者	刘恒武　孔李波
责 任 编 辑	张惠玲
助 理 编 辑	解冰清
装 帧 设 计	陈　婕
责 任 监 制	王　娟
出 版 发 行	江苏人民出版社
地　　　址	南京市湖南路 1 号 A 楼,邮编:210009
照　　　排	江苏凤凰制版有限公司
印　　　刷	南京新洲印刷有限公司
开　　　本	652 毫米×960 毫米　1/16
印　　　张	27　插页 4
字　　　数	300 千字
版　　　次	2013 年 9 月第 1 版
印　　　次	2022 年 2 月第 4 次印刷
标 准 书 号	ISBN 978-7-214-10192-1
定　　　价	60.00 元

(江苏人民出版社图书凡印装错误可向承印厂调换)

序"海外中国研究丛书"

中国曾经遗忘过世界,但世界却并未因此而遗忘中国。令人嗟讶的是,20世纪60年代以后,就在中国越来越闭锁的同时,世界各国的中国研究却得到了越来越富于成果的发展。而到了中国门户重开的今天,这种发展就把国内学界逼到了如此的窘境:我们不仅必须放眼海外去认识世界,还必须放眼海外来重新认识中国;不仅必须向国内读者迻译海外的西学,还必须向他们系统地介绍海外的中学。

这个系列不可避免地会加深我们150年以来一直怀有的危机感和失落感,因为单是它的学术水准也足以提醒我们,中国文明在现时代所面对的绝不再是某个粗蛮不文的、很快就将被自己同化的、马背上的战胜者,而是一个高度发展了的、必将对自己的根本价值取向大大触动的文明。可正因为这样,借别人的眼光去获得自知之明,又正是摆在我们面前的紧迫历史使命,因为只要不跳出自家的文化圈子去透过强烈的反差反观自身,中华文明就找不到进入其现代形态的入口。

当然,既是本着这样的目的,我们就不能只从各家学说中筛选那些我们可以或者乐于接受的东西,否则我们的"筛子"本身就可能使读者失去选择、挑剔和批判的广阔天地。我们的译介毕竟还只是初步的尝试,而我们所努力去做的,毕竟也只是和读者一起去反复思索这些奉献给大家的东西。

刘　东

目 录

绪言 1

第一编 简牍的形态与功能——视觉简牍之考察

第一章 简牍时代及其终焉 9

引言 9

一、论语的错简 10

　1. 错简 10

　2. 错简产生于何时？ 13

二、韦编三绝 18

　1. 韦编是鞣皮制成的吗？ 18

　2. "韦编三绝"语义的演变 21

小结——由青丝、青囊到青帙、青纸 22

第二章 视觉简牍的诞生——关于简札长度的考察 28

一、简牍长度概观 28

二、尺一诏的起源　32

三、三尺之律　36

四、儒家经书的长度　43

小结　47

第三章　檄书考——视觉简牍的发展　49

引言　49

一、檄的考察——"卅井关守丞匡檄"　54

二、檄和检　70

三、檄究竟是什么——檄的功能和效果　76

 1. 关于印　77

 2. "日时在检中"的含义　79

 3. 露布的效果　86

四、另一种檄——公告檄文　87

 1. 候史广德行罚檄　87

 2. 玉门花海出土的皇帝遗诏　92

 3. 多面体《急就篇》　96

小结　98

第二编　文书记录及其相关背景

第一章　书记官之路——汉代下级官吏的文字学习　103

引言　103

一、江陵张家山247号墓出土的汉代律令的史律　105

二、"史"、"不史"和"能书会计"　108

三、文书的传送　113

四、扁书与讽诵——文书行政与口头传达　118

1. 所谓"扁书" 118
2. 行政文书的最终地点 124

五、《急就篇》与《千字文》 128

小结 135

第二章 字体、书法、书法艺术
——行政文书造就的书法艺术 139

引言——书法艺术的成立条件 139

一、字体的名称——隶书、草书、楷书 140

二、木简中的书法和习书 146

1. 悬针与波磔 147
2. 习书简 150
3. 木简中所见草书 157

三、从行政文书到书法艺术 160

小结 164

第三章 行政文书的格式和惯用语 166

引言 166

一、惯用结束语 167

1. "如律令"等 167
2. "毋以它为解"、"毋忽"、"以急疾为故" 171
3. "有书"、"有教" 174

二、文书的传送和惯用语 181

1. 检面表记与传送 181
2. "行者走"、"吏马驰行"、"马驰行"等 187
3. 关于"发" 193

三、亲笔签名和副本撰制 197

小结　206

第三编　汉代行政制度考证

第一章　汉代的地方行政
——关于汉简中"亭"的分析　211

引言　211

一、汉代边地出土简牍中的"亭"　212
    1. "亭"、"亭燧"、"邮亭"等名词的语义　212
    2. 额济纳河流域汉亭的实态及其功能　222
    3. 汉代边地的邮亭——以邮行、以亭行　228

二、地方行政制度中的亭制　241
    1. 以尹湾汉简及文献史料为基础的考察　241
    2. 乡、亭、里制度再考——以"十里一亭"为中心　244

小结　251

第二章　交通行政——通行证和关卡　254

引言　254

一、文献史料中的"传"及其注释　255

二、简牍资料中的"传"——以汉代边地木简为中心　267
    1. 申请程序　274
    2. "传"的书式　278
    3. 传的递交　283
    4. 传与符、致　287

三、汉代的关卡——以汉代西北边地为焦点　295
    1. 肩水金关出土木简的分析　295
    2. 居延县索关　299

3. 玉门关的地望　*305*

　小结　*312*

第三章　粮食供给及其管理——汉代谷仓制度考　*314*

　引言　*314*

　一、居延地区的谷仓　*316*

　　1. 仓的种类及其设置　*316*

　　2. 仓官　*327*

　　3. 仓的管理　*331*

　二、粮食供给的实态　*337*

　　1. 供给量　*337*

　　2. 大石和小石　*341*

　　3. 供给对象　*351*

　　4. 簿籍　*355*

　三、睡虎地秦律中的谷仓　*370*

　　1. 仓律、效律中的二三条文　*370*

　　2. 仓律（简88—94）的释读　*372*

　小结　*385*

结语　*386*

著者跋　*402*

译后记　*408*

插图出处　*410*

绪　言

自20世纪初丝绸之路沿线发现简牍文物以来,一个世纪的岁月过去了。在这期间,有关简牍的学术探索曾因战争的干扰而有过若干年的空白。战后,简牍研究得到了真正意义上的开展。如果将上世纪50年代作为战后简牍学的起始期,那么它也仅有半个世纪的发展历程。

然而,在这半个世纪当中,中国各地出土竹简、木简的质与量,都达到了令人叹为观止的程度。最初,斯坦因在敦煌疏勒河流域发现了700多支汉简,时至今日,考古出土的竹简、木简数据称已经累计70万—100万支之多,是当初的1000倍,事实上,关于其总数尚未有过精确的统计。

这半个世纪发现的简牍,在内容上也多种多样,其中的文书、记录、簿籍等等,不见于王国维《流沙坠简》和劳干《居延汉简》所列举的简牍类别,由此可见,早先的简牍分类已经不再适用于今天的简牍研究,当今学界侧重于以简牍的书式、形制为依据对简牍的功能进行区分。

最具代表性的简牍出土地点,是散布于居延、敦煌一带汉代边地的军事设施和通信设施遗迹。居延汉简、敦煌汉简、悬泉汉简的史料价值以及简牍研究的醍醐真味,不仅在于其鲜活而富于时代感的文字内容,还在于简牍资料所特有的时间与空间的重层性。考古发现的简牍,其中既有从别处传递而来的文书原件,也有中转文书的副本,甚至还有草稿。无论某件文书是誊本,还是来自异地的原件,它都拥有空间移动性。因此,简牍的史料价值并不局限于文字内容本身,有关一支出土文书简从何地发出、又将被送往何地的考察,能给简牍赋予一种超越文面信息价值的附加价值。总之,有关简牍空间移动经纬的探析,可以使我们能够探明行政机构的机能,而简牍存在的样态可以为我们提供文字信息之外的信息。

此外,有些简牍的简面文字,是多个作者在不同的时间书写上去的。这也就是说,其中包含着时间之差。正是时间差的存在、多个作者的介入,给简牍资料赋予了多重的价值。

这种拥有空间和时间重层性的史料,对于中国史研究而言,是一种弥足珍贵的存在。一般而言,在考察敦煌古文献、吐鲁番文书等唐代出土文字资料之际,无人会追问那种文书为何会在那里发现(为何文献非要封藏于第 17 洞不可)？而且这样的疑问也没有必要。因为其中的行政文书只是经过处理之后供再次使用的写字材料而已,文书本身不再移动,故此,相关空间、时间的考证并不能从中获得附加的历史信息。

另外,言及明清时代的档案资料,虽然笔者对此所知甚少,但是大致可以肯定的是,档案属于已经被集中保管于特定场所的物品,不会被往返传递于各类行政机构之间,因此,我们既无法将其与出土遗址结合起来展开行政设施的研究,也无法将其与文书副本结合起来进行书记行政的考察。

简牍资料的多样性,是显而易见的。出土的木简当中,有写错之后废弃的简札、也有用于习字的所谓"习书简"。即便是练习写字这样的简单行为,也可以分为许多不同情况,其中需要考虑的问题包括:出于什么目的练习何种字体、何种语句?是为了记忆文字的练习?还是为了将字体写得更为美观的练习?或是为了将特定的字写得更为引人注目的练习?而且,即使练习同一个字,不同的习字者也会有不同的目的。

此外,同样是被毁弃的简札,也要考虑毁弃的原因,还有毁弃的方式,其中应当存在两种可能性:一是随意丢弃;二是为了确保文书的机密性不使内容外泄而采取毁弃简牍的措施。据此,我们可以分析毁弃文书的具体属性。

上述的资料特色,严格地讲,就是中国汉代边境的军事、通信遗迹中出土的所谓居延汉简、敦煌汉简等简牍资料所表现出的重层性。事实上,简牍资料还包括发现于秦汉古墓的竹简、木牍和木简。早期发现的墓葬简牍以遣策、书籍(医书、兵书、占书)最为引人注目,上世纪70年代至21世纪,墓葬考古所见简牍的数量和种类趋于多样化。其中,秦汉律令简牍的发现,对于制度史研究意义深远。早期已经散佚而且被认为不复再现的秦律、汉律,以如此集中的形式进入人们的视野,这是谁也没有预料到的。这即是湖北省云梦县睡虎地出土的秦律简牍和江陵张家山247号墓出土的汉律简牍。

秦律和汉律的发现,使得汉代制度史研究实现了飞跃发展。毫不夸张地说,当前的汉代制度研究,如果不借助出土简牍,特别是出土的汉律简牍,根本无法进行。本书探讨的是制度史,毋庸赘言,必须要利用出土的秦汉律令简牍。

然而,首先需要注意的是,古墓中出土的简牍毕竟是墓葬的随葬品,为何要将简牍埋入墓中?谁也没见过的法律条文,古人出于什么目的将其置于墓葬之内?另外,谁书写了这些法律条文？这也是值得思考的问题。之所以要探讨作者和随葬目的，是因为这关系到弄清这些随葬律令简牍究竟是何时的现行法的问题。

关于为何将律令简札埋入墓葬这一问题，笔者认为，这是因为墓主生前亲友在埋葬墓主遗体之时，期望律令简札能够发挥镇墓驱邪的作用，以攘除靠近墓中遗体的恶灵。期待着拥有威吓力量的现世法律可以在冥界产生避邪的效果，随葬律令简札的性质正在于此。笔者曾在若干论著以及学术报告中对此观点做过阐释。司法文书和行政文书均拥有常套句式以及惯用表达方式，这是为了强调命令之绝对性、文书之权威性。这种带有威吓意味的形式，亦见于随葬律令之外诸如买地券（墓地买卖文书仿本）之类的文书、记录，随葬买卖文书仿本的目的，与随葬法律文书一样，在于驱魔避邪。

不见于文献史料的、散佚的书籍与律令得以重现，从这个意义上来讲，墓葬出土简牍拥有无可替代的地位，或许可以说，它们较之被遗弃的、断片居多的居延、敦煌汉简更有魅力。的确，墓葬简牍资料研究者在人数上比居延汉简研究者多出很多。

然而，我们在使用墓葬简牍资料之际必须时刻牢记：它们毕竟是随葬物品，其书写目的无外乎辟邪厌胜。至于现行法律文书，不过是利用其章句而已。我们无法断定这些法令简札被埋入墓葬的时候，其条文依然有效，抑或已经被废止或修改。进一步讲，如果是法令，那么还必须考虑，它们是现行法律的正确誊本，还是适当省略过的简本，甚至还要虑及假造法律文书这种极端的情况。就辟邪的意图而言，随葬法令文书没有必要局限于现行的文书。我们知道，东汉以降，随葬买地券的内容逐渐变得荒唐无稽。

笔者认为,战国秦末至汉初这一历史时期埋入地下的云梦睡虎地秦律、江陵张家山247号墓出土汉代律令,并未暴露出任何假造文书的倾向,故而只要尽可能留意它们是否属于废止法条即可。然而,就今后有可能出土的西汉末年至东汉的墓葬简牍而言,或许存在这种危险性。

本书以《文书行政的汉帝国》为书名,试图尽可能地运用简牍资料特有的重层性和动态性,以此解析汉帝国的行政制度。换言之,也就是针对上述关于简牍资料的一系列问题,将汉代文书行政的实态与当时业已定型的帝国政体联系起来进行一番论述。

第一编《简牍的形态与功能——视觉简牍之考察》、第二编《文书记录及其相关背景》、第三编《汉代行政制度考证》,分别探讨了简牍的形态;简牍的撰写者、简牍文字特点和语言表现形式;使用简牍的行政机构和简牍文书检查制度等三个课题。这样,贯穿本书的关键词就是"简牍"、"视觉简牍"和"文书行政"。

在此,先将本书的结论概括如下:

彻底化的文书行政成就了中国历史上持续时间最长、强盛至极的古代中央集权国家——汉帝国,而使文书行政的贯彻执行成为可能的,正是简牍这种书写材料。对于古代中国而言,简牍无疑是一个重要的时代印记。

为何会得出如此结论?以次页为始的本书正文三编将做详细论述。

第一编
简牍的形态与功能——视觉简牍之考察

第一章　简牍时代及其终焉

引　言

作为书写材料的纸张,以东汉蔡伦纸为最早。之前纸张虽已存在,但并不用于书写文字,主要用来包装物品。笔者曾经就此做过论述①,这里就不再赘言。目前,需要考虑的是,木简和竹简使用到何时为止？纸与木、竹并用的时代延续至哪个时期？用具的演变绝不可能在短时间内完成,简牍也不会在转瞬之间被蔡伦纸取代。那么,简牍(木简、竹简)的历史究竟终结于何时呢？在此,需要留意的是,简牍分为单简和编缀简(书册简),虽然同为简牍,其功能、用途却迥然不同。事实上,这两种简牍被纸张取代的时间下限并不一致。倘若扩大单简的范畴,将写有文字的木札、木片(卒塔婆②、库房标签、木制玩具等等)都称为木简的话,那么"木简已经失去了实用价值"这一断语就不能成立。故此,首先要确定木简的定义。笔者想要着重探讨的,

---

① 拙著《木簡竹簡の語る中国古代》,岩波書店,2003 年。
② 译者注:"卒塔婆"原是梵文"Stupa"(佛塔)日语音译。在现代日本,卒塔婆常指竖立于墓旁写有追善供养文字的塔形木牌。

并非各种单简的存续时间,而是编缀简——即编缀书籍、账簿等书册简的年代下限。

在迄今我们所见到的简牍之中,时代最晚的是20世纪初斯文·赫定、奥雷尔·斯坦因在楼兰遗址发现的楼兰简,这些简牍的年代范围是公元3世纪末至4世纪初,相当于西晋灭亡时期。楼兰遗址还出土了纸质文书和书籍,这一时期正是纸与木并用的时代。然而,关于书册简是否仍然存在的问题,很难立即给出回答。至少,在楼兰出土的简牍之中,无法确认编缀简的存在。下文想从其他角度来探讨书册简的存续和终焉,同时也会论及楼兰简和楼兰出土的古纸。

一、论语的错简

1. 错简

在用简牍记录长篇文章的时候,要将多支简札编缀起来做成书册形式。下一节将要论及的"韦编三绝",其语义就是:由于常常开卷阅读,以至于将书册简的编绳弄断三次。后世以此喻指热心学习、孜孜不倦。韦编作为一种易耗品,必然会破损断开,解开简札重新编缀之际,偶尔有个别简札的顺序被搞错,这种情况被称为"错简"。或许人们会想,如果给简牍编上号码,错简就不应该再出现了。然而,不知何故,简札通常不带编号,标有编号的情况很少。不过,按顺序给简札编号的书册简也有发现,武威麻咀子汉墓出土竹简——即所谓武威汉简之《仪礼》就是典型例证,竹简的下端写有编号。至于为什么不带编号的情况十分普遍?笔者也无法给出明确回答。正因为如此,研究并复原出土简札的原有编序,要耗费研究者们很大的时间和精力。

错简现象的确会发生。下述《论语》中的记载就是一个典型的例子:

> 子张问崇德、辨惑。子曰:"主忠信,徙义,崇德也。爱之欲其生,恶之欲其死。既欲其生,又欲其死,是惑也。'诚不以富,亦祇以异。'"   《论语·颜渊》

这段话的大意是:子张询问何谓"崇德"、何谓"辨惑",孔子说,"以忠诚守信为主体,践行道义,就是提高德行。喜欢一个人,就想让他长生,厌恶他的时候,就想让他死去,既希望他长生又希望他死去,这就是惑。'的确,重要的并非富有,而是有别人无法仿效的特殊才能。'"

"子张问崇德"到"是惑也"为止,即孔子对于"崇德"和"辨惑"的解答,语义极为清楚。然而,最后一句"诚不以富,亦祇以异"与前文之间的联系,令人难以解释。这句话看起来与全文毫无关系,就像是无意间混进来的一句话。

上面这句话载于《论语·颜渊》。值得注意是,《论语·季氏》有如下记载:

> 齐景公有马千驷,死之日,民无德而称焉。伯夷叔齐,饿于首阳之下,民到于今称之。其斯之谓与。   《论语·季氏》

大意为:齐景公马匹千驷。死去的时候,没有一个百姓称赞他有德。伯夷、叔齐饿死在首阳山下,时至今日人民还在赞颂他们。说的正是这个道理。

这段文字的最后一句:"其斯之谓与——说的正是这个道理",言指人们对于齐景公和伯夷、叔齐不同评价说明了某一道理,这里如果没有一条概括性的语句,全文意思就不完整。倘若加上前文《颜渊篇》中最后一句"诚不以富,亦祇以异",整段文字就完美无缺了。

实际上,"诚不以富,亦祇以异"出自《诗经》之《小雅·我行其野》,原文为:"我行其野,言采其蓫。不思旧姻,求尔新特。成不以富,亦祇以异。"上述《论语·季氏》的文字以《诗经》中讽刺周宣王的诗句开头,然后指出齐景公的相似结局,最后则以"其斯之谓与——说的正是这个道理"结束。

"诚不以富,亦祇以异"一句的确原在《论语·季氏》之"齐景公有马千驷"之前,这还可以从另外一点上得到补证。上述《论语·颜渊》那段话之后,也是以"齐景公"起头的一句话:"齐景公问政于孔子、孔子对曰、君君臣臣父父子子……"由此可以推断,那支编错的简札上写着"诚不以富亦祇以异齐景公",原在《论语·季氏》"有马千驷"之前,结果被错放在了《论语·颜渊》"问政于孔子"之前了。

以上观点,早在宋代就被程颐提出,朱熹《论语集注》对此做了介绍:

> 程子曰:"此错简,当在十六篇齐景公有马千驷之上。因此下文亦有齐景公而误也。"

《论语集注》卷六

程颐、朱熹明确指出,上述《论语·颜渊》中那句话所在的简札被编错了。然而,如果"诚不以富亦祇以异齐景公"这支简札编错的话,那么它一定会对与其相关而且本来位置正确的简札产生某种影响。例如,倘若"诚不以富亦祇以异齐景公"没有被放在《颜渊篇》的这个位置上,那么,"齐景公问政于孔子"的"齐景公"就应写在别的简札上,或者,"齐景公问政于孔子"的条文原本就是以"齐景公"起头的。如果是第一种情况,那么那支简札的内容如何?如果是第二种情况,错简上"齐景公"三字就变得多余了。比较容易理解的假设是:《颜渊篇》"齐景公"一简与《季氏篇》"诚不以富亦祇以异齐景公"一简彼此位置被编错了,这种情况的前提是"齐景公"三字被单独写在一支简札上,即便如此,仍然有些不自然。无论如何,迄今我们还无法解释清楚错简对其他相关简札的影响。有人认为,季氏篇最后"邦君之妻,君称之曰夫人"一句也是从其他书籍的简牍中错编进来的[1],朱子在"齐景公有马千驷"条文注释中也讲到:"大抵此书后十篇多阙误。"也许这就是错简"诚不以富亦祇以异齐景公"对文章其他部分产生影响的痕迹。

2. 错简产生于何时?

下文想要进一步考证的是,错简产生的时代以及书籍材料由简牍到纸的演变。

在此,首先言明笔者的结论:《论语·颜渊》和《论语·季氏》的错简出现于东汉末年,这个时期正是纸张成为书写材料的前夕。那么,为什么这样说?其线索是简札的长度。

前文已经言及,简牍分为编缀简和单简两种。其中,单简根据用途差异被制作成各种不同形状,书册简则拥有特定的长度和宽度。普通书册简长 1 尺(汉代 1 尺约为 23 cm),皇帝下发的诏书长 1 尺 1 寸,儒学典籍为 2 尺 4 寸,《论语》则写在 8 寸长的简札上。总之,书籍、文书简札的长度取决于它们的权威

---

[1] 吉川幸次郎:《論語》,《吉川幸次郎全集》第四卷,筑摩书房,1969 年。

等级,更准确地说,简札的长度差异使书籍、文书具有了等级意味。①

在此,需要补充说明的是:既然简札的长度可以体现书籍的权威,那么为什么《论语》只有8寸?

随着时代的变化,度量衡的单位逐渐加长、加大、加重。这一规律到汉代就已经体现出来,周制8寸为尺,8寸简札的《论语》合周代1尺。宣扬周代礼制的孔子言行录——《论语》将简札长度缩短至8寸,恰恰是在显示《论语》的权威。

1尺长的简札大致可以容纳30个普通尺寸的汉字,居延、敦煌出土的1尺简已经证明了这一点。据此推算,8寸简札上大约能够书写24个字。

关于《论语·季氏》的错简,一般推测"诚不以富亦祇以异齐景公"写在一支简上,如果这样,这支简就仅仅写了11个字,比通常的24字少了许多,如何对此做出解释?

实际上,这句话之后附带着郑玄的注释。众所周知,《论语》郑玄注早已散佚,幸运的是"诚不以富亦祇以异齐景公"条文所附何晏《集解》中引用了郑玄注,原文如下:

> 郑曰:"此诗小雅也。祇,适也,言此行诚不可以致富,适足以为异耳,取此诗之异义以非之。"

假定注释写在简札上(可以是双行,也可以是小字单行),如果是双行,8寸简牍刚好能容纳大约23个字。(图1)

接下来要考虑的是经书正文和注释之间的关系,具体而言,

---

① 本编第二章将对简牍长度进行详细考证。

第一章 简牍时代及其终焉

就是要弄清经文与注释合为一体的时间。本来,经文与注释是分别编辑的,我们所看到的现行经书的体裁并非一开始就如此,而是经过了特定时期以后形成的。关于这个时期,古胜隆一曾做过如下论述:

> 经文与注释是从何时开始合并在一起的?据说在东汉马融(公元79—166年)的时代,原本分开的经文和注释被写在了一起。
>
> 孔颖达《毛诗正义》记载:"及马融为《周礼》之注,乃云:'欲省学者两读,故具载本文'。"另据隋代刘炫《孝经述义》,西汉以前作训释之际,训释是与本文分开的。孔安国为了省去经、传分开阅读的麻烦,上书经文,其下续传。
>
> 在马融的时代,正因为这种形式并不普及,故而才有经注合并的提议,自这个时期起,经与注开始合在一起。①

郑玄的时代大约为公元200年左

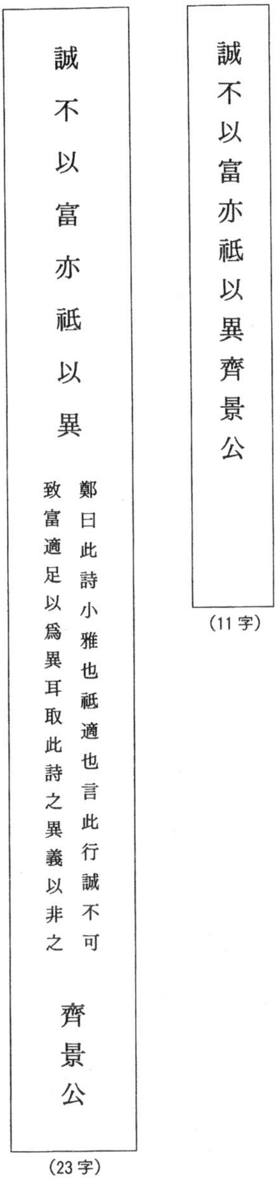

誠不以富亦祇以異

鄭曰此詩小雅也祇適也言此行誠不可致富適足以爲異耳取此詩之異義以非之

齊景公

(23字)

誠不以富亦祇以異齊景公

(11字)

图1 论语简的推定

---

① 古胜隆一:《后漢魏晋注釈書の序文》,《東方学報》73册,2001年。

右,这时注释与经书已经写在一起了。因此,《论语》中有问题的这支简札上附带着郑玄注,可以推定,这类简的年代是在郑玄时代以后,即纸张取代简牍的前夕。

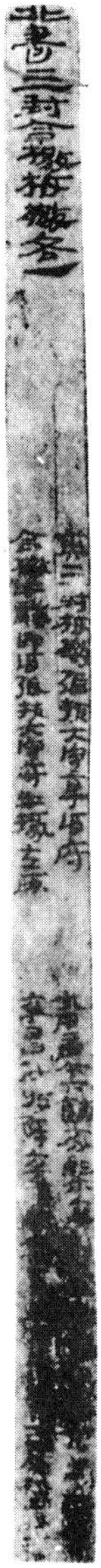

此外,郑玄注内容本身也反映了错简的时期。注文曰:"取此诗之异义以非之",如果此简错编在《颜渊篇》最后,那么"非之"就很难理解,因为其意为:批评有马千驷却无德的齐景公。郑玄看到的是"诚不以富亦祇以异齐景公"一简位于《季氏篇》开头的《论语》,那时简札还未被编错。

以上就是笔者认为《论语·颜渊》和《论语·季氏》的错简出现于东汉末年的理由。

我们还需对以上结论作一些补充。

首先是关于双行书写注释的问题。暂且不论书籍中的注释,针对某一事项、某一文句进行详细说明的行文格式在汉代简牍并不少见。这种格式主要见于账簿、名籍,在某一项目之下列出若干字行介绍细目或详细内容(图2)。如果将文章或用语的注释等同于项目详细内容的说明,那么双行书写注释的格式应该可以溯源到东汉马融、郑玄时代之前。

由简牍向纸张的演变过程可以分为若干阶段,书籍的材料在较早阶段就演变为了纸张。在时代大约为公元3—4世纪的楼兰遗址(LA)中,同时发现了纸和木简两种书写材料,证明当时正

图2 双行注

处在木、纸并用的时代。楼兰出土的书籍均以纸作为书写材料,其中,发现了带有双行注释的《春秋左氏传》"昭公八年"(M253)、"襄公二五年"(M259)的残片(图 3)。纸面上划着规整的细框线,其上还留有数厘米的余白,双行注释也填写得十分整齐。显然,这并非学习《左传》的练习册,而是《春秋左氏传》原书的正本。①

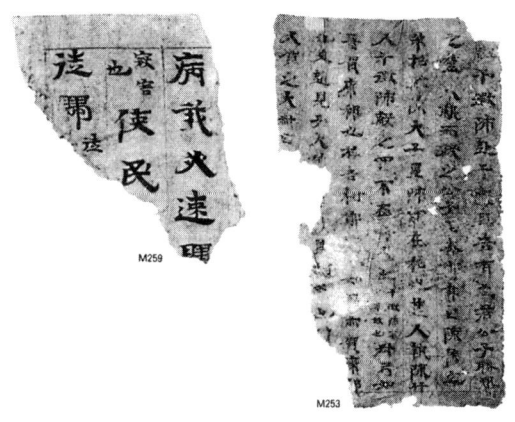

图 3　楼兰《左传》

楼兰出土的木简、古纸的时代下限应是西晋末 300 年前后——西晋西域长史府撤出的时间。公元 4 世纪初,书籍的书写材料已经完全由简牍转变成了纸张,注释与正文合一的书写形式也已确立,这一点从楼兰出土的带有注释的《春秋左氏传》正本得到了如实的反映。

然而,在此需要注意的是,虽然书籍的书写材料已经完全转变为了纸张,但是文书、账簿、荷札、符、传等等所谓单独使用的简牍被纸张的替代还要经历一段时间。仅就单简而言,它们也并不

---

① 在楼兰遗址发现了《论语》的习书残件,它与《春秋左氏传》的状况有明显区别。

是同时被纸张取代的,由于其用途不同,被取代的时间也不同。楬(标牌、附札)类木简的使用下限很可能延伸到了隋唐时期,进而对韩国木简、日本木简产生影响。

目前还无法确定单简的终焉时代。让我们再一次回到书籍简,通过"韦编三绝"四字成语来对书籍材料转变为纸张的过程进行一番考证。

二、韦编三绝

1. 韦编是鞣皮制成的吗?

"韦编三绝"四字成语意指"熟读某书"、"热心读书",这句成语最早见于《史记·孔子世家》,亦见于《汉书·儒林传》。

> 孔子晚而喜《易》,序《彖》、《系》、《象》、《说卦》、《文言》,读《易》,韦编三绝。曰:"假我数年,若是,我于《易》则彬彬矣。"
> 《史记·孔子世家》

> 盖晚而好《易》,读之韦编三绝,而为之传。
> 《汉书·儒林传》

之后,这一成语也被历代许多文献所引用,其中大多数都是在转述《史记》所载孔子事迹,特别是专注于《易经》之情状时引用的,而在言及孔子以外的其他人物热心读书的文脉中则不使用这个成语。

在此,先来探讨一下"韦编"的语义。《广辞苑》解释为:"编缀竹简的鞣皮条",这也是一般的说法。然而,在简牍时代,书册简果真是以鞣皮编缀起来的吗？鞣皮编缀是最普遍的做法吗？

笔者认为，一般简牍决不会是以鞣皮编缀的，即便是精装书籍、贵重书籍也不太可能使用鞣皮。

首先，长22厘米、厚5毫米的简札的编缀工作，无论使用多么细长柔软的熟皮条，都很难快捷、高效地完成，收卷、束扎之际也不方便。目前很少发现依然保持着编缀状态的简牍，在为数有限的此类出土实物之中，完全见不到以皮革编缀的书册简。

那么见于出土简牍的编缀材料究竟是什么呢？让我们来对以下木简做一考察。

    两行册 檄三

骓喜燧 札百 八月己酉输

  绳十丈   7·8

禽寇燧札二百两 行五十、绳十丈、 六月为七月

                10·9

    昕寇燧绳十丈札五十檄二

蕉火治所   273·1
    以亭次传行毋留

上面列举的简牍，是甲渠候官出土的检，检面文字中，写有"札"、"两行"、"檄"、"绳"等书写材料及用具。札即单行书写的简牍，两行即双行书写的简牍，檄是长型多面体的木简，绳则是简牍的编绳。

简牍的编绳被称为"绳"，居延汉简对此有明确记载。以"绳"指代编绳的用语习惯，并不仅仅局限于汉代西北边地，而是汉朝全域通用的。正式的编缀简、书册简也以绳来编缀简札，这从《别

录》《七略》中可以得到确证,这两本书都是编纂、校订宫廷图书之际撰成的图书目录。两书明确记载,书籍是以"绳"编缀起来的。

  《孙子》书以杀青简、编以<u>缥丝绳</u>

刘向《别录》(《太平御览》卷六〇六"简"、《北堂书钞》卷一〇四"简")

  《尚书》有<u>青丝编</u>目录

刘歆《七略》(《文选》卷三八《任昉为范始兴求立太宰碑表》李善注)

另外,3 世纪汲县古墓发现的竹简——《汲冢书》,也是用白丝编缀的。

  古文《穆天子传》者,太康二年,汲县民不准盗发古冢所得书也。皆竹简素丝编。

        荀勖《上穆天子传序》(道藏本《穆天子传》所收)

1) 实际出土的书册简是以纤维质绳带编缀的。
2) 文献史料中,"绳"即指编绳,宫内图书也以"绳"编缀。
3) 长 22 厘米、厚 5 毫米的简札的编缀工作,无论使用多么细长柔软的熟皮条,都很难快捷高效地完成,收卷、束扎之际也不方便。

  据此,笔者认为,简牍的编绳不会以鞣皮制成,而"韦编"的意思也并非"编缀竹简的鞣皮条"。

  关于"韦编"的语义,林小安曾提出一个与众不同的解释。① 笔者在另外一本书中对此已有言及。② 根据林氏之说,"韦编"即"纬编","纬"是指横丝。"韦编三绝"意为"编缀简牍的横丝断了

---

① 林小安:《"韦编三绝"正读》,《中国文物报》1991 年 11 月 3 日。
② 冨谷至:《木簡竹簡の語る中国古代》,岩波书店,2003 年,第 72 页。

三次",以此形容书已经破损。

《史记》、《汉书》关于孔子读《易》"韦编三绝"的记载,解释为热衷研读《易经》以至于数次弄断编绳,这是很妥当的。然而,"韦编三绝"最终也衍生出一些脱离原义的象征性含义。

2. "韦编三绝"语义的演变

汉代以降,"韦编三绝"作为孔子的一段佳话,出现于很多文献史料当中,今天依然脍炙人口。

大约编纂于公元317年前后的葛洪(公元283—363年)《抱朴子》中,"韦编三绝"出现于如下文脉:

> 夫周公上圣,而日读百篇。仲尼天纵,而韦编三绝。墨翟大贤,载文盈车。仲舒命世,不窥园门。倪宽带经以芸鉏。路生截蒲以写书。　　《抱朴子·勖学》

> 丘韦编三绝、铁樌三折,今乃大悟。　《抱朴子·祛惑》

《抱朴子》中的"韦编",与"铁樌"相对应。文中"韦"的意思应为鞣皮。文章将"皮"与"铁"进行对照,(不应折断的)铁樌折断了三次,(不应扯断)的皮绳断开了三次,以此对文义进行夸张的表达。

我认为,《抱朴子》将"韦编三绝"视为一种夸张表达,这可以反映出《抱朴子》时代编缀简的终焉。

《史记·孔子世家》所载"韦编三绝"意为:专注读书以至于横丝编绳(韦编)三次断开。阅读同一本书,反复打开书册简,确实可以弄断丝制编绳。西晋末年至东晋,韦编的"韦"已经被认为是鞣皮,"韦编"、"韦编三绝"的语义也变成了:本不应该断开的鞣皮绳断了三次,这与词语原义大相径庭,成为了一种非现实的、夸张比喻的表达方式。其原因或许可以归结为孔子的神格化、孔子故事的演义化,但是,更要关注到书册简在这个时代已经从人们的记忆中淡出的事实。无法亲历亲见,是产生远离现实的夸张比喻之语的土壤,于是韦编被解释为了不应断开的皮制编绳。

据研究,《抱朴子》成书于东晋初期的公元317年。经过东汉、三国时代,纸料已经普及,兼之4世纪初西晋覆亡、华北动乱,简牍之类的编缀书籍成为了昔日故物。人们不再有缘目睹编缀而成的书册简(单独使用的简牍可能仍在使用),书写材料的变迁在"韦编三绝"语义演变中得到了印证。

小结——由青丝、青囊到青帙、青纸

到3世纪初的东汉末年,简牍书册还比较普遍,书籍以简牍书写。其后百年之间,简牍逐渐被纸本替代,至4世纪初,书籍全部以纸料书写,书册简淡出了人们的视线。这是本书的结论。书写材料由简牍到纸张的演变过程,可以总结如下。

上文史料中所谓"青丝编"、"素丝编"、"缥丝绳"都是简牍的编绳,其颜色分为白、青、淡青。颜色区别包含着什么更深的意味吗?首先聚焦于青色进行一番考察。

《汉旧仪》有如下记载:

> 皇帝六玺,皆白玉螭虎之纽。文曰:皇帝行玺、皇帝之玺、皇帝信玺、天子行玺、天子之玺、天子信玺,凡六玺也。皇帝行玺凡封之玺,诸侯王赐书。信玺发兵。其征大臣以天子行玺。策拜外国事以天子之玺,事天子鬼神以天子信

玺。皆以武都紫泥封,青布囊,白素里,两端无缝,尺一板中约书。

"皆以武都紫泥封,青布囊,白素里,两端无缝,尺一板中约书",讲的是书写了皇帝诏书的简牍,要用一尺一寸的札,以紫泥封印,再用青色的囊包裹起来。

青色是特别的颜色,是与帝王关系密切的颜色,例如,天子内廷被称为"青蒲"。该词见于《汉书·史丹传》,《史丹传》记载了史丹"伏青蒲"谏言的故事。

> 丹以亲密臣,得侍视疾,候上间独寝时,丹直入卧内,顿首伏青蒲上,涕泣言。

服虔注曰:"青缘蒲席也。"应劭解说曰"以青规地曰青蒲,自非皇后不得至此",颜师古赞同应劭说。青色象征着帝王的专有空间。

《释名·释采帛》曰:

> 青,生也。象物生时色也。

同样,《论衡·道虚篇》载:

> 物生也,色青,其熟也,色黄。

青色也是象征万物发生的色彩。皇帝亲手颁发的诏书,本来只有皇帝才能书写,是根本的、原初的存在,因此其内容极为重要。青色的纸张被用于皇帝直接颁发的手诏,应该是缘起于这样的文化背景。

另外,《晋中经簿》(《太平御览》卷 606 "文部")中记载:"盛书,有缥袠、青缣袠、布袠、绢袠。"意为书籍被装在各种以颜色相区分的袠囊之中。"盛书"即置放书籍,而筐、箧一类就是收纳书籍的容器①，另外，还有布制的囊（书囊）。《中经簿》所说的是布制的书囊，其中包括青缣书囊。《中经簿》《中经新簿》是上文提到的汲冢书整理者——荀勖所撰写的图书目录，在他所处的时代，书籍正步入纸本时代，因此，这里的"书"是纸制的。

在简牍时代，有时使用青色编绳来编缀简牍，上文列举的刘歆《七略》提到"青丝编"证明了这一点。青丝绳与一般的素丝编绳不同，仅用于皇室、宫中书籍，编绳的青色象征着一种权威。

青囊、青丝编绳具有象征意义的青色，最终被青色纸张所继承。"紫泥青布囊"向"紫泥青纸"的转变，可以从以下史料窥知：

> 晋为诏，以青纸紫泥。宋泰始二年，军功除官者众，板不能供，始用黄纸。　　《玉海》卷64《诏令》

> 又以盛汉君临，推恩娄敬，隆周朝会，廼长滕侯。由是紫泥青纸，远贲恩泽，乡亭龟组，颁及婴孩。
>
> 《陈书》卷35《陈宝应传》

根据本章的考察，书册简于公元3世纪—4世纪走向终焉。从文献史料可以看出，在魏明帝时代，诏书已经用纸书写了。

景初二年（238年），魏明帝临终之际，欲将后事托付给燕王曹宇，然而，围绕着实权在握的曹爽和司马懿的对立，朝臣之间的对立不久即发展成政变。这期间，明帝数次颁发内容不同的诏书。

> 帝曰："曹爽可代宇不？"放、资因赞成之。又深陈速召太

---

① 《汉书·贾谊传》有"俗吏之所务，在于刀、笔、筐、箧"的记载，颜师古注曰："刀所以削书，筐箧所以盛书。"

尉司马宣王，以纲维皇室。帝纳其言，即以黄纸授放作诏。放、资即出，帝意复变，诏止宣王勿使来。寻更见放、资曰："我自召太尉，而曹肇等反使吾止之，几败吾事！"命更为诏，帝独召爽与放、资俱受诏命，遂免宇、献、肇、朗官。

《魏书·刘放传》

上文有"以黄纸授放作诏"之语，因此，这里数次颁发的诏书应是书写在纸上的。

此外，关于西晋末年的青纸，也可找到若干条史料。

晋惠帝元康九年（公元299年）十二月，存心废绝愍怀太子的贾皇后让太子入朝，将其灌醉。又命下女承福持纸笔现于酩酊大醉、意识不清的太子之前，让太子书写怪异的祈祷文，未完成的部分由其他人补充，拼凑完毕之后进呈给了惠帝。大臣们入朝后，惠帝命黄门令董猛持太子书和青纸诏说："太子写下如此字句，今赐死。"有臣下为太子辩白，贾皇后假借长广公主之言说："事情应该尽快处理，群臣中或许有不赞成者，如果不能执行诏书，则可以按照军法处理。"结果太子虽然免于一死，但是遭到废黜。之后，太子自己在寄给妃子的信中回忆道：即劝即饮，直至酩酊大醉之时，一婢女持一密封箱子道："诏命写此文章。"余惊起凝视，见一枚白纸、一枚青纸。婢女催促说"不宜使陛下久候"，下女承福拿来笔、砚、墨和黄纸，余无奈下笔。

这是《晋书·愍怀太子传》记载的一段史实。文中提到了黄、青、白三种不同颜色的纸张。就诏书而言，存在着黄纸诏书和青纸诏书两种。如果聚焦于青纸，还可发现少许文献。

在愍怀太子废位之前，诛杀皇太后杨氏一族之时，贾氏利用了惠帝的异母弟楚王玮，后来又假借惠帝之诏让楚王杀死惠帝大叔父汝南王亮，其后不过数日，又以矫诏之罪除掉了楚王。

> 诏以玮矫制害二公父子，又欲诛灭朝臣，图谋不轨，遂斩之。时年二十一。

临死之时，玮从怀中取出青纸诏书，流泪向监刑尚书刘颂说："受诏而行，谓为社稷，今更为罪，托体先帝，受枉如此，幸见申列。"

这里楚王出示的青纸诏书，就是上述"受诏而行"的"诏"，即记有讨诛汝南王之命的诏书。《太平御览》卷593所引"王隐晋书"这样记载：

> 楚王玮既诛汝南王亮，寻又诏云，玮矫诏行斩刑。临死其怀中出青纸以示监刑尚书刘颂，流涕言：此诏书也，受此而行。谓为社稷，今更为罪。

在此我们可以注意到，讨诛汝南王之诏正是写于青色纸张上的。

《晋书·赵王伦传》言及八王之乱时，记述了永嘉二年（公元308年）篡夺帝位的赵王伦及其羽翼孙秀的横暴之态：

> 伦之诏令，秀辄改革，有所与夺，自书青纸为诏，或朝行夕改者数四，百官转易如流矣。

正如"自书青纸为诏"所说的那样，青纸诏书是皇帝的亲笔诏书，拥有不同于一般诏书的重要性、特殊性。①

---

① 与青诏相对应，还有以黄纸书写的黄诏。黄纸诏书不是皇帝亲笔诏书。笔者认为，皇帝下发的文书原件和正式诏书以黄纸书写。参见富谷至《木簡竹簡の語る中國古代》第6章《漢から晋へ》，岩波書店，2003年；富谷至：《三世紀から四世紀にかけての書寫材料の變遷——樓蘭出土文字資料を中心に》，《流沙出土的文字资料》，京都大学出版会，2001年。

上述文献史料所记载的史实发生于西晋末年,正是本章所说的书册简的终焉时代。编缀简牍的青丝绳、包裹文书的青囊、收纳书籍的青袟(帙),其青色是与皇帝关系密切的重要色彩,这一具有象征意义的色彩最终转移到了青纸、青纸诏书之上。我们在简牍到纸张的演化过程中,能够看到色彩功能的延续。色彩被赋予了权威的意味,诸王、将军、二千石官"金印紫绶"、"银印青绶"的紫与青均有阶位、等秩的含义。

从另一个视角来看,色彩的权威意义给行政文书带来了特定的视觉效果。包裹简牍的囊,实际上也借助色彩进行区别。例如,据《汉书·丙吉传》记载,由边地发送的通告紧急事态文书一般放置于红、白颜色的缟囊中。

> 此驭吏边郡人,习知边塞发奔命警备事,尝出,适见驿骑持赤白囊,边郡发奔命书驰来至。

在此,笔者提到了行政文书视觉功能的问题。"视觉简牍"是本书后章想要强调的新观点。

第二章　视觉简牍的诞生
——关于简札长度的考察

一、简牍长度概观

简牍的长度是有意义的,根据书写内容不同,简牍长度可以分为若干个层级,学界前辈对此已有提及,笔者也曾就此问题做过论述①:

> 一般简牍为1尺,与此相对,皇帝诏书为1尺1寸,儒家经书为2尺4寸,律令简牍长度也为2尺4寸,论语为8寸,《孝经》为1尺2寸。简牍长度对应的是书写内容的重要性和权威性。

然而,关于简牍长度的层级区分确立于何时?有何意义?迄今尚无具体考察。本章将聚焦于这一课题,这也是本书关键词"视觉简牍"研究的重要一环。

在出土的秦统一之前的简牍当中,湖北省云梦县出土的年代大约为公元前217年左右的云梦睡虎地秦简,属于司法、行政方面的记录,其尺寸数据具有明显规律。竹简长度根据书写内容差

---

① 大庭脩:《木简》,学生社,1979年;永田英正:《书契》,《汉代の文物》,京都大学人文科学研究所,1976年;富谷至:《木简竹简の语る中国古代》,岩波书店,2003年。

异而有所不同,大约在23厘米至27厘米之间。①

表1 云梦睡虎地秦简

编年记	语书	秦律十八种	效律	秦律杂抄	法律答问	封诊式	为吏之道	日书甲	日书乙
23.2厘米	27.8厘米	27.5厘米	27厘米	27.5厘米	25.5厘米	25.4厘米	27.5厘米	25厘米	23厘米

云梦龙岗6号墓出土秦简是秦始皇帝统一之后的简牍,其中包含有与云梦睡虎地秦律相同的内容,根据293支断简中保存状态比较好的简札来推断,简牍长度约28厘米。② 虽然墓葬年代与简牍书写年代之间存在时间差,但可以大致推定龙岗秦简的书写时间大致是在秦始皇二十七年(前220年)至秦二世二年(前207年)之间。

下面需要列举的是湖北省张家山247号墓出土的汉简。这批简牍数量接近1200支,包括历书、汉律、算数书等7个种类,竹简长度为22厘米至34厘米,时代大约为西汉吕后时代即公元前180年前后。

表2 张家山247号墓出土汉简

历谱	二年律令	奏谳书	脉书	算数书	盖间	引书
22厘米	31厘米	28.6—30.1厘米	34.4—34.6厘米	29.6—30.2厘米	30—30.5厘米	30—30.5厘米

同样,江陵张家山336号墓也出土了370余支竹简,种类、长度参见下表。时代比247号墓简牍略晚,发掘报告推定为文帝初期。③

---

① 《云梦睡虎地秦墓》,文物出版社,1981年,第12页附表。
② 中国文物研究所、湖北省文物考古研究所编:《龙岗秦简》,中华书局,2001年,第4页。
③ 荆州地区博物馆:《江陵张家山两座汉墓出土大批竹简》,《文物》1992年第9期。

表3 张家山336号墓出土汉简

功令	养生书	盗跖	饮食记载	历谱	汉律十五种	遣册
29.8厘米	26.3厘米	30厘米	23.5厘米	37.2厘米	30厘米	25厘米

另外,山东银雀山1号墓出土的孙子兵法、孙膑兵法、晏子等残简7500支,分为长短两种,长简27.5厘米,占据多数,占书之类则书写于18厘米的短简上。同遗址2号墓中发现了武帝元光元年(前134年)的历谱,其长度达到69厘米。根据墓葬出土的三铢钱以及西汉初期半两钱来看,银雀山1号墓的年代应在武帝建元元年(前136年)至五铢钱始铸的元狩五年(前118年)之间,更具体地可以推定到三铢钱与汉半两钱的交替期——建元五年(前135年)前后。①

倘若简牍的书写年代早于墓葬年代的话,银雀山竹简的书写年代或许在武帝时期以前的景帝或文帝时期。②

通过上述考察可知,虽然秦统一以前至西汉文帝初期的简牍长度平均大约30厘米左右,但似乎并未设定明确标准。换言之,1尺简、1尺1诏书、2尺4寸律这样视内容而定的简牍长度的级差还无法确认。

这里列举的简牍均是墓葬出土的随葬品,并非实际使用的文书、诏书、法律书。故此,有人认为,不能根据墓葬出土简来推定现实文书简的长度。的确,笔者自己也主张应该对现实世界的文

---

① 吴九龙:《银雀山汉简释文》,文物出版社,1985年,第1—21页。
② 以《孙子兵法》为首的竹简,是为了随葬而特意书写的?还是早已写好并经过使用的书籍?这一点尚不明确。然而,1号墓出土的竹简,确非一个人在同一时间段完成的。"守法"、"守令"等13编带有篇题木牍,《孙子兵法》、《孙膑兵法》、《晏子》等五种兵法书无篇题,体现出明显的独立性。参见:《银雀山汉墓竹简》(壹)《银雀山汉墓竹简情况简介》,文物出版社,1985年。

书和冥界文书加以区别。然而,就简札长度而言,假如1尺简是标型简,并且普遍流行的话,若无特别原因,作为随葬品的简牍自然也应依此样式。另外,在度量衡统一以前的云梦秦简时代,不可能存在简长规制,而云梦秦简接近30厘米的长度,与表2、表3所列年代较晚的简牍之间并无明显差距,进而结合文献考证,笔者认为,上文列举的简牍在书写之时,的确还没有明确的简长规制。

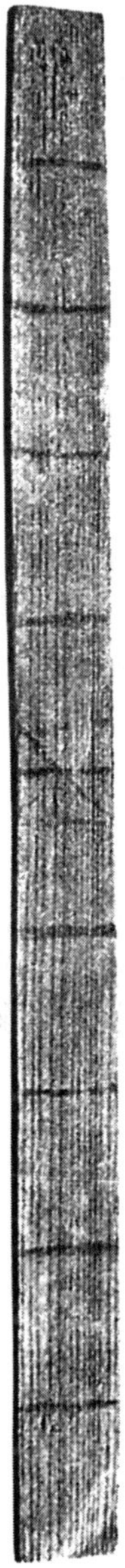

25厘米至30厘米长的书写材料,恰好相当于A4纸的长度,书写材料长度的最终确定,取决于其作为书写媒体的便捷程度、书写的字数等等功能性需求。1尺左右的长度,是作为书写材料最合适的长度,不久,1尺成为标准长度。也就是说,作为概数的1尺最终转变成了作为确数值的1尺,这一变化又是何时发生的呢?

额济纳河、疏勒河流域出土的居延汉简、敦煌汉简的长度,相当于23厘米强的汉尺1尺,而且居延A32肩水金关遗址出土了长23.2厘米的木尺(图1)。可以想象,这把木尺是配合1尺简牍,用于确定书写位置的。有一点能够肯定,至少在居延汉简、敦煌汉简的时代——武帝末年至东汉初期,简札长度由概数1尺向确数1尺转化。

了解简札长度由概数1尺变为确数1尺的另一个重要线索,是考察确数1尺1寸长度的皇帝诏书的出现,可以说,这是促使一般简札固定为确数1尺的关键因素。那么尺一诏始于何时?

图1 尺

二、尺一诏的起源

1尺1寸中多出的1寸,是为了让皇帝诏书中"制曰可"的"制"字高出,突显其作为皇帝旨意的权威性。相比其他简札,诏书简必须为"制"字留出的空间,长出1寸的缘由正在于此。"制"字露头的格式,见于石刻、简牍(图2-1、图2-2)。

接下来需要考虑的是,"制"字露头格式出现的时代,那个时代也就是尺一诏出现的时代。

图2-2 乙瑛碑(部分)

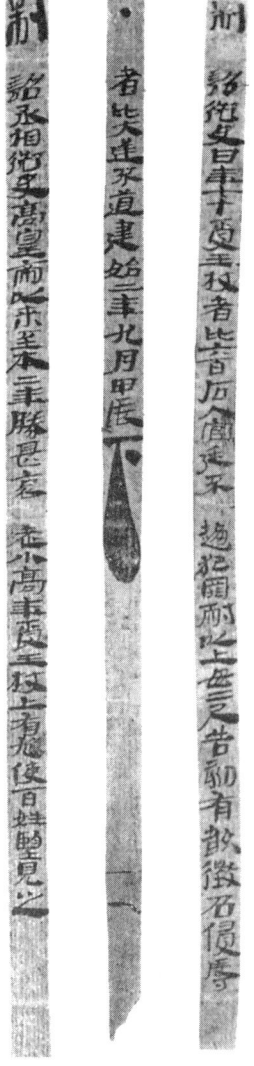

图2-1 王杖十简

"制"源于秦统一之初,秦王朝创制皇帝称号之际,同时将"命"改为"制",将"令"改为"诏"。

"臣等谨与博士议曰:'古有天皇,有地皇,有泰皇,泰皇最贵。'臣等昧死上尊号,王为'泰皇'。命为'制',令为'诏',天子自称曰'朕'。"王曰:"去'泰',著'皇',采上古'帝'位号,号曰'皇帝'。他如议。"制曰:"可"。 《史记·秦始皇本纪》

秦始皇的诏书上已经出现了"制曰可"这种固定格式,著名的焚书诏令以及诸如琅琊台刻石等秦二世追刻的秦代刻石上也有这三个字。

"臣请史官非秦记皆烧之。非博士官所职,天下敢有藏《诗》、《书》、百家语者,悉诣守、尉杂烧之。有敢偶语《诗》《书》者弃市。以古非今者族。吏见知不举者与同罪。令下三十日不烧,黥为城旦。所不去者,医药卜筮种树之书。若欲有学法令,以吏为师。"制曰:"可。"《史记·秦始皇本纪》

皇帝曰:"金石刻尽始皇帝所为也。今袭号而金石刻辞不称始皇帝,其于久远也如后嗣为之者,不称成功盛德。"丞相臣斯、臣去疾、御史大夫臣德昧死言:"臣请具刻诏书刻石,因明白矣。臣昧死请。"制曰:"可。"

《史记·秦始皇本纪·琅琊台刻石》

这成为了江陵张家山247号墓出土汉代律令《关津令》的法令形式。以下列举一例:

●丞相上鲁御史书,请鲁郎中自给马骑,得买马关中,鲁御史为传,它如令。●丞相、御史以闻,制曰:"可。"

522 津关令

问题是,这些"制"字在文章中是否露头?上文提到的琅琊台刻石的残存文字,是秦二世追刻上去的。如附图所示,"制曰可"位于末行顶头的地方(图3)。然而,我们尚不清楚这究竟是文句自然延续的结果,还是有意改行的结果。由此无法推知,写在简牍上的秦二世皇帝诏书原稿中"制曰可"的"制"字是否露头?更不能据此推想当时尺一诏是否已经出现。

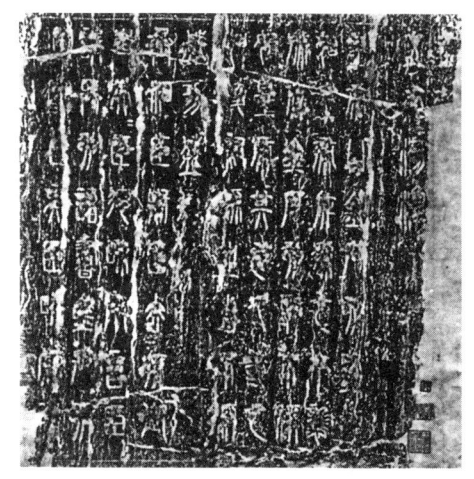

图3　琅琊台刻石

张家山汉代律令中的"津关令",简牍写作"● 　制曰可"。"●"是一种简牍符号,散见于简牍文字的各个段落,表示该处文字有独立含义,与前面文句没有关联。作为随葬品的《二年律令》,是依照文书原稿誊写出来的。虽然无法确定誊本书式在多大程度上与原稿保持了一致,但从以下两支"津关令"简牍中应该可以察知"制曰可"在当时是否已经有了露头的书式。

　　□,相国上内史书言,请诸诈袭人符传出入塞之津关,未
　出入而得,皆赎城旦舂,将吏智其请,与同罪。●御史以闻,
●制　　　　　　　　　　　　　　　　　　　　496　津关令
曰可,以闻论之。　　　　　　　　　　　　　　497　津关令

以上496简和497简(图4)显然是前后相连的两支简札,"制"字写在496简末尾,"曰可"则写在497简开头。"制"即

34

"命",意味着皇帝的命令,可以说是皇帝权威的象征,故而应当写在简札的开头。假设书写496、497两简之际,所参照的汉令正本中的"制曰可"是改行露头的,而两简并未依照原本誊写,即便如此,将本应露头书写的"制"字放在前简末尾,与"曰可"分离的誊写方式也是不合情理的。496简末尾的"制"字所反映的事实是:书写这条令文的时候,"制曰可"三字改简、露头的格式尚未确立。

一般认为,张家山汉代律令书写于吕后时代,即公元前186年。① 那么,吕后二年(公元前186)前后,"制曰可"露头的1尺1寸的简牍制度应该尚未确立。

文献史料中亦可找到尺一诏的线索,《史记·匈奴列传》和《汉书·匈奴传》就有关于尺一诏的记载。这段史料涉及到汉文帝时期汉廷与匈奴之间的书简往来,与汉朝1尺1寸的书简相对应,匈奴单于以1尺2寸简复函。

> 汉遗单于书,以尺一牍,辞曰"皇帝敬问匈奴大单于无恙",所遗物及言语云云。中行说令单于以尺二寸牍,及印

497(上) 496(下)

图4

---

① 冨谷至:《绪言——江陵張家山二四七号墓出土漢律令によせて》,冨谷至编《江陵張家山二四七号墓出土漢律令の研究》,朋友书店,2006年。

> 封皆令广长大，倨傲其辞曰"天地所生、日月所置匈奴大单于，敬问汉皇帝无恙"，所以遗物言语亦云云。
>
> 　　　　　　　　　《史记·匈奴列传》、《汉书·匈奴传》

这毕竟是皇帝的书简，并非写有"制曰可"的令。根据这里的"尺一牍"可以推知，令以外的皇帝诏书一般是1尺1寸。

然而，根据《史记》和《汉书》的匈奴传，以倨傲姿态对待汉廷，是汉朝叛臣中行说为匈奴设计的外交策略，中行说于汉文帝六年（公元前174年）匈奴老上单于即位之际出使匈奴，结果叛而不返。假如我们认为他了解尺一诏的时间尚在汉廷任职之际，那么皇帝1尺1寸简制度大致应当确立于吕后二年（公元前186）至文帝六年（公元前174年）的八年之间，推测其具体年代很可能是文帝初期平定吕后之乱、皇帝重掌政权的公元前180年前后。

三、三尺之律

上节谈到，皇帝的旨令——"诏"是1尺1寸，这一制度确立于西汉文帝初年。当时的法律形式中还有"令"，汉令在形式上并不是由皇帝诏书直接加工、编纂而来的，而是在朝臣奏书简札的最后加上一支写有表示皇帝批示的"制曰可"三字的简札而成。汉令的确定，关键不在于"具为令"、"著为令"等等所谓"著令文言"的有无，而在于"制曰可"三字，更确切地讲，在于抬头的"制"字。① 因此，书写汉令的正规简札的长度，与诏书一样是1尺1

---

① 冨谷至：《秦漢律令の未熟性》，林信夫、新田一郎《法が生まれるとき》，創文社，2008年。

寸,这应该没有问题。

令以外的法律形式还有律。律自秦代就已经存在,云梦睡虎地秦律中有"某某律"这样的律文篇名,其文书格式与保留了下发文书形式的令有所区别,意指编辑、汇集起来的法律条文和文本。可以说,这种律是皇帝诏令积累至一定时期经过整理而成的成文法,即单行的命令汇编在某个特定篇名之下的法令集。例如,云梦秦简"魏户律"就保留着令的形式,从中可以看到由令到律的转变。① 另外,二年律令中,简82—85的具律也可以证明这个过程。

上造、上造妻以上,及内公孙、外公孙、内公耳玄孙有罪,
其当刑及当为城旦舂者,耐以为鬼薪白粲　　　　　　82

公士、公士妻及□□行年七十以上,若年不盈十七岁,有
罪当刑者,皆完之　　　　　　　　　　　　　　　83

杀伤其夫,不得以夫爵论　　　　　　　　　　　　84

吕宣王内孙、外孙、内耳孙玄孙、诸侯王子、内孙耳孙、彻
侯子、内孙有罪,如上造、上造妻以上　　　　　　85

在简82—简85这四支简之中,84简是否位于83简之后,仍

---

① 魏户律原文为:●廿五年闰再十二月丙午朔辛亥,○告相邦,民或弃邑居野,人人孤寡,徼人妇女,非邦之故也。自今以来,假门逆吕(旅)、赘后父,勿令为户,勿鼠(予)田宇。三世之后,欲士(仕)士(仕)之,乃(仍)署其籍曰:故某虑赘壻某叟之乃(仍)孙。　魏户律。
其内容不甚明了。这里所谓"户律",实际上"二十五年闰十二月"颁布的有关田、户授受、登记的命令。原本是命令形式,变为律以后仍然保留了"令"的法律形式。

然留有疑问。然而,简82、简83、简85这三支简的条文,无疑是连缀在一起的。上造以上爵位的拥有者及其配偶,以及一定范围的贵族(内公孙、外公孙、内公耳孙、内公玄孙),因罪被处以肉刑、城旦舂刑,减为鬼薪白粲刑(简82);上造之下最低爵位的公士及其配偶,以及七十岁以上的老人、未满十七岁的未成年,因罪被处以肉刑之际,减肉刑为完刑(简83);诸侯王之子、内孙、耳孙,彻侯之子、内孙,以及吕宣王之内孙、外孙、内耳孙、内玄孙,也适用第82简的规定(简85)。简85实际上是以简82条文为前提形成的特别追加项目。

简82、简83的条文,实际上是惠帝即位(公元前195年)那年颁布的诏书。

> 十二年四月,高祖崩。五月丙寅,太子即皇帝位,尊皇后曰皇太后。
>
> 赐民爵一级。中郎、郎中满六岁爵三级,四岁二级。外郎满六岁二级。中郎不满一岁一级。外郎不满二岁赐钱万。宦官尚食比郎中,谒者、执楯、执戟、武士、驺比外郎。太子御骖乘赐爵五大夫,舍人满五岁二级。赐给丧事者,二千石钱二万,六百石以上□万,五百石、二百石以下至佐史五千。视作斥上者,将军四十金,二千石二十金,六百石以上六金,五百石以下至佐史二金。减田租,复十五税一。爵五大夫、吏六百石以上及宦皇帝而知名者有罪当盗械者,皆颂系;上造以上及内外公孙、耳孙有罪当刑及当为城旦舂者,皆耐为鬼薪、白粲;民年七十以上若不满十岁有罪当刑者,皆完之。 《汉书·惠帝纪》

以上是惠帝即位之际向庶民、官吏颁布的有关恩赐的诏书,内容涉及赐爵、葬仪赐钱、造墓赐金、减税以及减免刑罚等等。这种恩典赐授的旨意,是以诏书形式传达下去的,无疑就是令。其中有关减免刑罚的内容,成为张家山出土汉简具律中的一条。

关于张家山出土汉律所属年代的探讨,简85是非常重要的线索。这里出现的吕宣王,是吕皇后于吕后元年(公元前187年),追赠给其父的称号,由此可以推断,简85的条文制订于吕后元年(公元前187年)之后。

> 太后临朝称制。复杀高祖子赵幽王友、共王恢及燕王建子。遂立周吕侯子台为吕王,台弟产为梁王,建城侯释之子禄为赵王,台子通为燕王,又封诸吕凡六人皆为列侯,追尊父吕公为吕宣王,兄周吕侯为悼武王。 《汉书·外戚传》

将简82、83条文法律化的意图,应该是为简85有关吕氏家族的优待条文设立法律前提,无论如何,将简82、83、85看做是同时成立的法律条文,应该是妥当的。由此可见,汉惠帝元年(公元前195年)作为"令"下发的文件,八九年后改为了"律",从而完成了立法化的过程。上述三简反映出令(诏)被编纂加工为律并且成为具律篇中条文的事实。

文献史料也有关于景帝以降整理编纂法令的记载,以下摘录的条文中所谓的"更定"工作,就应包含着改令为律的活动。

> 景帝即位,以错为内史。错数请间言事,辄听,幸倾九卿,法令多所更定。 《汉书·晁错传》

> 张汤以更定律令为廷尉…… 《汉书·张汤传》

> 及至孝武即位,外事四夷之功,内盛耳目之好,征发烦数,百姓贫耗,穷民犯法,酷吏击断,奸轨不胜。于是招进张汤、赵禹之属,条定法令,作见知故纵、监临部主之法,缓深故之罪,急纵出之诛。　　　　　　　　　　《汉书·刑法志》

> (宣帝)本始四年,诏曰:"……律令有可蠲除以安百姓,条奏。"　　　　　　　　　　　　　　　　《汉书·宣帝纪》

> 宣帝时,于定国删定律令科条。　　　　　　《唐六典》

以上提及的律令删定、更定活动,意味着将零散的而且具有一次性特征的"令"整理、分类为恒常的、系统的"律"。

关于"律"这一词语何时拥有了法律的意味,在云梦秦简中可以找到答案线索。云梦秦简中确有"某某律"这样律的篇名,这表明,秦统一以前"律"已经有了法律的含义。然而,先秦典籍中出现的"律"一般被解释为"法",例如:《书·舜典》"同律度量衡"(注:律,法制也)、《尔雅·释诂》"律,法"、《左传·哀公十六年》"无自律"(注:法也),此处的"法",意为"应当遵循的标准",决非法律"law"的意思。

众所周知,《书·舜典》之"律和声"、音律之"六律"中的"律"意为音阶、音律,并非法律的意思。然而,律的各种语义都可以概括为"标准",即度量衡。《尔雅·释诂》曰:"律,常也",将律解释为不变的标准。所谓"应当遵循的标准",在司法的语境中就成为法律、法典乃至刑法典,在音乐的领域里则成为音律与声律。

作为皇帝旨意的"令",包含着临时性的规定。"令"演变为

"律"以后,才开始带有普遍性、恒常性成文法规的性质。①

通过上述考察,需要指出的是,令转变为律之后,就丢掉了令原本拥有的特质,进而丧失法的权威以及法令的保障。

令是皇帝的行政命令,皇帝无疑拥有立法的权力。无论如何,令仅仅是皇帝一人的命令,故而不具有永续性和普遍性。

然而,皇帝的命令,带有特别的效力,拥有法的权威,被赋予了必遵勿违的强制力。令的法形式即皇帝的诏书,诏书本身就是令。"制"字一字出头,简长1尺1寸,比普通简略长。这种形制,在视觉上昭示出命令的威严,同时也有助于维系一种恪守规范的意识。

那么,律又如何?律的法形式,不见"王言",只列条文。律已经由皇帝的命令升华为国家的规范。"律"的语义,并非"皇帝的命令",而是"应当遵循的标准",这恰恰反映出律的本质。因此,虽然未必成熟,但已经被赋予了恒定性、普遍性。然而,律已经没

---

① 然而,关于简85有关吕宣公的条文,还需做一些探讨。该条规定是针对吕皇后之父的内孙等人所设的量刑优待措施,其中提到了吕太后之父的追封尊号以及对于他的内孙、外孙、内耳孙、内玄孙的刑罚减免办法。在优待特定对象这一点上,与论功奖赏长沙王吴芮没有区别。另外,关于此处只提及孙辈却未言及子辈的原因,目前尚无定论。条文只涉及孙辈,实际上是将优待对象进一步特定化至某一代,因此,这条规定不能说是普遍的、恒常的。总之,汉律的具体内容与令一样,还并不完全具有普遍性和恒定性。的确,在惠帝恩赐诏中的赐爵、赐钱、赐金以及减税的诏令不见于具律。因为它们都不具有恒定性,而是临时性的举措,不合适作为律条。

我认为,与令相比,虽然律的条文确是作为成文法规被整理编纂起来的,但有些律条中仍有"令"的遗痕,这反映出当时法律不成熟的一面。

二年律令中,可以看到户律324简"他如律令"那样的带有命令意味的文书用语:

诸不为户、有田宅、附令人名及为人名田宅者,皆令以卒戍边二岁,没入田宅县官。为人名田宅,能先告,除其罪,有(又)畀之所名田宅。它如律令。

323、324

这也反映出,此时律条并未成为完善的法规,与令一样,还处在一种保留着诏书书体的未成熟状态。

有了帝王的权威,失去了源自皇权的强制力。或者说,律的背后不再有皇帝的身影。

秦代,法(律)的地位等同于度量衡。将法与度量衡等量齐观的理念,见于《韩非子》。① 度量衡是当政者的施政道具,各级官署发放作为度量衡标准的量器、衡器的同时,还颁布律文。律也有"音律"的意思,"同律度量衡"(《书·舜典》)所强调的是,律与标准器具有同样的本质,是判断事情的标准。

的确,在绝对权威之下,度量衡的有效性可以得到保证,度量衡器本身并不具备不可侵犯性。故此,各个衙署配发的标准器上一般刻有帝诏。秦统一仅仅维续了十余年,律权威的确立延至汉代。

笔者认为,汉代将律放到了与儒家经书同样的位置,赋予其权威性。正如上文所言,"律"有"常"的语义。而"经"也含"常"之义,儒经即圣人之不朽典籍,这一称谓是为了渲染儒家经书的权威色彩。"经"="律"=不朽规范的等量关系也将律条抬升到了高于皇帝个人命令的地位,律的权威性也由此得到确认。

律的权威性确立于何时?以何种形式得到具现?这些都要从书写律条的简牍的长度谈起。

律也被称为"三尺",这是因为律被书写在3尺长的简牍上。根据其他史料,2尺4寸的律简也是存在的。

> 客有谓周曰:"君为天下决平,不循三尺法,专以人主意指为狱,狱者固如是乎?"(杜)周曰:"三尺安出哉?前主所是著为律,后主所是疏为令;当时为是,何古之法乎!"
>
> 《史记·酷吏传》

---

① 富谷至:《韩非子》,中公新书,2003年。

> 二尺四寸之律,古今一也。　　《盐铁论·诏圣编》

> 如太守汉吏,奉三尺律令以从事耳。亡奈生所言圣人道何也！
> 　　　　　　　　　　　　　《汉书·朱博传》

这里说到的3尺与2尺4寸关系如何？事实上,两者是相同的,汉代1尺等于周代8寸,汉之3尺刚好相当于周之2尺4寸。律文即便使用汉尺2尺4寸简,也会将其拟为周尺,"三尺"是律的一种雅称。①

2尺4寸,也是经书简的长度。这就意味着,律文与经书拥有同等的权威。王充《论衡》对此解释说:"至礼与律犹经也。"②(《论衡·谢短篇》)"或曰:'固然。法令,汉家之经,汉人以经目律。'"(《论衡·程材篇》)律与经使用同等长度简牍的时期及其经纬,以及由此产生的权威关系,都有深入思考的必要,以下略做考证。

四、儒家经书的长度

经书和律文一样,写在2尺4寸长的简牍之上,文献史料中有如下记载:

> 钩命决云:春秋二尺四寸书之,孝经一尺二寸书之。故知六经之策,皆称长二尺四寸。
> 　　　　　　《左传·杜预序》孔疏引郑玄注论语序

---

① 王国维《简牍检署考》对此已有论述。
② 此句从吴检斋《论衡校录》、黄晖《论衡校释》。黄晖云:"汉律与经简同长2尺4寸,是汉人以经目律也。"

据《钩命决》记载,《春秋》写在 2 尺 4 寸的简上。孝经则是写在 1 尺 2 寸的简上。由此可知,六经所用简牍长度都是 2 尺 4 寸。以下文献亦可证明这一点:

易、诗、书、礼、乐、春秋,皆二尺四寸。

《仪礼》聘礼疏引郑玄论语序

唐、虞、夏、殷,同载在二尺四寸,儒者推读,朝夕讲习。不见汉书,谓汉劣不若。 《论衡·宣谊》

二尺四寸,圣人文语,朝夕讲习,义类所及,故可务知。汉事未载于经,名为尺藉短书。 《论衡·谢短》

1959 年,甘肃省武威县磨嘴子 6 号汉墓出土的《仪礼》,包括甲、乙、丙三种不同尺寸的版本,55 厘米—56 厘米(乙本略短,为 50.5 厘米),差不多相当于 2 尺 4 寸。① 同样是 6 号汉墓出土的"日忌木简"以及"杂占木简",长度约为 23 厘米。磨嘴子 18 号墓出土的"王杖十简",写有汉成帝建始二年(前 31 年)的令,在东汉明帝永平十五年(公元 87 年)以后作为随葬品被埋入墓中,其长度有 23.2 厘米。如果说磨嘴子发现的其他简牍的长度为"汉一尺"的话,那么武威《仪礼》的长度就是"经书二尺四寸"。除了文献史料之外,出土文物资料也证实了经书的特殊长度。

在此,还必须考虑的一个问题是,从何时起经书开始写在 2 尺 4 寸长的简牍上?

《论衡》和郑玄注的记载表明,到了东汉时期,经书长度已经确定为 2 尺 4 寸。那么,这一规定尺寸可以追溯到什么时期呢?答案的线索之一是武威出土的《仪礼》,根据推断,其撰写年代是

---

① 甘肃省博物馆、中国科学院考古研究所:《武威汉简》,文物出版社,1964 年。

西汉后期的成帝时期。除此之外,还有1977年安徽省阜阳双古堆1号汉墓出土的竹简《诗经》,其墓主夏侯竈去世于汉文帝十五年(前165年),竹简的年代也应该在那个时期前后。出土的简牍都是残片,根据复原以后的结果推断,竹简长度在26厘米左右,而并不是2尺4寸(约55厘米)的长度。① 根据这两份考古资料,我们可以推断,经书简逐渐固定为2尺4寸的过程,大约发生于西汉文帝末年到汉成帝之间的那段时期。

如果是这样的话,那么从汉文帝到汉成帝大约一个世纪的时间里,经书的地位是怎么样的呢?实际上,这涉及到儒学在汉代社会的发展历程。毋庸赘言,儒学并非在汉帝国成立之始就确立起了凌驾于其他诸子百家之上的地位。在西汉文帝、景帝时期,最为盛行的当属老庄思想,其余诸子百家处于并驾齐驱的状态。不难推定,当时儒家经书和其他诸子百家的经书都书写在同样长度的简牍之上。汉文帝时期《诗经》竹简的长度,与云梦秦简、二年律令、银雀山《孙子》等简牍长度近似,都不足30厘米,这如实地反映出,汉文帝时期儒家经书尚未被赋予特别的权威。

让我们再回到长2尺4寸之律的话题。

律条被书写在2尺4寸的简牍之上,上文已经提到,"二尺四寸之律"、"三尺法"这些措辞出现于《史记·酷吏传》、《盐铁论·诏圣》等文献之中。《史记·酷吏传》记载杜周曾发出"三尺安出哉"的豪语,杜周于汉武帝天汉三年(前98年)升任御史大夫,他出此豪言的时间应该是在就职前后。由此可见,三尺之律的制度在汉武帝天汉年间已然确立。

将律条写在2尺4寸长的简牍上,意味着律条被赋予与儒经

---

① 胡平生、韩自强:《阜阳汉简诗经研究》,上海古籍出版社,1988年。

同等的地位和权威,而在此之前儒经简长 2 尺 4 寸就应该已经制度化了。这样的话,儒经开始使用 2 尺 4 寸简的时间,很可能是在汉武帝即位之初的公元前 140 年到天汉年间的公元前 100 年这段时间之内。那么,在这半个世纪中,大尺寸经书简的诞生原因何在?

论及汉武帝和儒学,我们立刻会想到汉武帝时期的儒学官学化。关于这个问题,我曾经说过自己没有能力对之进行讨论。① 不过,可以肯定的是,汉武帝元朔五年(前 124 年),根据公孙弘上奏,汉廷正式设博士弟子,同时颁布习经者任官条规(功令),以立法的方式确立了儒学的官学地位。

根据《史记·儒林传》引用的制令公文史料可以推断,在这个阶段,儒经已经与其他书籍有所区别,它们被书写在 2 尺 4 寸的简牍上,被赋予了特别的权威。②

如果认为以 2 尺 4 寸简书写律条是对经书的一种模仿,那么为何经书的长度是 2 尺 4 寸呢?这个长度有何依据呢?对此问题我还无法做出明确的回答。皇帝诏书长 1 尺 1 寸,是 1 尺简的 1.1 倍,长出的 1 寸恰好是"制曰可"的"制"字的空间。那么,2 尺 4 寸的长度是从何而来的呢?目前对这个问题的思考还无法超越推测的范畴,以下就谈谈我的推想。

《史记》所说的"三尺之律",实际测量值只有 2 尺 4 寸(55 厘

---

① 参见福井重雅:《漢代儒教の史的研究—儒教の官学化をめぐる定説の再検討》(汲古书院,2005 年)之书评(《東洋史研究》64 卷第 1 号,2005 年)。
② 或许可以提出这样的反论:先有写在 2 尺 4 寸简上的律文,而后才有写在 2 尺 4 寸简上的儒经,儒经仿照了律文的做法。然而,这是不可能的。因为简牍长度毕竟是威权的象征,长简上的书写内容必须要有非同一般的性质。没有史料表明,法律书籍率先在国家政策层面上确立了权威地位,所以经书效仿律文以简牍尺寸宣示权威性的说法也就不能成立。

米），是一种概念上的长度，因为考虑到与周尺的换算关系，故将2尺4寸的实长称为"三尺"。概念上的"三尺"相当于1尺的3倍。那么，在确定经书实际长度时，如果以1尺作为基准，取1尺的几倍为宜？若在2倍和3倍之中进行选择的话，与两倍的"两尺"（实长1尺6寸）相比，3倍的"三尺"（实长2尺4寸）更能与1尺、1尺1寸等普通长度形成鲜明的反差①，简长制定者自然会倾向于选择"三尺"。不过，这一推想目前还无法得到实证。

经书2尺4寸的规制确立以后，《孝经》和《论语》的地位高于其他传、记之类的书籍，《孝经》的1尺2寸大概是经书2尺4寸折半而来，而《论语》的8寸则可能是将周尺1尺换算为汉尺得来的长度数字。

小　结

以上主要围绕简牍的长度进行了考察。

秦代到汉初并未对简牍的长度做出明确的规定。根据出土实物来看，这时期的简牍大体在30厘米左右，这是人们追求简牍功能最大化和书写方便而自然固定下来的一个长度。

从汉高祖到吕后的时期，这一状况都没有发生任何变化。汉文帝时期，即吕氏之乱结束之后，汉中央政府进一步确立起帝国行政体系，同时逐步树立皇帝的权威。自此，皇帝诏令以及颁布的各种文书都写在长于普通简牍的1尺1寸简上，与此相应，普通简牍长度定为1尺，这就是"尺一诏"和1尺之简的肇始。

---

① 檄为2尺简，两倍于普通的简牍长度，这或许也是当时通盘考虑各种简长的结果。不过，并非所有的檄都是2尺长。

到了汉武帝时代,汉廷制订了有关儒学振兴和儒学官吏培养的法令(功令)。与此同时,儒家经典与其他诸子之书被区别对待,为了彰显其权威性,儒经以2尺4寸简书写,这样,由圣人君主编纂、记录圣人言行的儒家经书,在所用简牍长度上超过了皇帝的诏书。

参照儒经的简牍长度,2尺4寸之律开始出现,律条用简的长度也有了定制。西汉文帝时期以降,"令"以"律"这种法形式得到大规模编纂,原本以皇帝命令的形式存在的"令",演变为"律"之后,必须以新的形式昭示其权威性,于是"律"被提升到了与经书同等的地位,并被赋予了同等的权威。这就是"三尺律"(写在实长2尺4寸简牍上的律条)出现的原委。随着1尺简的普通文书、尺一诏、2尺4寸的经书、2尺4寸的律文成为定制,简牍长度由此得以制度化,这也意味着"视觉简牍"和建基于"视觉简牍"的文书行政的真正开始,而这个时期正是汉武帝时代。

第三章 檄书考
——视觉简牍的发展

引　言

所谓"飞檄"之类的檄,辞典一般将其解释为"召文"、"谕旨"等写有征召或宣谕等内容且能给众人留下深刻印象的文书。另外,檄文也常常被认为是涉及军务的文书。

的确,《史记》和《汉书》中提到的檄,大都是以军事、征召和说谕为目的而撰制并发送的。

可不攻而降城,不战而略地,传檄而千里定,可乎?
　　　　　　　　　　　　　　　《史记·张耳陈余列传》

吾以羽檄征天下兵。　　　　　　《汉书·高帝纪》

嘉为檄召邓通诣丞相府,不来,且斩通。
　　　　　　　　　　　　　　　《史记·张丞相列传》

巴蜀民大惊恐。上闻之,乃使相如责唐蒙,因喻告巴蜀民以非上意。檄曰……　　《史记·司马相如列传》

关于《汉书·高帝纪》中提到的"檄",颜师古解释说,檄以长约2尺的木简做成,在发布征召令之际使用,紧急的时候以鸟羽夹檄(羽檄)的形式来传达命令。

> 师古曰:檄者,以木简为书,长尺二寸,用征召也。其有急事,则加以鸟羽插之,示速疾也。魏武奏事云:今边有警,辄露檄插羽。檄音胡历反。

另外在《释名·释书》中,檄被解释作"激",是指下属官员必须郑重对待、振身受领的下行文书。

> 檄,激也。下官所以激迎其上之文。　　《释名·释书》

文献中提到,檄长约2尺,不过,后文列举的出土檄的长度并不都是2尺。所谓"檄,二尺书也"(《说文解字·六篇上》),是指檄比普通1尺简长出大约一倍的长度。①

以上是文献史料对于檄的诠释。居延、敦煌出土的简牍中也找到不少类似于檄的木简,而在简文中也可零散地看到"檄"、"檄书"、"檄言"、"写移檄到"、"以檄"等用语。接下来,有必要对檄为何物、檄的性质以及檄的功能等问题进行详细的探讨。下面首先介绍一下相关的既有研究成果。

---

① 段玉裁根据《后汉书·光武帝纪》李贤注、《汉书·高帝纪》颜师古注,认为檄是"尺二书":

> 各本作二尺书,小徐系传已佚,见韵会者,作尺二书,盖古本也。李贤注光武纪曰:"说文以木简为书,长尺二寸,谓之檄,以征召也。"与前书高纪注同,此盖出演说文,故语加详。

关于简的长度,第二章已有论述,如果将檄的规定长度视为一种原则长度,同时考虑到实际出土的檄书往往长于尺二寸,那么"二尺书"之说更符合史实。此外,大庭脩《檄书の復原》(《漢簡研究》,同朋舍,1992,第108页)也倾向于认为檄长二尺。

以前,大庭脩曾以"如檄书"、"移檄"、"檄言"、"敢告"、"卒人"等关键词为线索,试图对檄书进行复原研究。然而,写有大庭脩所罗举的这些关键词的简牍真的就是檄吗? 我们可以推测,其中一些简只是摘录了檄书文字的简牍,或者只是记载了含有"檄言"等用语的其他文书内容的简牍,不能仅凭某些特别用语就直接将某支简牍确认为檄。

在大庭脩列举的用语之中,有"敢告都尉卒人"之语。根据这句用语的含义,大庭认为,"以高官直接通告兵卒的形式发布的重要布告"即为檄书。实际上,大庭脩的观点有误。鹰取祐司曾指出,"都尉卒人"的"卒人"两字,与"殿下"、"足下"、"马足下"等词语一样,是接在官职名称之后的敬称①,既然这句话的语义并不是"向一个个兵卒通告重要文书内容",那么以上大庭给檄所下的定义就是有失妥当的。

大庭也关注到檄是多面体的觚形,并指出觚形简是檄书的可能性较大。这实际上不是根据檄的书写内容,而是根据檄的形状给檄做出定义。连邵名、鹰取祐司、角谷常子等人认为,檄只是书写材料的名称,专指长形的多面体木简(觚),正如"两行"和"札"也是表明简牍形状的名称一样。②

另外,李均明认为,檄是有关紧急事件的文书,具有较强的昭告、训诫和警示的功能,因此在檄文末尾常常会有"檄到,循行部界中,严教吏卒,警烽火……毋忽如律令"之类的固定用语。他还

---

① 鹰取祐司:《漢簡所見文書考——書·檄·記·符》,《辺境出土木簡の研究》,朋友书店,2003年,第121页。
② 连邵名:《西域木简中的记与檄》,《文物春秋》第1—2期,1989年;角谷常子:《簡牘の形状における意味》,《辺境出土木簡の研究》,朋友书店,2003年;鹰取祐司:《漢簡所見文書考——書·檄·記·符》,《辺境出土木簡の研究》,朋友书店,2003年。

进一步推断,檄不仅仅只有下行文书,也有上行文书,并且可以分为"府檄"、"警檄"、"行罚檄"三类。①

那么,檄究竟是指一种文书类别,还是一种书写材料的名称?就其用途而言,文献史料和简牍资料都表明,檄文书含有急告、警示和训诫的意味,假如译为英语,Military Dispatch、Notification 和 Polygonal Rod,哪一个更加恰当呢?

根据居延、敦煌出土的简牍资料可以断定,檄也被作为指示简牍的特定形制与种类的用语而使用。

		两行册	檄三	
騂喜燧		札百	八月己酉输	
		绳十丈		7·8

		两行		
□月输		札三百		
		檄廿□		E.P.T52:726

	三月	钱四百		
	出	入两行二百	居摄二年正月壬戌省	
			卒王书付门卒蔡惀	
	财用	檄廿三尺札百	□	99ES17SH1:2

以上三支简牍,记载了两行(两行书简)、札(一行书简)、绳(编简用绳)等书写用具的输送情况,其中也列有檄,这里的檄与

---

① 李均明:《古代简牍》"书檄类",文物出版社,2003年;李均明:《秦汉简牍文书分类辑解》"书檄类",文物出版社,2009年。

一同列出的札、绳都是书写用具的名称,这是毫无疑问的。但是,再来看如下简文:

     二封王宪印　二封吕宪印
 书五封檄三　一封孙猛印　一封王强印
     一封成宣印　　　　二月癸亥令史唐奏发
     一封王充印　　　　　　　　214·24

    其一封居延卅井候
 书二封檄三　　　　　　　十月丁巳尉史蒲发
   一封王宪　　　　　　　　　　　214·51

  檄二封其一张
  书一封张掖大　　　　　　　　　　　274·4

  檄二封其一封居延都尉章●一封郑强印
  檄二封书二封
    书二封居延丞印　　　　　　　285·23

以上都是文书的接收记录,在这些记录当中,"书"和"檄"是并列成对的。这里的"书"并非书写材料的名称,如果将其解释为"一般文书"的话,那么"檄"就应该理解为"特殊文书"。

此外,还有檄和"检"并列成对的文字记录:

  ☐往来十日,当会二十人日,良并二十九日到。谨省数
   材,得二千八百二十数屯,少百八十,除丑恶
  五十,凡少二百三十。当致百檄,今致二十六,少桼十

53

三，致检材五当檄十，凡少六十三，请令良以渼备教并

贳并复令□备之 E.P.F22:456

根据"检材五当檄十"来看，以上简文中的"檄"可能不是指文书，而是指书写材料的形状，但是，如果把这句话的语义理解为"检所使用的材料可以制作五份檄文书"，那么将这里的"檄"看作是文书之一种也未必有错。

此处的"检"不仅意指那种带有封泥匣的厚实木材做成的书写材料，也指写有收件人文书的木简。总之，如果把檄单单视为某种书写材料名称的话，就会出现问题。在使用檄这个词的时候，汉代人是否将"檄"的定义限定在了某个特定范畴之内呢？换言之，当时是否考虑到表示书写材料种类的词汇和表示文书类别的词汇应该属于不同范畴？或许我们可以推想，当时并未将书写材料的形状和书写材料的功用严格区分开来，而是模糊地一并使用。我认为，檄既是书写材料名称，也是文书的名称。那么，它的形状和功能如何呢？下文将从居延汉简中抽取若干檄的实例进行归纳总结。

一、檄的考察——"卅井关守丞匡檄"

甲渠鄣候以邮行

府告居延甲渠鄣候，卅井关守丞匡十一月壬辰檄言，居延都田啬夫丁宫禄福男子王歆等入关，檄甲午日入到府，匡乙未复檄言 E.P.F22:151A

男子郭长入关，檄丁酉食时到府，皆后宫等到，留迟，记

到各推辟界中,定吏主当坐者名,会月晦,有

E.P.F22:151B

教　建武四年十一月戊戌起府

E.P.F22:151C

十一月辛丑甲渠守候　告尉谓不侵候长宪等,写移檄到,各推辟界中,相付受日时具状。会月廿六日。如府记律令　　E.P.F22:151D

以上是一件长约55厘米的四面体觚上所写的文字,这件觚形简出自甲渠候官遗址(A8)的文书库遗迹(F22),觚上带有封泥匣,封泥匣上大大地写着文书投送用语——"甲渠鄣候以邮行"(图1)。觚形简上写的是命令文书,是建武四年十一月二十一日由居延都尉府下达给甲渠候官的命令。简文(E.P.F22:151A-D)内容大意如下:

甲渠鄣候以邮行

都尉府向居延甲渠候官通告。卅井关守丞匡十一月壬辰的檄文提到居延都田啬丁宫、禄福男子王等入关之事,檄在甲午(日入时)送达都尉府。匡在乙未日再次写檄文,言及男子郭长入关之事,檄在丁酉食时到达都尉府。两檄都延期到达。收到文书之后在各个区段进行调查,然后确定应当被问责的主管官吏的姓名,以月底作为最后期限。有教(确认已经通告)。

建武四年十一月戊戌起府

图1　檄

E.P.F22:151A, B

十一月辛丑,甲渠守候向都尉府报告:已通知不侵候长宪等人,收到此檄之后将之誊写下发,责令调查各区段传递的日期时间等具体情况。以月二十六日为期限。以上。

概括以上内容可知,卅井关守丞匡向都尉府发檄,报告有关丁宫和王歆入关的消息,该檄在二人到达两天之后才送达都尉府,同样,与郭长有关的檄文也迟到了两天。都尉府向甲渠候官询问檄文迟到的理由,并且命其对属下各部进行调查(E.P.F22:151A、B、C),甲渠守候接到指令后随即责令下属展开调查(E.P.F22:151D)。

经过卅井关(卅井县索关 A21)去居延都尉府的话,必然会经过甲渠候官的管辖区域,那里由南至北依次设有临木、诚北、吞远、不侵等部,E.P.F22:151D中所说的不侵候长宪等,正是指这四部的候长。

在这里需要注意的一点是,根据"甲渠鄣候以邮行"的邮送用语和封泥匣的存在来看,多面体的E.P.F22:151是从居延都尉府发出的原始文书,在文书的侧面(151D)则追加了甲渠守候发往所辖各部的文书的副本。因此,"甲渠守候　告尉"中"候"和"告"之间有一个字的空隙存在,那本来应该是守候自己署名的空格。由于E.P.F22:151D是追加的其他文书副本,故而字体也与其余部分不同。

另外,E.P.F22:151D中"写移檄"这一用语也需关注。所谓"写移",就是把收到的文书抄写一遍,这里实际上就是指抄写都尉府下发的E.P.F151A、B、C的内容,而且"写移檄"还表示仍然以檄书形式下发。也就是说,不仅要把檄文誊写出来,而且所用简牍的形状也需保持原样。因此,"写移檄"的语义是,接到檄之后誊写檄书内容,再以檄来传达。E. P. F22∶151 这件多面体的觚正是被称为"檄"的书写材料,毫无疑问也是文书。

同样写有"写移檄"的觚形简,在肩水候官(A33)也有发现。

  得仓丞吉兼行丞事,敢告部都尉卒人。诏书清塞下,谨候望,备蓬火,虏即入,料度可备中,毋远追为虏所诈。书已前下。檄到,卒人遣尉丞、司马数循行严兵□ 12•1A

  ……禁止行者,便战斗具,驱逐田牧畜产,毋令居部界中,警备毋为虏所诖利,且课毋状不忧者,劾尉丞以下。毋忽如法律令。敢告卒人/掾延年、书佐光、给事□ 12•1B

  都尉事司马丞登行丞事,谓肩水候官。写移檄到,如大守府檄书律令/卒史安世、属乐世、书佐延年 12•1C

  □行曹谓□□□长充宗,官写移檄到,警备□□门,毋为虏所乘□,毋忽,如律令 12•1D

以上一系列的简文讲述的是,张掖太守府送至肩水都尉府的有关警备的檄(即 12•1A"檄到,卒人遣尉丞司马数循行严兵"中所说的"檄"),经过誊写之后以檄书形式发送给了肩水候官(即12•1C"谓肩水候官,写移檄到"中的"檄"),最后再由候官下发给所辖各部(12•1D"官写移檄到"的"檄"),和檄 E. P. F22∶151 类似,12.1A、B、C 是肩水候官收到的檄的原件,而 12.1D 则是追加的下达文书的内容。

让我们暂且回到 E. P. F22∶151"卅井关守丞匡檄"。关于这支甲渠候官从都尉府领到的檄,同遗址 F22 中还出有与之内容相关的简牍。从图上可以看到,这些简牍的简文都写在简的下半部分,和通常的简文书写方法有所不同(图2-1—图2-5)。其文字内容如下:

图2-1

第三章 檄书考

图 2-2

文书行政的汉帝国

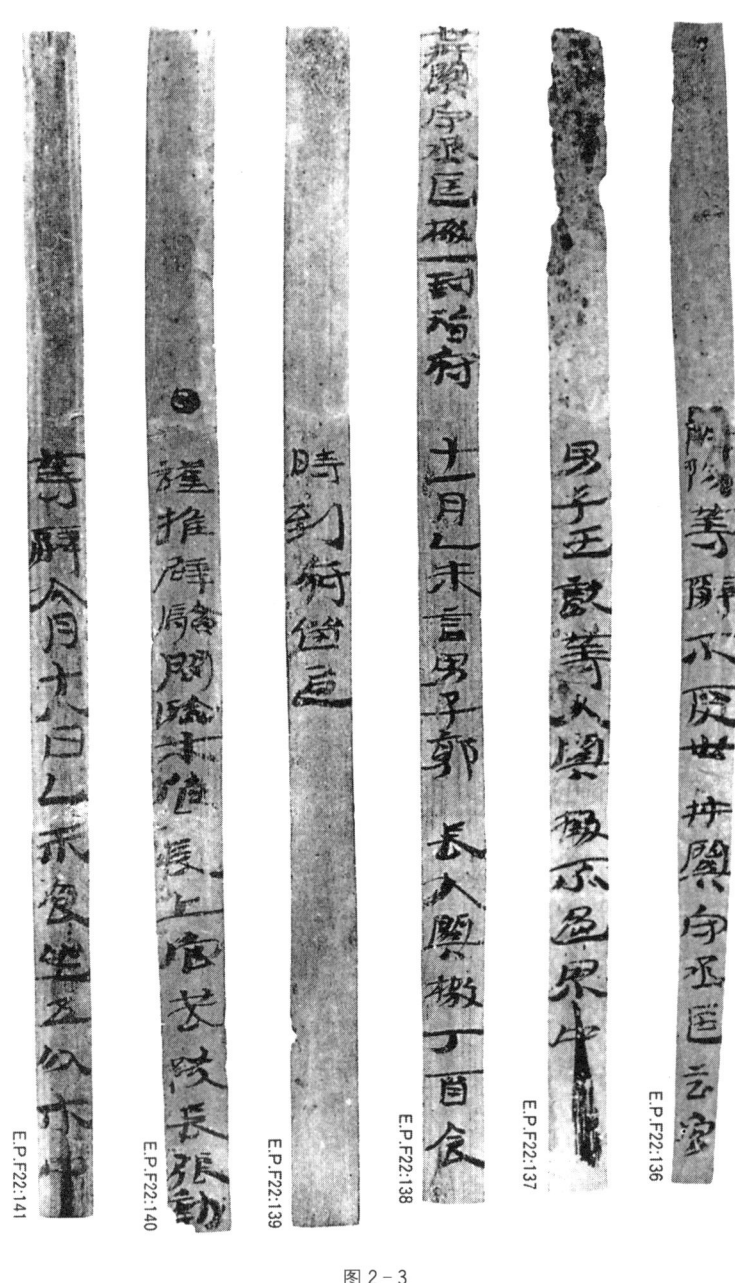

图 2-3

第三章 檄书考

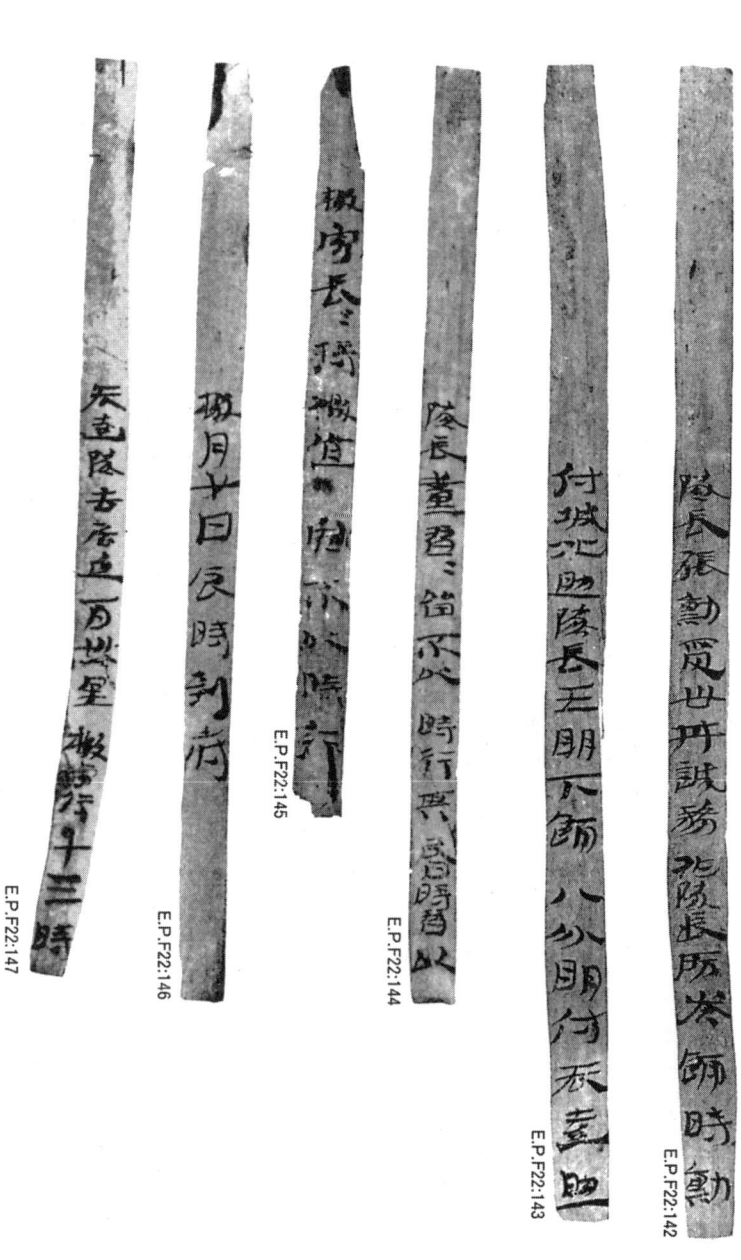

图 2-4

文书行政的汉帝国

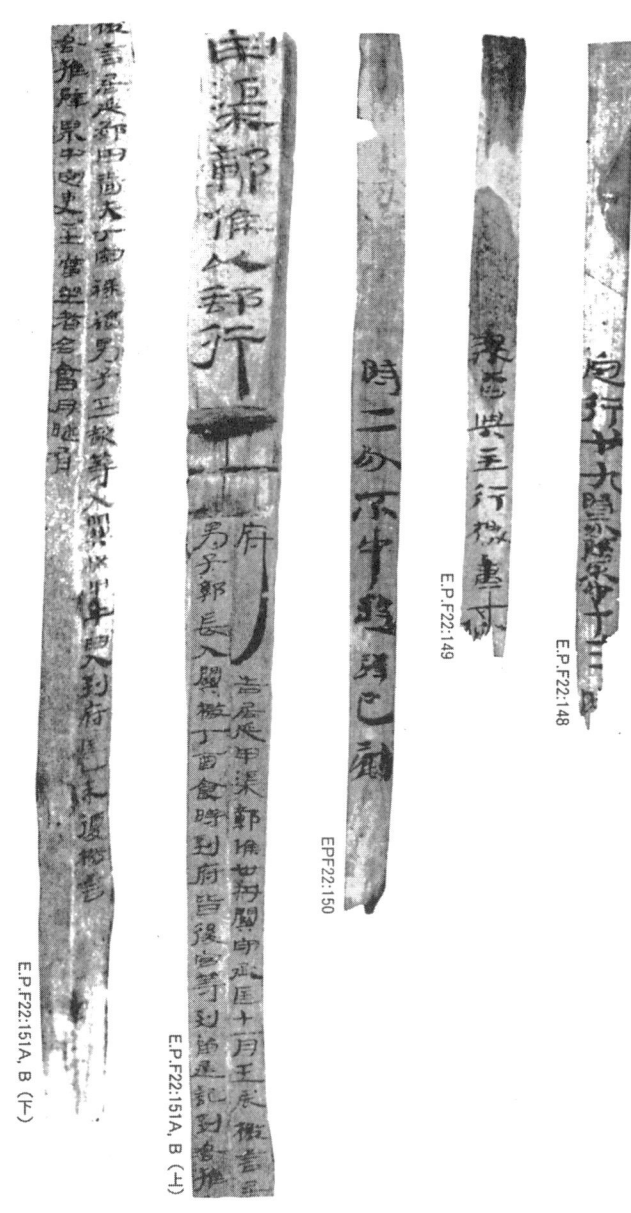

图 2-5

(A) 甲渠言卅井关守丞匡檄言都田啬夫丁宫□

　　等入关檄留迟谨推辟如牒　　　　　E. P. F22:125

(B) 建武四年十一月戊寅朔乙巳,甲渠鄣守候博,叩头死罪　　　　　　　　　　　　　　E. P. F22:126A

　　　　　　　掾□□　　　E. P. F22:126B

　　敢言之。府记曰:卅井关守丞匡檄言,居延都田啬夫丁　　　　　　　　　　　　　E. P. F22:127

　　宫、禄福男子王歆、郭良等入关,檄留迟,后宫等到。

　　　　　　　　　　　　　　　　　E. P. F22:128

　　记到,各推辟界中,定吏主当坐者名。会月晦●谨推辟　　　　　　　　　　　　　　E. P. F22:129

　　界中,验问候长上官武、燧长董习等,辞,相付受

　　　　　　　　　　　　　　　　　E. P. F22:130

　　及不过界中如牒,谨已劾△领职教吏毋状,叩头叩头死罪　　　　　　　　　　　　　EPT22:132

　　死罪。敢言之　　　　　　　E. P. F22:132

(C) 卅井关守丞匡檄一封诣府,十一月壬辰,言居延都田啬夫丁宫、禄福男子　　　　　E. P. F22:133

　　王歆等入关檄甲午日入到府,留迟　E. P. F22:134

　　●谨推辟验问临木候长上官武、燧长 E. P. F22:135

　　陈阳等,辞,不受。卅井关守丞匡言:宫、

　　　　　　　　　　　　　　　　　E. P. F22:136

　　男子王歆等入关檄,不过界中　E. P. F22:137

(D) 卅井关守丞匡檄一封诣府,十一月乙未,言男子郭长入关檄,丁酉食　　　　　　E. P. F22:138

　　时到府,留迟　　　　　　　E. P. F22:139

●谨推辟验问临木候长上官武、燧长张勋

E.P.F22:140

等,辞,今月十八日乙未食坐五分,木中

E.P.F22:141

燧长张勋受卅井诚势北燧长房岑,餔时勋

E.P.F22:142

付城北助燧长王明。下餔八分,明付吞远助

E.P.F22:143

隧长董习。习留不以时行。其昏时,习以

E.P.F22:144

檄寄长,长持檄道宿,不以时行。 E.P.F22:145

檄月廿日食时到府。 E.P.F22:146

吞远燧去居延百卅里。檄当行十三时。

E.P.F22:147

定行廿九时二分,除界中十三时。 E.P.F22:148

案:习典主行檄书,不 E.P.F22:149

时二分,不中程,谨已劾。 E.P.F22:150

简 E.P.F22:125 至简 E.P.F22:150 这 26 支简札,其内容都与檄 E.P.F22:151A、B、C 有关,但并没有以檄的形态出现。(B)是建武四年十一月二十八日甲渠守候博提交给都尉府的关于檄文传送误期的调查报告,(C)、(D)即(B)文书所说的"牒",其中,(C)是有关十一月十七日檄文误期的调查报告,(D)是有关十一月二十日传送误期的调查报告。(C)中的简 E.P.F22:133、134 的简文相当于调查内容的标题,而"●"记号以下的部分则是具体内容。就(D)而言,简 E.P.F22:138、139 是标题简,EPF22:

140 的"●"记号以下,与(C)的内容结构相同。

尽管简 E. P. F22:126—150 写有甲渠候官所发文书的内容,而且出土于甲渠候官遗址,但明显是所发文书的副本、抄件,(A)E. P. F22:125 则是将该系列文书放入文书库中保存之际附上去的标题。也就是说,都尉府发来的檄文以及与之相关回复文书的抄件,都被一起附上一个标题保管了起来。

以上由卅井县索关守丞匡之檄引带出来的一系列文书之中,包含了如下若干檄书:

(1) 卅井关守丞向都尉府提交的关于丁宫、王歆入关之事的檄。

(2) 卅井关守丞向都尉府提交的关于郭良入关之事的檄。

(3) 居延都尉府向甲渠候官下发的责令调查文书误期原因的檄。

(4) 甲渠候官向所属各部下发的檄(总计 4 份)。

这里(1)和(2)的檄,是向居延都尉提交的涉及某人入关之事的报告,但具体内容不明,并未记录文书传送误期的具体情况。由于(1)和(2)的檄未能按期送达,因此才有了(3)和(4)的檄文。无法忽略的事实是,全部的文书都是以檄的形式进行发送的。尽管缺乏确实的证据,但我推测,上文所列的(B)、(C)两组简札文书的原件也是多面体的檄。E. P. F22:126—150 的简文和一般文书的书式有所不同,之所以如此,或许正是因为它是原本写在多面体檄上的抄件。

以下列举 E. P. T44:30A、B、C 的觚作为旁证:

敢言之。还推辟到第廿桼燧,验问燧长徐并,辞曰:第廿三燧　　　　　　　　　　　　　　　　　　　　E. P. T44:30A

文书行政的汉帝国

  燔一积薪，奴令并举一苣火燔一积，付卅燧长王猛，并候不　　　　　　　　　　　　　　　　　E. P. T44：30B

  以北吏士皆具已，敕鉼庭趣言，付殄北火日时。敢言之
　　　　　　　　　　　　　　　　　E. P. T44：30C

上面这些残篇断章的内容令人费解，不过，E. P. T44：30A

图3

"推辟到第廿桼燧，验问燧长徐并，辞曰"这样的文句与简E. P. F22：129、130 的文句形式非常相似（图3）。E. P. T44：30 是多面体的觚——檄，而"敢言之"之类的固定用语表明，它也是一份向上级机关汇报调查结果的文书。根据这样的比较可以推测，E. P. F22：126—150 的原件同样也是写在檄上的。

以上围绕着檄 E. P. F22：151 进行了考证，下文再列举若干其他檄例。

  火明天，禁止往来行者，定蓬火辈送，便兵战斗具，毋为房　　　　　　　　273·19A

  □□史□□□东□官属及武收房□□及□敢言之
　　　　　　　　273·19B

十二月辛未,甲渠候长安候史侢人敢言之。蚤食时临木隧卒□□□□□□□□□举蓬,燔一积薪。虏即西北去,毋所亡失。敢言之/十二月辛未,将兵护民田官居延都尉谓城仓长禹兼行〔丞事〕

广田以次传行,至望远止。　　　　　　（第二面上端）

写移。疑虏有大众不去,欲并入为寇。檄到,循行部界中,严教吏卒警蜂火,明天田谨迹候:望,禁止往来行者,定蓬火辈送,便兵战斗具,毋为虏所萃槧。已先闻知,失亡重事,毋忽如律令/十二月壬申殄北甲〔渠〕　　（第二面）278·7A

候长织、未央候史包、燧长畸等,疑虏有大众欲并入为寇。檄到,织等各循行部界中,严教吏卒,定蓬火辈送,便兵战斗具,毋为虏所萃槧。已先闻知,失亡重事,毋忽如律令　　　　　　　　　（第三面）278·7B

广田以次传行,至望远止。

这两件檄在内容上与前文列举的 12·1A、B、C、D 近似,都是督令警惕匈奴入侵的多面体觚形简,并且 278·7A（图 4）中也可看到"檄到"这样的固定用语。李均明把这些有关警戒的檄归入"警檄"之列。不过,这并不是根据檄上写有"某檄"等字词而做如此分类的。E. P. F22:125—151 之中,E. P. F22:125 的标题中也有"丁宫等入关檄迟留"之语,或可读作"入关檄",实际上这只是一种标题上的简易书写方式而已,E. P. T22:127、128 中这句话应当读做"檄言……丁宫等入关,檄迟留",故而不存在"入关檄"之类的檄。

简言之，橄是一种多面体的长形简，上面记录有关警戒和入关之类的讯息。反过来讲，这样的觚是否都可以被称为橄？

写有如下文字的简，也是多面体的觚：

府告，甲渠鄣候燧长淳于为自言，十一月当乘燧，愿借十一月当□□□

甲渠鄣候以邮行

将军令　　E.P.F22:709

阳朔元年三月乙亥，第十候长博谓第十六燧长良，府调卒燧一人，诣殄北除沙，常会月
99ES16SF3:1A

□行者走　　第十燧卒王如意、第十一燧卒杨耐、第十二燧卒王□等三人，诣殄北□□
99ES16SF3:1B

十七燧长谭以檄言，付谭，日时良趣急，县索令会旦候长□□□□
□□□　　99ES16SF3:1C（图5）

居摄三年五月戊午，第六燧长宣敢言之〔燧〕。行候长事郅卿治所

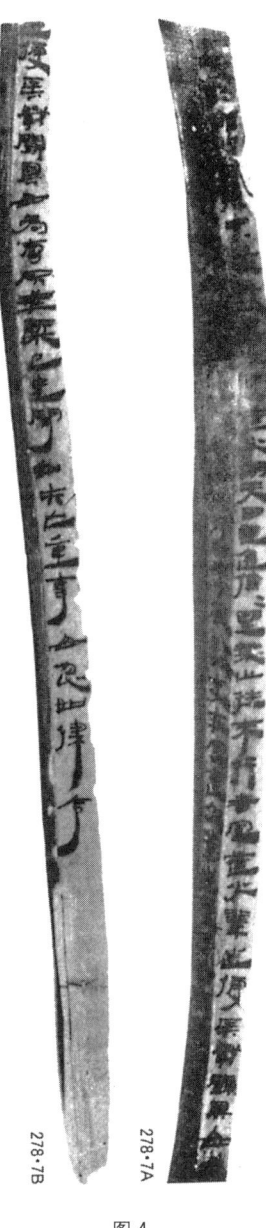

278·7A 278·7B

图4

第三章 檄书考

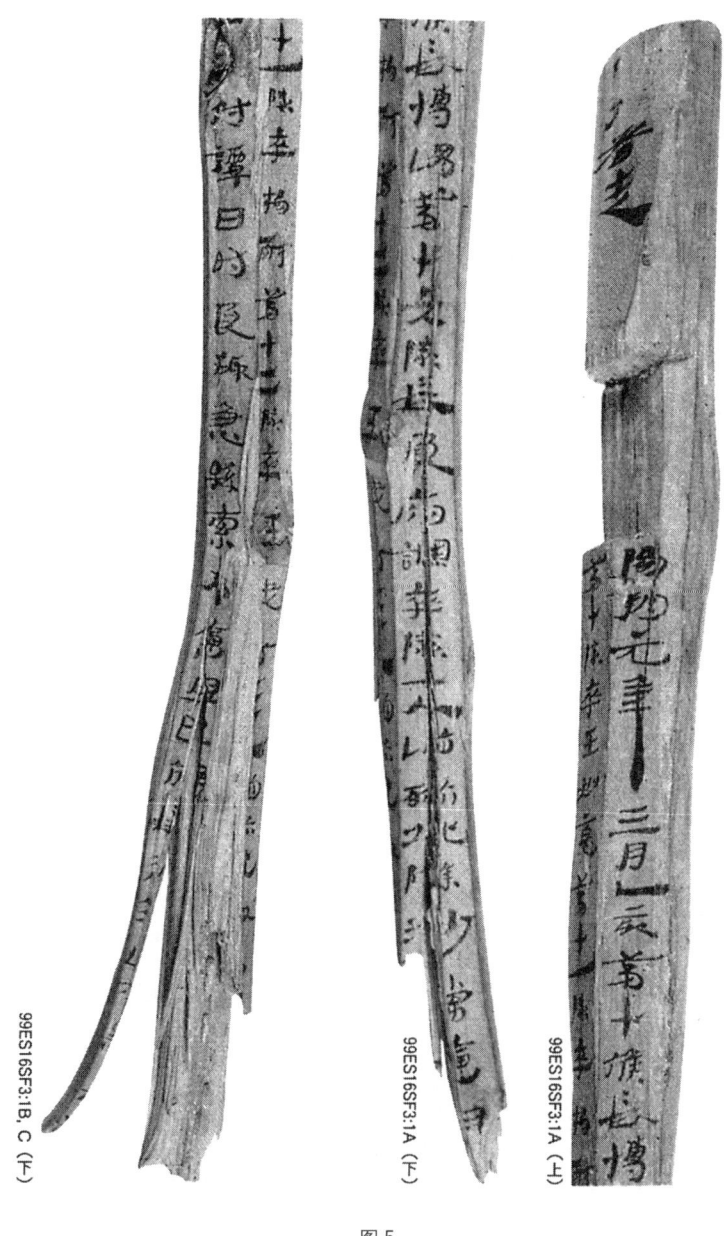

图 5

　　　　　　　　　　官请医诊治。敢言之。

　　　　　　　　　　　　　　　2000ES9SF4:17A、B

　　建武四年九月戊子,从史闳敢言之。行道以月十日到橐
他候官。遇橐他守尉冯承言,今月二日,胡虏入酒泉□□

　　　　　　　　　　　　　　　　　2000ES9SF3:4A

　　入肩水塞,略得焦凤牛十余头,羌女子一人,将西渡河,
虏四骑,止都仓西放马,六十余骑,止金关西。月九日,日蚤
食时……

　　　　　　　　　　　　　　　　　2000ES9SF3:4B

　　前辈到金关西,门下掾谊等皆在金关,不得相闻。闳等
在候官。即日餔时,尘烟火到石南亭,昏时火遂……

　　　　　　　　　　　　　　　　　2000ES9SF3:4C

　　恐为胡虏所围守,闳即夜与居延以合,从王常俱还,到广
地胡池亭止。虏从靡随河水草北行,虏□……

　　　　　　　　　　　　　　　　　2000ES9SF3:4D

　　……□请居延鄣候,写移□□惊当□……

　　　　　　　　　　　　　　　2000ES9SF3:4E(图6)

　　如果认为凡是多面体的长形简就可以称做檄,那么以上这些多面体的简或许都可归类为檄。但文书内容大都是甲渠候官应都尉府之命调查属下燧长活动的报告,其中包括:除沙征调兵卒、医生诊治报告、出差途中遭遇匈奴袭击以及请求加强边防的警戒等等事项。那么,到底什么样的内容会被写在檄中? 在做出结论之前,还需要对檄和检有关的问题进行探讨。

二、檄和检

　　E.P.F22:151 和 2000ES9SF4:17A、B,是多面体形状而且

第三章 檄书考

图 6

带有封泥匣的简。这种形状的简,被称为"檄检"。

正月十六日,因檄检下者,号天使长仲赍己部橡

D974A

为记诧,檄检下　　　　　　　　　　　D974B

　　檄书检下,责记不审輙仰见不　三辈兵皆起

居未　　　　　　　　　　　　　　　　D77

71

文书行政的汉帝国

图7 E.P.F22:476

　　D77 上写的不是"檄检",而是"檄书检",它是一种拥有檄的形态的检,即把文章书写在多面体的觚上,而且带有封泥匣。另外,还有"檄符"这一用语,可能是指那种具有檄形制的符:

令史严奏发檄符　　　　　　　　95·2B

　　那么,檄符和一般的符有什么区别呢？我认为,它大概与多面体的檄形状相同,并且带有符特有的齿口。图 7 的 E.P.F22:476 应该就是一件檄符。

正月乙巳,府告甲渠鄣候,遣燧长

E.P.F22:476

　　这件木简只写有"正月乙巳,府告甲渠鄣候,遣燧长",说不定只是一篇写到一半的文章。① 该简是居延都尉府下发给甲渠候官的文书,出土于甲渠候官(A8)的文书库(F22)。故而将其视为实际投递出来的文书比较妥当。

　　檄符和 E.P.F22:476(图7)其实也是一种检,只不过封泥匣上刻有齿痕。这种檄的封泥匣上书写的文字引人注目:

甲渠鄣候　即日壬甲　五月壬寅,府告。甲
　　　　　铺后遣

---

① 角谷常子《簡牘の形狀における意味》(《辺境出土木簡の研究》,朋友书店,2003年)一文指出,此简"只写了一半"。此外,该文还将这种在封泥匣上书写发送时日的东西(我认为应当称之为"檄检")解释为"与符契性质近似的物品"。然而,如果是符契的话,应当二件一组,将封泥匣上写有日期的简看做符契或具有符契性质的简,显得有些牵强。

72

渠郭候遣乘燧骑士王晏、
王阳、王敞、赵康、王望

E.P.F22:473A

等五人借人,乘燧长
徐业等,自乘燧。日时在
检中。到,课言。

E.P.F22:473B(图8)

四月壬戌,府告。甲
渠郭候遣乘燧第五燧骑士
郭阳、第十八燧候骑士夏
侯苍

E.P.F22:474A

甲渠郭候　即日癸酉
　　　　餔时遣　之官。日时
在检中。到,课言。

E.P.F22:474B(图9)

十一月己未,府告。
甲渠郭候遣新除第四燧长
刑凤之官。符到,令凤乘
第三,

　　遣　E.P.F22:475A
甲渠郭候　己未下餔遣
骑士召戎诣殄北乘凤燧。
遣凤日时在检中。到,课言。

(图10)

图8

E.P.F22:475B

这些多面体的简,也应该算是檄的一种,但它们与前面列举的檄有所不同:其长度略短,都是 20 厘米左右,与普通简牍的长度没有差异。

图9　　　　　　　　　图10

此外,它们和其他檄还有一个不同点是,封泥匣内写有文字。根据内容来看,上述檄都是居延都尉府发往甲渠候官的下行文书,文书内容涉及派遣守备烽燧的骑兵、命令新上任的燧长前往候官以及其他烽燧守备事宜等等①,其派遣的时间和日期都被写在检中(所谓"日时检中")。②

为何这种檄会这么短?其原因不明。不过,关于此类檄的另一个特征——封泥匣及其文字,还是值得深究的。首先,所谓"日时在检中",是说日期被遮掩起来不能看到,那就意味着其他记载内容都在众人视线之中。一般把这种简牍称为"露布",多面体的檄的确具备与露布一样大家都能看到文书内容的样态。换言之,除了是多面体的单简而且具有检的功能以外,檄的另一个重要特征是:并不封印隐藏文书内容,而是将其公示于众,让大家清楚了解。

---

① 鹰取论文认为,E. P. T22:475 有"符到"字样,故为符。然而,正如鹰取自己所言,到达派遣地之前符(派遣符)都应该随身携带,笔者也同意这一点,而 E. P. T22:475 却是从居延都尉府送到甲渠候官并在那里保管起来的。此外,其内容是派遣刑凤,令其等符到之后承担第三燧守备任务。因此,E. P. T22:475 实际上是记有派遣时日的检,检面上提到的符则另行发放,由刑凤随身携带,与 E. P. T22:475 是不同的物件。正因为如此,同类文面的其他简(E. P. F22:473A)上,就没写有"符"字。

② "日时检中"之语,亦屡见于其他简上:

    候史苏阳初除,遣之官,日时在检中   E. P. T50:17
    时在检中。到,课言●谨案匚乙卯受   E. P. T65:102
    九月庚子府告甲渠鄣候尉史忠平,甬府事已,遣之官。日时在检中。到,课
  言   E. P. F22:290
    □狱对事已,遣之官,日时在检   E. P. F22:582
    之官,日时在检中,到⃞   E. P. F22:800

然而,这些并非都是檄。例如,简 E. P. F22:290 有两种可能性,其一,它可能是都尉府下发文书的誊本;其二,它可能是核查某件文书是否按照都尉府规定传递的调查报告的誊本。这种"课"的文书,往往引用都尉府命令用语"日时在检中。到,课言",然后写"报告调查结果……(谨案……)"云云。以下是一件具有典型性的简:

    中到课言,谨案,良等丙申日中受,遣即日到官,敢言之。   E. P. F22:369

E. P. F22:290 也与 E. P. F22:369 一样,很可能是报告文书的副本。因为遗址 F22 出土的简大多是甲渠候官保管下来的接收文书和发出文书的副本。

《后汉书·鲍永传》载"诏昱诣尚书,使封胡降檄",李贤注曰:"檄,军书也,今露布也",明确指出檄是露布。[①] 我认为,"檄即露布"特别值得关注,可以将其作为切入点设定若干问题并逐一解明,从而进一步弄清檄的本质。

(1) 作为露布的檄为什么还需要封泥匣?检檄的必要性是什么?

(2) 为什么特意隐藏发送日期时间?

(3) 为什么用檄的形式将派遣事项公示于众?

(4) 为什么长形多面体、露布形态的檄作为一种文书有存在的必要?必须要用檄来写的内容是特定的吗?

(5) 檄既有上行文书,也有下行文书,为什么回复檄文必须要用檄的形式?

三、檄究竟是什么——檄的功能和效果

首先来看问题(1),如果檄是露布的话,那么檄文的内容就应公示于大众眼前,而封泥则是为了保护文书的机密性,这两者之间似乎是矛盾的。

这里牵涉到印的用途的问题,一般认为,印就是用来封印的用具,然而封泥匣附在露布简上的现象,促使我们重新思考印的意义所在。或许如下考证有些偏离正题,但我们确有必要就印的问题做出相应思考。

---

① 另外,颜师古注所引"魏武奏事"中有"魏武奏事云今边有警,辄露檄插羽"之语,其中亦见"露檄"一词。

1. 关于印

我们应当认识到,印的功能的重心,并不在于封印这种实际的用途,而在于作为发信凭证和昭示文书的权威性。

相关的词汇还有"印信",《释名·释书契》这样解释:"印,信也,所以封物为信验。"①

"印信"一词也散见于简文:

  臧翁卿钱六百,臧□以付翁卿,以印为信。 14·19A

  七月奉钱千 付干卿以印为信。 282·4B、282·11B

  以付乡男子莫,以印为信,敢言之。 282·9B

  五月奉偿,以印为信,敢言之。 387·20A

  十二月辛巳,第十候长辅敢言之,负令史
  范卿钱千二百,愿以十□□二月奉偿,以印为信,敢言之
          E. P. T51:225A

  阳朔元年七月戊午,当曲燧长谭,敢言之,负故止害燧
  长宁常交钱六百,愿以七月奉钱六百偿常,以印为信,敢言之 E. P. T52:88A

这些都是为了用薪俸偿还债务,而向候官提交的申请文书,

---

① "信验"一词,正如《汉书·刘钦传》所载"即具记房诸所说灾异及召见密语,持予淮阳王以为信验",意为"证据",汉代既已成为固定用语。但是,其意并非"信之验","信"、"验"连文同义,都意指证据。《老子》二十一章"其中有信",王弼注曰:"信,信验也。"

上文中的"以印为信"指的是用印来证明自己的信用,那么,这个印要在哪里按押呢?简 E. P. T51:255、E. P. T52:88 兼具符的功能,简札附有封泥匣,并没有按印。给简札附上检,然后在上面按印,这的确是有可能的,而且或许实际就是如此。在简 E. P. T52:88A 的内面,写有收件地址"甲渠候官",该简本身是没有封泥匣的检。我认为,"以印为信"只不过是一个言明自己责任的惯用语,常常附在个人以薪俸偿债的申请书的结尾。因此,"以印为信"的"印"具有信用象征的抽象意味,相对于其实用性,"印"的抽象性更加突出。①

一个人的"信",意指相对于个人行为的信用和保证。如果行为主体上升到上级机关,甚至上升到皇帝,"信"就不是指对某个具体的个人做出保证,而是侧重于昭示一种正当性,宣明某种公信力。进一步说,在下行文书中,印的意义在于明确发信者的权威;在上行文书和契约文书中,印是为了明确行为的正当性。虽然两者方向不同,但都具有"象征"的意味。

在检面的封泥匣上按印,并不是以确保机密为第一目的,印也绝不仅仅是在密封的封泥匣上按印的道具。正因为封印的目

---

① 简 E. P. T51:225A、E. P. T52:88A 是候长、燧长的申请文书,文书以"以印为信"收尾。关于候长、燧长是否持有官印,米田健志《漢代印章考》(冨谷至编《辺境出土木簡の研究》,朋友书店,2003 年,第 329—334 页)对此做过考证。汉代二百石以上官吏持有官印,相当于百石官的候长、燧长不持官印。笔者认为,关于候长是否被授予官印,尚有探讨的余地,而燧长则无持官印的可能。假如燧长有印的话,也是私印而已。正如米田所提到的,简牍史料常见"以私印兼某事"的记载。燧长文书也用"以印为信"这一惯用语,那么此处的"印"可能是私印。如果是官印的话,"以印为信"就应是一句含有"以公职名义担保遵守约定"意思的惯用句;若是私印,其语意则转为"以个人名义担保不违背约定",失去了以公职名义担保的含义,私印能否提供保证却是令人怀疑的。笔者认为,"以印为信"的印应该是"官印",而这句话业已成为套语,无官印的燧长也在公文中使用这样的惯用语句。

的并非如此,故而在露布简上按印也没什么不可思议的了。由上至下的文书和指令,确有昭明权威的必要性。

然而,如何分辨印章的真假呢?官署之间的往来文书,必须通过特定官署进行传递,无论是定期的文书,还是不定期的文书,一律要由特定机关进行传送。我推测,各个官署都保存有文书印章的印记,通过印记的对照,就可以判明封检印章的真假。官署保存的印记,其实就是封泥,本应毁弃的封泥还有大量实物留存至今,各地出土的封泥大多完好如初,其原因或许正在于它们当初就是被妥善保管的东西。

如果说,简牍时代的印并非封印的道具,而是文书权威性和正当性的象征,那么,在简牍到纸的演变过程中印章又移到了纸上这一现象就容易理解了。封泥原本是简牍专用的东西,到了书写材料变为纸张的阶段,封泥即便消失也是很自然的事情,但印章却在纸上得以保留。封印终究是一种附加的功能,而象征威信和权威——这一印章的核心功能在纸张时代也得到了保留和传承,事实上,纸上盖印与露布简上加印有异曲同工之处。

以上有关印的论述或许过多。如果确定印具有上述意味的话,那么作为露布简的檄带有按印的封泥匣也就容易理解了。

进一步探讨封泥匣和檄的关系,就必须对问题(2)做出回答,为何要将信息写在封泥匣的里面?即"为什么特意隐藏发送日期时间"?

2."日时在检中"的含义

首先,必须指出的是,檄的封泥匣并不是用来隐藏需要隐匿的文字的物件。封泥只是为了确保文书权威性的盖印,封泥匣是可以二次利用的。此外,写有"日时在检中"之语的简牍,不仅包括有关军队派遣的文书,也含有任务完成之后携带归来的检。

　　诣作所如章程,日时在检中,到☐　　　　　　甲附 33

　　在检中☐　　　　　　　　　　　　　E. P. T2:20A

　　☐巳,诣部,日时在检中,到言,有☐
　　☐子食时遣　　　　　　　　　　　E. P. T40:155

　　☐☐狱对事已,遣之官,日时在检　　E. P. F22:582

　　☐午廪,事已,诣部,日时在检中,到言☐
　　☐丁亥昏遣　　　　　　　　　　　E. P. T40:188

这些都是上级机关下达的有关吏员和士兵移动的通知,其中,移动的具体时间日期等等都写在了封泥匣之内。其内容说的是,核照日期来调查行动是否在规定时间内完成(此即所谓"课"),并且对之做出报告。

此类人员移动日期,果真必须记录在检中并且隐匿起来吗?进一步来讲,日期记载于检中意味着文书必须以檄来发送吗?这些问题需要与问题(3)"为什么用檄的形式将派遣事项公示于众?"联系起来回答。下文将探讨汉代以檄文通告吏员移动事宜的现象。

例如,下面的简牍记录着由都尉府向候官的人员移动信息

第三章 檄书考

(图11),简 E.P.F22:389 到"●"记号为止都是都尉府下行文书的摹写,"●"之后的语句则是对下行文书的答复。这件简牍是留存于甲渠候官的文书副本,这一系列的文书都以檄的形式而且带有"时间日期在检中"注记被发出的。

  王良诣府,事已遣之官。到,课言●□

E.P.F22:389

  遣之官。书到,如律令。 E.P.T52:90

这些简牍都是断片,或许本来简上写有"日时在检中"之语,然而,根据"日时在检中"本应位于"遣之官"、"诣部"和"到言"之间的惯常书式来看,这两支简的相应位置应无此语。

我并不认为,有关派遣事宜的文书都要写在檄上,而且要在检中写明派遣日期。第一,为什么必须在检中写下派遣的时间日期? 这一点无从解释。有关正确的时间日期,即便明示公开也不会引起问题。不仅在派遣士兵和军队的场合中,而且在官吏叙任(E.P.T50:17)、审判事务结束归来(E.P.F22:582)等情况下,都要隐匿其具体时日,果真有这种必要吗? 相反,为何时间日期以外的信息必须又要公开呢? 我认为,此类有关派遣事宜的文书未必都有非常高的紧急性。

实际上,对于关涉到军务的简牍,我也抱有同样的疑问。或许可以说,在露布檄文上公开派遣信息带有鼓舞和激励意味,而

图11

隐匿派遣时间则是为了不让敌人获知。然而如果认真考虑，仍会觉得此说牵强。如果旨在提振兵卒士气的话，还不如明确指出"何时至何日派遣"。假如担心敌人探知的话，那么派遣信息也应该隐匿起来。或许可以推测其中包含了一种恐吓敌人的用意，然而，E. P. F22:473、474等简牍所记载的少量骑兵的派遣信息，能对敌人产生多大的震慑力？另外，人们能够设想匈奴人看到这些信息的情状吗？将派遣的信息公之于众，真的能与鼓舞、激励、提振士气联系到一起吗？如果是为了这个目的，我认为，向特定的烽燧发送普通文书就可以了。

另外，上文提到的记有烽燧防卫燧长、骑兵之派遣事宜的检楬（E. P. F22:473、E. P. F22:474、E. P. F22:475），其内容并非遭敌攻击以后要求增援之类的紧急事务，而是有关防卫士兵换岗或者临时任务变更的普通事项，与官吏叙任以及因病离任之类是性质相同的。把派遣时日写入检中，然后用楬文的形式将派遣信息公开化，依我所见，这种做法并无绝对的必要性。

以下是邮书课及其相关调查报告的简牍，它们与本章开头所探讨的"卅井关守丞匡檄"（E. P. F22:151A－D）文书迟送调查命令属于同类，其中包括由居延都尉府下达到甲渠候官的检点和调查邮书问题的指令，以及候官责令所辖不侵部进行调查的答复。

　　建昭四年四月辛巳朔庚戌，不侵候长齐敢言之。官移府所移邮书课举曰：各推辟部中牒别言，会月廿七日●谨推辟案

　　过书刺，正月乙亥人定七分，不侵卒武受万年卒盖，夜大半三分付当曲卒山，鸡鸣五分付居延收降亭卒世。

E. P. T52:83

第三章 檄书考

    建始二年十二月甲寅朔甲寅,临木候长宪敢言之。谨移
    邮书课一编,敢言之。   E.P.T51:264

    元延四年九月戊寅朔戊寅,不侵候☐
    谨移八月邮书课一编,敢言之。
                    E.P.T40:147A

    至少,答复邮书课举的简E.P.T52:83(图12)中看不到檄的踪影。E.P.T51:264、E.P.T40:147A中有"邮书课一编"之语,它所指的是册书简,而并不是檄。

    檄检的内容并不限定于紧急事件、训诫、军事以及召谕,其中亦包括与官署之间普通上行文书和下行文书别无二致的通报事项,故此,我并不认为有在检中书写日期并进行封印的必要性。进一步讲,为何在普通场合也要使用檄这种多面体的简牍呢?其缘由目前尚不清楚。在此我们不禁要问,檄的意义究竟是什么?

    暂且对上述内容进行一番整理。檄的形制特征是:多面体简牍,长短不一。多面体形状与一般文书的编册形状迥然不同,旨在以一支简牍承载全部文书内容。另外,檄与其他各类大尺寸单简关系密切,檄书以公开的形式向外发送。

    露布形式的使用,与其说是意味着容许众人看到文书信息,不如说是旨在期待众人看到文书内容。不过,在传送过程

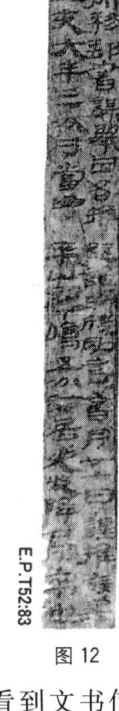

图 12
E.P.T52:83

中有意让收件人以外的人看到檄书内容(暂且称为"檄A"),与接收檄书以后特意让众人了解檄书内容(暂且称为"檄B"),这两种情况是有区别的,我们有必要考虑这两种披露文书的不同目的。

就檄A而言,是在传送途中他人可以目睹到文书内容,其目睹者实际上就是文书传送所经机关的吏员。由于檄必须在限定时间内及早送达目的地①,故而一般百姓是没有机会看到文书内容的。

檄B则是在文书受理之后,将文书内容公布、展示于大家面前。例如,司马相如向巴蜀之民发布的檄书就是如此。以檄的形式发布的公示和谕告,往往是为了向焦虑不安的民众表明皇帝的意志。

前文考察过的檄,大都是作为文书传送的檄,属于檄A。关于檄B,我们将在后文进行考察,这里先探讨一下檄A的效果。

我们可以想象,在传递的过程中,沿途官署的首长和吏员能够看到檄A的内容。这首先是因为,原本相关人等就应了解文书的内容,知道文书的发出机关。不仅如此,传送人员还应知道文书相关事宜必须得到周到、彻底的处理。让我们再回头来看卅井关的檄书,首先,卅井关守发檄报告某人入关前往都尉府。结

---

① 檄的规定传递时间是十里一时。

   廿五里,檄当行二时五分,定行十一时   4·23
   吞远燧,去居延百卅里,檄当行十三时   E. P. F22:147

这与一般文书的规定传递时间一致。

   过半通府〃去降虏燧百五十九里,当行一时六分,定行五时,留迟三时四
  分,解何   181·1A
   毋伤燧长徐覇,界中二十五里,人当行二时五分□   E. P. T57:30

由此可见,檄书实际上并非特别紧急的文书。

果由于檄书误期,都尉府发檄命令候官彻查此事,候官又发檄通告下属各部,最后候官再发檄向都尉府报告调查情况。在这一系列的流程当中,露布的功能之一,就是通过公开的文书往复,让邮送沿途的官差们也了解到上级的指令和理应处理的事宜切实得到了执行。另外,就下级官员提交的上行檄书而言,卅井关守最初发出的入关事宜之檄以及前文列举的医生诊疗报告(2000ES9SF4∶17A、B)、出差途中所见外敌入侵情况的报告和加强戒备的请文(2000ES9SF3∶4)等等,都有报告者夸示自己精勤的成分在内。

檄必须用檄的方式来回复,其目的在于使命令得到彻底的传达和公开,同时宣示上级命令的权威性,让官署和吏员认识到贯彻执行文书行政的重要性。

然而,檄上带有封检,而且检中还写有"日时在检中"云云的信息。之前我已经提出这样的疑问:隐匿日期到底出于何种意图?将派遣时间写在检中,然后以檄来公开派遣事宜,其必要性也值得怀疑。关于这一问题,我的想法如下:

在文书传送的过程中,希望他人看到的是简上记载的关于派遣的事实,而非派遣时间。无疑,为了使文书能够被快速地送达到目的地,之后要实施检查——"课",不过,即便有"课"的监督,不向传送机关通知发信的最初时间仍然更有利于文书的快速传送。传送机关只要专心于文件的处理,无需清楚地知道所要时间。不明确、不稳定的信息,更能增加一种紧张感,促使相关部门切实完成好特定任务。因此,隐匿时间的目的,并不是规避敌人,鼓舞己方,而是一种规范文书行政和文书传达的巧妙方法。这样考虑的话,就能够理解隐匿兵卒和官吏调遣时间的原因了。

以上可以说是檄检的内在功能,事实上,这一内在功能正是檄所拥有的本质效用。

3. 露布的效果

本章已经指出,檄不一定记载关涉紧急性事件、重要训诫、军事戒备等的信息内容,此外,即便是同类文书,在某些场合以檄的形式出现,在另一些场合则以封书的形式出现。同类文书既可以露布的形式发送,也可封印之后以册书的形式发送,这意味着同一事宜可以变换形式处理。我认为,檄的本质效用或"内在功能"正在于这种可变性。有时将上级的命令公之于众,有时则对相同内容的指令秘而不宣,这样,使臣下的心理常常处于一种不安的状态,从而达到控制人臣、贯彻文书行政的目的。密封传送文书之际,执事吏员看到封印的文书,自然会产生不安、猜疑之类的心理情绪,因此,隐秘文书内容能使官吏们谨小慎微,便于驾驭。露布简的效果,在于与密封文书形成鲜明反差,强化一种威慑力。不过,关于当时是否有意运用了这种巧妙,甚至可以说阴险的策术,或许还存有疑问。

> 庞敬,县令也。遣市者行,而召公大夫而还之,立有间,无以诏之,卒遣行,市者以为令与公大夫有言,不相信,以至无奸。(疑诏诡使)　　　　《韩非子·内储说·上七术》

上文大意是:县令庞敬派遣市吏们出去办事,又召回负责的公大夫,公大夫等候了一会儿,而庞敬未发一言,最后还是让他走了。市吏们以为县令暗中对公大夫有所指示,并且故意回避自己,因此不敢作奸犯科。

以令人费解的命令和态度就可以使得属下疑神疑鬼,并使其诚惶诚恐。在《韩非子·内储说·上七术》中,列举了七条这种控制属下、操控人心的计略。其中包括:众端参观(从多个角度综合考察);必罚明威(有过必罚以显示首长威严);信赏尽能(有功必赏使属下各尽其力);一听责下(个别听取意见以督责属下行动);挟知而问(明知故问以探明详情);倒言反事(故意说反话、做逆理的事来刺探臣子)。最后就是上文讲过的"疑诏诡使"。文书行政中露布檄的运用,或许可以说是对《韩非子》"七术"的一种实践。

四、另一种檄——公告檄文

1. 候史广德行罚檄

1973年甲渠候官遗址出土了一支编号为E.P.T57:108的大尺寸木简(图13)。这支简用木枝削成,其长度约有82厘米,直径3.1厘米—1.5厘米,正反两面都写有文字,反面记载有22段内容,下端有三层切齿。

> 候史广德,坐不循行部、涂亭、趣具诸当所具者,各如府都吏举,部糒不毕,又省官檄书不会会日,督五十
>
> E.P.T57:108A

亭不涂　　毋马牛矢

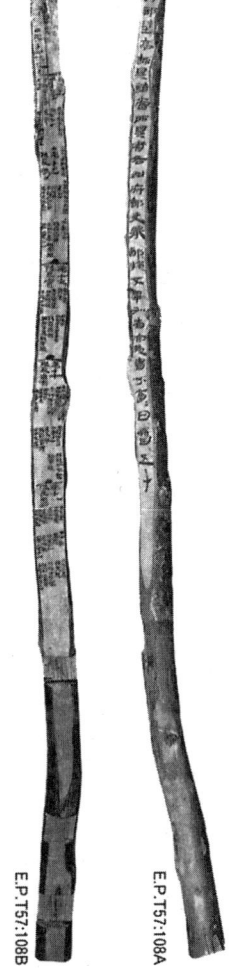

图13

候史广德　　●第十三　　毋非常屋　毋沙
　　　　　燧长茖　毋深目　毋芮薪
　　　　　　　　蓬少二　毋□□
　　　　　　　　　　　　（以上为第一段）

表币　　　积薪皆卑　　　亭不涂
□□□　　县索缓　　　　毋非常屋
毋□□□□　●第十四燧长光　羊头石少二百
毋□□□□　　　　　　　毋深目
　　　　　　　　　　　　（以上为第二段）

马牛矢少十石　　　　　●亭不马牛矢涂
狗笼少一　　天田不画县索缓　蓬少一
表币　　　第十五　　　　毋深目
积薪皆卑少　燧长得　　　羊头石少二百
　　　　　　　　　　　　（以上为第三段）

　　　　　　　　　　马牛矢少五石
　　　　　　　　　亭不涂
狗笼少一　　　　　回门坏
积薪皆卑　　●第十六　毋非常屋
天田不画县索缓　燧长宽　坞毋转緱
笼罋少一　　　　　　羊头石少二百
　　　　　　　　　　　　（以上为第四段）

毋深目　　　　　　　亭不涂

毋牛马矢少十五石　　　　　毋非常屋

积薪皆卑　　　　●第十七　　羊头石少二百

天田不画悬索缓　　燧长常有　　毋深目

　　　　　　　　　　　　　　毋马牛矢

　　　　　　　　　　　　　　狗笼矢著

　　　　　　　　　　　　　（以上为第五段）

芮薪少三石　　　　　　　　亭不涂

沙㪷少一　　枪柱廿不坚　　毋非常屋

表小币　　　悬索缓　●第十八　蓬少一

积薪皆卑　　　　　　燧长充国　蓬三币

天田不画　　　　　　　　　　毋马牛矢

　　　　　　　　　　　　　（以上为第六段）

毋狗笼　　　天田不画

毋芮薪　　　悬索缓

沙㪷少一　　枪柱廿不坚

表小币　　　积薪六皆卑

笼㪷少一　　小积薪少二　　（以上为第七段）

　　　　　　　　　　　　　　E. P. T57:108B

　　以上木简的内容是甲渠候官北部的候史张广德因怠慢职务，遭都尉府弹劾，受杖责50下（E. P. T57:108A）。E. P. T57:108B 列举了广德怠慢职务的具体细节，其中包括从第13燧到第18燧日常工作的疏忽和器具用品的缺失不备。

　　这件被称为"候史广德行罚"的檄，由于具有难得一见的特殊性,不仅在陈列展出之际受到关注,而且也吸引了不少前辈学者对之进行考证。①

首先需要说明的是,"候史广德行罚"和"候史广德坐不循行部"只是为了方便起见而取的名称,并不是简文原来的标题。永田英正曾经指出,该简能否被判定为檄是有疑问的。迄今各家论考,大都是以此简为檄的前提下进行的。的确,在简文中出现有"省官檄书,不会会日"这样的语句,但这里的"官檄"与该简并没有任何关系。

先前的论文,都未将该简究竟是不是檄当做一个正面的问题来对待,它们大多把考察重点放在了简文内容、候史职责等方面。关于制作这件简牍的目的何在?该简到底是不是文书?为何尺寸如此之大?凡此种种涉及简牍形制与功能的问题,还没有人给予足够的关注。事实上,如果我们思考了这两个问题:该简是不是檄?用途如何?那么,前面的问题也会得到答案。

"行罚檄"这个词语,在当时的确是存在的。不过,正如前文所说,"某某檄"之类的词,和入关檄一样都是一种方便省事的写法而已。

> 行罚檄到,遣燧长郑奴持食诣官。会今,当省治临桐□
> E. P. F22:650

我们无法肯定,这里所谓的"行罚檄"一定会写有类似候史广德简那样的简文内容。至少简 E. P. F22:650 上写着"檄到"二

---

① 甘肃居延考古队:《居延汉代遗址的发掘和新出土的简册文物》,《文物》1978年第1期;甘肃居延汉简整理小组:《居延汉简"候史广德坐罪行罚檄"》,《文物》1979年第1期;徐元邦、曹延尊:《居延出土的"候史广德坐不循行部"檄》,《考古》1979年第2期;永田英正:《"候史広德坐罪行罰"檄について》,《東アジア古文書の史的研究》,刀水书房,1990年。

字,意味着这种檄是一种移动的东西,那么,候史广德简是否也要被作为文书进行传送呢? 这是我们必须考虑的。

在当时,候史广德简能否称做檄? 我们无法对之做出明确的回答。如果将檄定义为多面体、大尺寸的露布简的话,那么,我认为把候史广德简看做檄也没有什么不妥。

候史广德檄的用途是什么? 首先,没有证据表明,这支简牍是作为文书发送的,或者文书的副本。简面没有写收件人的信息,故而也不清楚从何处向何处传递。假若是文书的话,到底是用何种方式发送的? 姑且假设可以将其装入囊中,然后再附检发送,如果是这样的话,就意味着该简不是作为文书、而是作为物品来发送的。

从内容来看,简文罗列了候史广德所有的职务失误,尚不清楚这是不是一种设定了阅读对象的报告。

我认为,长度将近1米的"候史广德行罚"檄,是一种将信息公布于众的公告札。换言之,这种檄是为了让大家都能看到而在大庭广众之下进行公布的。就"候史广德行罚"檄而言,把对候史渎职的处罚公示于众,可以起到警示众人、整肃纲纪的作用。永田英正认为,这支简可能是一种杖罚工具。不过,倘若它真的曾被用做刑具的话,就会有血迹存在,而且棍杖本身也会有或多或少的损伤,但在这个檄上却没有发现这样的痕迹。的确,这样的长木棒很容易让人联想起杖罚的刑具。假如将行刑的工具作为公告札使用,或许可以更好地起到杀一儆百的效果。毋庸赘言,当时的行刑都是公开进行的,或许可以说,"行罚檄"是一种借助文书来公开行刑的工具。

前文将檄分作了两类,檄 A 是有意让文书传送沿途的官署吏员可以亲眼目睹;檄 B 则是在接收之后,公开展示在大众的面前。"候史广德行罚"檄属于后者。

根据以下简文可知，檄在亭和燧等场所的显眼之处被展示出来。

写移檄到，具写檄扁□□亭隧高显处，令吏卒明　D1376

"扁□□亭隧高显处"与"扁书亭燧显处令尽讽诵知之……"（D1557）等等，都是散见于简牍的文书惯用语，意思是："收到檄之后，把檄文誊写出来，并在亭和燧等场所的显眼地方公告于众。"① 不过，从敦煌酥油土出土的简 D1376 并不是觚，或许檄是另外书写的，该简只是陈说收檄之后公示檄文的事宜，也不排除这样的可能：该简作为原檄的副本照抄了檄文内容，实情究竟如何，尚无可资判断的证据。②

另外，"候史广德行罚"檄的下端有三处齿槽，也许是用来系结封泥匣的，也许是用来系绳悬檄的。

2. 玉门花海出土的皇帝遗诏

1977 年，在敦煌酒泉县西北 70 公里处残存的汉代烽燧中发现了将近 100 支木简，考古学家根据当地的地名将这批木简称为"玉门花海汉简"，其中包含一支长约 37 厘米的多面体（7 面体）的觚

---

① 关于"扁书"的解释，参考本书第二编第一章。这里提到"打开"、"出示"的意思，但"扁"并无这个语义。
② "写移檄到"，亦见于卅井关守之檄 E. P. F22:151，非檄形制的简（159·17、283·46）上也能见到这样的用语。简 151·19 是甲渠候官发出的，因为它出土于 A8，故而应该是副本。两者内容都是所辖区域内的调查、警备事宜，故而均应属于 A 型檄。其简文并无"受檄之后公之于众"云云的语句，这样的 A 型檄也要被公示吗？事实上即便公示也是可以理解的。但我们还无法对此问题做出明确回答。

　　甲渠鄣候以邮行　　十一月辛丑甲渠守候　告尉谓不侵候长宪等，写移檄到，各推辟界中，相付受日时具状。会月廿六日。如府记律令
E. P. F22:151D
　　五月癸巳甲渠鄣候喜告尉谓第七部士吏候长等。写移檄到，士吏、候长、候史循行
159·17、283·46

(图 14)。① 觚上写有 212 个字,(A)的部分是皇帝的遗诏,(B)是

(B) 2, 3, 4　　(A) 4, (B) 1　　(A) 2, 3　　(A) 1, 2

图 14

---

① 嘉峪关市文物保管所:《玉门花海汉代烽燧遗址出土的简牍》,《汉简研究文集》,甘肃人民出版社,1983 年;大庭脩:《大英图书館藏敦煌漢簡》,同朋舍,1990 年。

个人信件，但一眼望去，会觉得(A)和(B)出于同一个人的手笔。

(A) 制诏皇大子。朕体不安，今将绝矣。与地合同，众不复起。谨视皇大之笥，加曾朕在。善禺百姓，赋

敛以理，存贤近圣，必聚謣士，表教奉先，自致天子。胡侅自泛，灭名绝纪。审察朕言，众身

毋久，苍苍之天，不可得久视，堂堂之地，不可得久履，道此绝矣。英告后世，及其孙子。

忽忽锡锡，恐见故至，毋贰天地。更亡更在，去如邑庐，下敦间里，人固当死慎。毋取悇

(B) 贱。弟时谨伏地再拜。请翁系足下，善毋恙，甚苦候望事。方春不和时，伏愿翁系

将侍近衣便酒食。明察蓬火事，宽忍小人，毋行庶浨时便甚，

伏地再拜请

时伏愿翁系。有往来者，便赐时记令。时奉闻翁系級急严教。

D1448　　玉门花海　77. J. H. S:1

关于皇帝遗诏的作者，说法不一。有汉高祖遗诏说，也有汉武帝遗诏说，不过这与笔者想要探讨的内容没有密切关系，暂且搁置一旁。在此，我想探讨的问题是，这件多面体的觚（由于是多面体长简，也可以称为檄）究竟有何用途？有人认为它用于习字，也有人认为它是识字教材①，果真是这样的吗？

---

① 胡平生：《写在木觚上的西汉遗诏》，《文物天地》1976 年第 6 期。

首先,这件檄和"候史广德行罚"檄一样,并不是发送来的东西。私信是"时"这个人物写给负责候望之事的翁系的书简。根据"善毋恙甚苦候望事"(意为:一切安好如旧吗?边地防务甚为辛劳)这句话,再加上木简出土于烽燧,可以推测,这封书简是从内地传递到翁系的执勤地点——花海烽燧的。然而,此觚本身应该不是被传送过来的,因为觚上面既无收件人的信息,也没带封泥匣。事实上,居延和敦煌的古烽燧遗址出土了不少私人信件以及私信的草稿,但写在觚形简上的私信别无他例。如果檄以公开披露为前提的话,那么以露布的形式公布私信则是令人费解的。

假如将其看做识字教材的话,也令人难以理解。首先,私信不应成为教材,倘若将其用做教材的话,遗诏的部分是合适的。无论是高祖遗言,还是武帝终训,这件觚上誊写的遗诏能够作为识字教材来用吗?遗诏上诸如"皇大(天)"、"禺(遇)百姓"、"胡侅(亥)"等等掺杂了假借字和错字的词句,恐怕不会出现在诏书原件上,必须指出,异体字如此之多的文章不大可能成为教材。另外,教材附加私信也是难以解释的。

我认为,玉门花海出土的檄,并不是识字教材,而是一种"示文简"。将亲友寄来的信件、皇帝给太子的遗训誊写在觚上,然后将之像座右铭一样展示出来,这就是我们所说的"示文简",玉门花海出土的这件檄,不正是具有这种性质的简牍吗?

与"候史广德行罚"檄这种面向众人的示文简形成对照,玉门花海的檄则是供个人自己观阅的示文之物。两者之间有公与私的区别,但均非发送简牍,都要在某个场所展示出来,而且都具有示文明义的作用,其相通之处也是不言而喻的。

有人将玉门花海木檄看做识字教材,这是因为,在敦煌汉简中的确发现有写在多面体木简上的小学书,它们一般被认为是识字课本。① 写有《急就篇》觚形木简即是如此。那么,《急就篇》觚形简果真就是作为习字样本的教科书吗？或者说是将教科书写在了多面体的觚上呢？

3. 多面体《急就篇》

《急就篇》觚形简,包括敦煌 T1 遗址（据推断是玉门候官遗址）出土的简 D1972 和 T43 遗址发现的简 D2356。后者是一支断简,简 D1972 长 36 厘米,形状保存完好,在三面体上整齐地用隶书写着《急就篇》第 1 章的 63 个字。

写有《急就篇》的木简,不仅只有 D1972、D2356 两支,居延和敦煌的烽燧遗址中出土了很多。② 然而,它们都是普通木简,而不是觚,书体也不端整,明显是习书的断片,与写在觚上的《急就篇》性质有所不同。

觚形简 D1972（图 15）的顶端有一个小孔,有人认为,"孔是用来穿绳子的,用绳子将觚悬挂起来,让其旋转以

图 15

---

① 角谷常子:《简牍の形状における意味》,《边境出土木简の研究》,朋友书店,2003 年,第 106 页;宫宅洁:《秦汉时代の文字と识字——竹简・木简からみた》,富谷至编:《汉字の中国文化》,昭和堂,2009 年,第 210—215 页。
② 张娜丽:《简・牍・纸に记された〈急就编〉》,《西域出土文书の基础的研究》,汲古书院,2006 年。

方便随时阅读背诵"①,还有人认为,"每支觚形简上都系有绳子,这样随时可以抽出一章进行复习,也可方便随身携带随时学习"②。

顶端开孔是为了穿绳悬挂,应该是没有疑问的。然而,这是为了使其转动方便阅读吗?还是为了便于携带随时背诵呢?在此,需要指出的是,正如居延、敦煌出土的《急就篇》习书简所表明的,文字学习的关键,不在于文字的背诵,而在于文字书写的练习。把书写的样本平置于眼前然后进行临摹,这是最为普通的习字之道,旋转样本、将之随身携带之类的习字方法令人费解。因此,将觚悬吊起来一定有别的目的。

我认为,《急就篇》觚形简,与前面提到过的"候史广德行罚"檄、玉门花海遗诏檄一样,也是一种标识性的简牍。将其悬吊在官署中的某个地方,旨在使其成为一种激励学习的象征物。③

此外,关于官吏的识字教育与《急就篇》,在本书第二编第一章"书记官之路"中还将做进一步论述。

---

① 大庭脩:《木简 古代からのメッセージ》,大修馆书店,1998年,第32页;大庭脩:《木简学入門》,讲谈社,1984年,第51页;大庭脩:《古代日本 文字の来た道》,大修馆书店,2005年,第162页。
② 宫宅洁:《秦漢時代の文字と識字——竹简・木简からみた》,冨谷至编《漢字の中国文化》,昭和堂,2009年。
③《急就篇》开篇有"急就奇觚与众异"的句子。由这里出现的"觚"字来看,《急就篇》写在觚上或许是很普通的(张娜丽《简・牍・紙に記された〈急就篇〉》,《西域出土文書の基礎的研究》,汲古书院,2006年,第112页)。不过,仅凭"急就奇觚"四字来论证《急就篇》的书写材料,显得证据不足,因为写在觚上的《急就篇》的出土实例太少。假若承认"觚"与《急就篇》的书写材料之间的密切关系,再考虑到《急就篇》是各官署僚吏识字教科书的象征与标识,那么我们就可以明白《急就篇》与觚之间的关联了。

小　结

　　以上探讨的问题包括:檄为何物？用途何在？檄是文书之一种？还是书写材料的名称？在解答这些问题的过程中,笔者还提出了以下五个疑问,将之作为切入点进行了分析。

　　(1) 作为露布的檄为什么还需要封泥匣？检檄的必要性是什么？

　　(2) 为什么特意隐藏发送日期时间？

　　(3) 为什么用檄的形式将派遣事项公示于众？

　　(4) 为什么长形多面体、露布形态的檄作为一种文书有存在的必要？必须要用檄来写的内容是特定的吗？

　　(5) 檄既有上行文书,也有下行文书,为什么回复檄文必须要用檄的形式？

　　檄这个词在简牍中也有出现,檄既是文书的名称,也是书写材料的名称,这种材料具有特定的用途,换言之,书写材料的形制和功能具有密切的联系。

　　就檄的形状而言,它是一种长形多面体的简,其重要特征之一是作为露布使用。严格意义上的"露布",并非意指形状和材料的名词,也不是文书的名称。露布与装帧起来的文书形成对照,露布的样态恰恰体现出檄的目的和功能。

　　檄可以分为两类,一类是作为文书传递出去的檄 A,另一类是在大众面前展示的檄 B。关于当时檄 B 是否可以归入简文所谓的"檄"的范畴,是存在疑问的,严格地讲,或许此类书写物并不属于狭义的檄。但我认为,考虑到它也是一种长形多面体且要公之于众的简牍,檄 B 也具有类似檄的目的和功能。无论如何,檄

A 和檄 B 都是露布简。

曾经有人认为,檄是军务文书,一般记载着紧急的警告、训诫等内容。实际上,檄 A 不一定局限于此。鼓舞激励军队士气,或者如《说文解字》所说的召还臣下等等,并非檄的全部用途。根据简牍材料来看,一方面,檄文和檄书的功能具有其多样性;另一方面,同样性质的文书既可以用檄来传送,也可以不用檄传送。

那么,檄到底是什么呢?我认为,檄是以露布的形态进行传送、旨在公之于众的木简。就其功能而言,首先,使各个官署之间了解行政文书的往复传送,宣明文书的权威性和命令的彻底性;第二,让各级官署目睹文书传送形式的不确定性(或隐匿、或公开),以此作为掌控官吏的计略;第三,特别是檄 B,若内容涉及公务,将之公示于众,可以起到一种震慑和督励的效果,如果内容针对个人,则可起到自诫、警示和回忆的效果。具有以上功能的檄,正是前章笔者所说的"视觉简牍"。

由此来看,文献史料中提到的警报、说谕以及征召等等有关檄的解说都没有错。不过,用檄的意图并不在于强调训诫和宣谕,其根本目的在于强化文书行政与文书传送,进而对各级官吏实施有效掌控。如果站在这个视角进行思考,以上疑问就都可以迎刃而解了。

Exposed polygonal rod of notification,或许是"檄"最恰当的英译。

第二编
文书记录及其相关背景

第一章　书记官之路
——汉代下级官吏的文字学习

引　言

毫无疑问,文书行政的执行者是书记官。隶属于各个官署的书记官,其官阶分为若干层级,职名也各不相同。根据居延简牍和敦煌汉简来看,都尉府配有被称为掾史和书佐的书记官,候官配有令史和尉史,而其下属的部则有候史。他们在书记官中的级别算是最低的,例如,令史的官秩为百石以下。他们的职责不仅包括撰制应发文书,还包括誊写已收文书、编制各种簿籍、誊写此类簿籍并且将之报送上级机关,等等。

以文书为手段展开的行政活动,以文字的读写为前提。当然,就文字的读写而言,文字的学习和掌握又是必要的。这种学习可以有多种多样的路径和目的。首先,学习者可以分为以下两种:

1. 不识字的学童。
2. 从事要求具备文字读写能力之职业的人。

两者同样都是文字的学习者,但是他们的目的不同,而且识字程度、学习方法和教材也存在差异。我这里所说的"识字程度",是指掌握文字的数量多少以及水平高低。首先,需要指出的

是,文字阅读能力并不等同于文字书写能力。掌握文字的程度,可以分成以下若干等级:

A. 完全不能解读文字,无法理解书写的内容。

B. 只会读写自己的名字。

C. 掌握了日常生活会话所用文字。

D. 能够理解官府通知(公文)的内容,而且可以拟制公文。

E. 可以读解书籍内容,还能撰写知识人层次的文章。

事实上,就"识字能力"而言,并没有一个很清晰精确的判断标准。故此,带有歧视性色彩的"文盲"和"文盲率"这两个词,也没有明确的定义。虽然可以将识字程度分为以上由 A 到 E 若干级,但是这种分级极为粗略,并不存在界限清楚的分类标准。① 在此,之所以设定 C、D 两个等级,是由于以皇帝诏书为首的各级命令均以文书的形式进行传达,有的在各级行政机关之间处理,有的则向一般民众宣谕,这些都与识字水平密切相关。可以毫不夸张地说,文书行政是在识文解字的前提下有效运转的。在这个意义上来讲,标准 D 极其重要,文书用语具有很强的专用性,远比日常生活中使用的词汇和文字难以理解,故而必须与标准 C 区分为两个不同级别。本章将就文书行政、书记官、官吏的文字学习以及吏员的选拔考试和任用资格等问题展开论述,进而弄清文书究竟能够传达到何种层面。并非所有人都拥有识字能力,即便是在吏员当中,也有一些不能阅读文字的下级僚属。汉代的普

---

① 今天,"能够阅读报纸"常常被看做识字能力的一个评判标准。这是因为,报纸是当今社会最普及的一种东西。然而,在古代社会这样的传播媒体是不存在的。在古代社会,尤其是在近代之前的中国社会,文字真的是一般民众的交流媒介吗?关于这一点,参见冨谷至《绪言—本书を紐解く読者へ》(冨谷至编《漢字の中国文化》,昭和堂,2009 年)。

通大众识字能力有限,甚或目不识丁,这也是很容易想象的。那么,在行政信息无法以书面文书的形式进行传达的社会基层,必要的指令又是如何发布的呢?

一、江陵张家山 247 号墓出土的汉代律令的史律

汉代的官吏如何学习文字?掌握文字并且负责文书撰制的书记官又是如何遴选的呢?所谓"史"和"令史"等下级书记官的选考规程被称为史律。在近年发现的张家山 247 号墓中出土的汉律中,就有一部分史律。

> 史、卜子年十七岁学。史、卜、祝学童学三岁,学佴将诣大史、大卜、大祝,郡史学童诣其守,皆会八月朔日试之。试史学童以十五篇,能风书五千字以上,乃得为史。有以八体试之,郡移其八体课大史,大史诵课,取最一人以为其县令史,殿者勿以为史。三岁壹并课,取最一人以为尚书卒史。卜学童能风书史书三千字,征卜书三千字,卜九发中七以上,乃得为卜,以为官佐。　张家山出土汉律·史律　474—478

这部律文的相关规定亦见于《汉书·艺文志》和《说文解字·序》等文献史料:

> 汉兴,萧何草律,亦着其法。曰:"太史试学童,能讽书九千字以上,乃得为史。又以六体试之,课最者以为尚书御史、史书令史。吏民上书,字或不正,辄举劾。"《汉书·艺文志》

> 尉律:学僮十七已上,始试。讽籀书九千字,乃得为史。又以八体试之,郡移大史并课。最者以为尚书史,书或不正,

辄举劾之。　　　　　　　　　　　　　　《说文解字·序》

这些内容相互之间存在着一些异同点,在此暂且搁置这两条文献资料,以出土史律的内容为中心展开进一步的论述。

史律474—478是有关史(书记官)和卜(占卜官)选拔考试的条规,候选者必须参加有关职务用字的识字能力测试之后,以成绩决定能否得到任用。正如条文中"史、卜子"一句所言明的,此类职官是世袭的,先前学者对此亦有论及。① 的确,史官之职有子承父业的传统,齐地"大史之笔"故事以及司马谈和司马迁的史例都是众所周知、耳熟能详的。② 太史的职责在于记录国家大事和自然现象,考虑到记录的连续性和记载方法的一贯性,这一职务的父子相传有其合理的一面。或者说,在识字教育尚未普及、学校制度还未确立的情况下,父传子习的家学教育才是最现实的。此外,从另一方面理解,国家典礼、祭祀和天象的记录是一种神圣的行为,只有特定的血缘家族才能代代接受这个任务。然而,就负责下层行政文书的书记官而言,账簿、名籍的书写果真也必须在世袭制之下进行吗?这一问题应该被放在教育的普及与文书行政的发展的文脉中进行探讨。

在此,需要指出的是,在汉代文书行政发展至鼎盛的时期,史和令史世袭制的存在已经很难得到确证。被称为"某史"和"某令史"的下级文书官吏在各个机关部门中的人数已攀升至相当规模,在居延汉简中有关令史的记载也频频出现。这些下级书记官不可能都是世袭就职的。我们可以推断,一般的情况是:官府在

---

① 高村武幸:《漢代の官吏任用と文字の知識》,高村武幸《漢代の地方官吏と地域社会》,汲古书店,2008年。
② 内藤湖南:《中国史学史》,《内藤湖南全集》第十一卷,筑摩书房,第37页。

大范围内举行文字考试,然后将成绩合格者任用为史和令史。这也意味着,张家山汉简中史律条文,不仅适用于世袭者,也适用于普通人,或者已逐渐变得适用于普通人了。①

接下来必须进一步思考的是,如何解释史律 474—478 的条文?它是何时形成的规定?史律的条文中有"史、卜子年十七岁学。史、卜、祝学童学三岁……"的记载,近似的内容,在《说文解字》记作:"学童十七已上,始试。讽籀书九千字,乃得为史",仅仅言及"学童十七已上",并无"史、卜子"之语。史律中的"五千字",在《汉书·艺文志》和《说文解字》中作"九千字"。如何考虑这些差异?当然不能否认曾经发生过某种误记或者遗漏的可能,假设两者都反映了历史事实,那么或许可以推想,在张家山汉律具备有效性的时代之后,有关书记任用的条文一度曾被改订,变成了《说文解字》和《汉书·艺文志》所记载的那样。其改变的理由不外乎是:随着汉代文书行政趋于发达,文书处理量的增加改变了书记职务的特点,根据世袭制任用的书记官数量已经严重不足,书记的角色已经由原来的礼仪和祭祀活动的记录官变成了处理行政文书的事务员。

这里遇到的另一个问题是:张家山汉律是什么时代的现行法?一般被称为"二年律令"的江陵张家山 247 号墓所出 500 多件汉律竹简,很可能随葬或书写于汉代吕后二年(公元前 186 年),那么,是否可以据此将这部律法视为"吕后二年前后施行的现行法"?其中是否包含着已经失效的律条?关于这个问题,笔

---

① 高村武幸《漢代の官吏任用と文字の知識》(第 104 页)一文也承认,从秦代开始,非世袭书记的子弟也可成为令史。

者在其他论文中也有谈及①，假如其中包含了已经失效的律条，那么，将其中的史律简单地看做吕后时期的现行法，就有失慎重了。

在史律当中，有"能风书五千字以上，乃得为史。又以八体试之"规定。这里"风书五千字"并不是指"诵读五千字之书"，而应当理解为"读写五千字"，因为史律477—478之中还有"童能讽书史书三千字，征卜书三千字"的语句，其中前句只能解释作"读写史书三千字"。另外，所谓的"八体"，虽然尚不明确其具体内容，但可以推断"八体"应该言指字体类别。按照《说文解字》的解释，"八体，一曰大篆，二曰小篆，三曰刻符，四曰虫书，五曰摹印，六曰署书，七曰殳书，八曰隶书"。不过，在汉初还并没有"隶书"和"篆书"这两种书体名称。② 恐怕史律所说的"八体"，指的是根据印、旌、武器等书写器物和材料确定的不同字体。

总之，要想成为书记官，就必须拥有读写一定数量文字的能力，还要掌握各种字体，最终通过相关的考试，取得书记官的任用资格。

二、"史"、"不史"和"能书会计"

"得为史"，被解释为"取得书记官的资格"，在居延汉简之中发现有一些确认性文书，它们与认定某些吏员"史"与"不史"的名籍和履历有关。

---

① 冨谷至编：《江陵張家山二四七号墓出土漢律令の研究》译注编"绪言"，朋友书店，2006年。
② 参照本书第二编第二章《字体、书法、书法艺术》。

第一章 书记官之路

> 止北燧长居延累山里公乘徐殷,年卅二。不史,不上功。
> 35·16、137·13

> 校甲渠候移正月尽三月四时吏名籍,第十二燧
> 长张宣史。案府籍,宣不史,不相应。解何。
> 129·22、190·30

> 居延甲渠第二燧长居延广都里公乘陈安国,年六十三。
> 建始四年八月辛亥除。不史。　　　　　E.P.T51:4

> 玉门千秋隧长敦煌武安里公乘吕安汉,年卅七岁,长七
> 尺六寸。神爵四年六月辛酉除。功--,劳三岁九月二日。其
> 卅日　　　　　　　　　　　　　　　　　D1186A

> 父不幸死宁。定功一,劳三岁八月二日。讫九月晦庚
> 戌。故不史,今史。　　　　　　　　　　D1186B

"史"和"不史",是判定吏员能否胜任书记职务的一个标准,需要在所属机关(汉代边地为都尉府)的登录名籍上加以注明。实际上,它们就是史律中所规定的书记任用资格。

另外,在居延汉简和敦煌汉简上,经常出现"能书会计,治官民颇知律令"之类的惯用语句:

> 肩水候官并山燧长公乘司马成,中劳二岁八月十四日。
> 能书会计,治官民颇知律令,武。年卅二岁,长七尺五寸,觻
> 得成汉里,家去官六百里。　　　　　　　13·7

109

肩水候官始安燧长许宗,功一劳一　岁十五日。能书会计,治官民颇知律令,文。年卅六,长七尺二寸,觻得千秋里,家去官六百里。　　　　　　　　　　　　37·57

　　张掖居延甲渠塞有秩士吏公乘段尊,中劳一岁八月廿日。能书会计,治官民颇知律令,文。　　　　57·6

　　肩水候官执胡燧长公大夫奚路人,中劳三岁一月。能书会计,治官民颇知律令,文。年卅七岁,长七尺五寸,氐池宜药里,家去官六百五十里。　　　　　　　　179·4

　　肩水候官候史大夫尹□,劳二月廿五日。能书会计,治官民颇知律令,文。年廿三岁,长七尺五寸,觻得成汉里。
　　　　　　　　　　　　　　　　　306·19

　　□候长公乘蓬士长当,中劳三岁六月五日。能书会计,治官民颇知律令,武。年卅七岁,长七尺六寸□　562·2

　　张掖居延甲渠塞有秩候长公乘淳于湖,中功二劳一岁四月十三日。能书会计,治官民颇知律令,文。年卅六岁,长七尺五寸,觻得□□里……　　　　　E.P.T50:14

　　●居延甲渠第四燧长公乘陈不识,中劳二岁九月七日。能书会计,治官民颇知律令,文。年廿六岁□　E.P.T52:36

上述简牍的内容都是有关在边地任职的官吏的业绩评定。

其固定格式为：人物名＋评定（功、劳）＋能书会计＋（文·武）①＋年龄·身长＋居住地。

其中"能书会计，治官民颇知律令"的意思是"有读写和计算的能力，还精通行政方面的法律"，不过，我不认为"能书"与前文提到的"得为史"表示同等的识字程度。

首先，这一系列的简牍，记录的是有关官吏业绩及能力的评语，不能作为判断其识字程度和"史"资格有无的依据。"能书会计"是如何来判断的？我们在简牍资料中并未发现判断的根据，而且"不能书会计"之类表示缺乏这种能力的反语也不存在。就书记官资格而言，"史"和"不史"的字样本应明确记录在专门的官署名籍上，但相关的佐证材料尚未发现。

第二，这里获得"能书会计"评语的是燧长、候长、候史等人。根据上文列举的写有"史"和"不史"的简牍来看，有的燧长有"史"的资格，有的则被归入"不史"之列。候史是属于部的史，从其官名可以得知候史是书记官。② 经过史律规定的文字考试之后，才能取得"史"的资格。我们可以推断，候史的上司、部的长官——候长应该也有"史"的资格。③ 可以肯定地说，终端军事组织——烽燧的长官并不具有与候史同等的"史"的资格，两者之间在识字能力上存在差异。另外，担任书记官职务的候史，被给予与燧长

---

① 关于"文"和"武"意味着什么，至今还没有一个定论。一说是指文官和武官的分类，但燧长属于武官，不应有文武官之别。我们推测，它们大概是职责上的两个组别，文·武只是组别名称而已。
② 永田英正：《居延漢簡の研究》，同朋舍，1989年，第370—371页、第726页。
③ 既然候史是书记官，那么就需要具备相应的识字能力，但无法断言，如果作为上司的候长不具备与候史同等或更高的文字能力，就不能得到任用。这里正文虽然提到"候史的上司、部的长官——候长应该也有'史'的资格"，但是，考虑到上司可以将行政文书撰制工作委派给部下，故而不一定必须拥有那种能力。

一样的"能书会计"的评语,多少有些令人不解。同样,其后的"知律令",可以解释为"知晓法令"或"具有法律素养",都是比较笼统的说法。①

我认为,"能书会计,治官民颇知律令"这样的惯用语,并不是对具体识字程度的评判,只是一种言指某官吏履职无碍、可堪其任的固定辞令。这样考虑的话,不担任史职的燧长和担任史职的候史被给予同样的评语也就能够理解了。简言之,"能书"并无实质性的意思。

以上,围绕着书记资格——"史"进行了考察。这里再做一下总结:识字能力是撰制行政文书并且理解其内容的能力。有人认为,日常的公文处理并不困难,而根据已有格式编制账簿也容易做到。还有人认为,最下级的燧长必须理解下行文书的内容才能履职,故而其中大部分人应该具有文字能力。② 就前一种观点而言,有固定格式的账簿、报告和记录或许的确简单,然而,居延出土的文书之中,除了日常的、定期的公文以外,还有一些特殊的、临时的文书包含其中。例如一些司法文书,其文章就不仅限于惯用语句和固定辞令。阅读、书写并且口头传达那些不定期文书,必须要有一定的识字能力,要掌握一定数

---

① "颇知律令"的"颇",在张家山汉律中还有"颇得之"、"文章颇可智"等零散用例。它所指的程度是"并非为零",而不是熟知、精通法律。

　　相与谋劫人,劫人而能颇捕其与,若吏,吏捕颇得之,除告者罪,有购钱人五万。所捕告得者多,以人数购之。　　　　　　　　　　　　　　71
　　智弗告吏,皆与劫人者同罪。劫人者去,未盈一日,能自颇捕,若偏告吏,皆除。　　　　　　　　　　　　　　　　　　　　　　　　　　73
　　钱径十分寸八以上,虽缺铄,文章颇可智,而非殊折及铅钱也,皆为行钱。金不青赤者,为行金。敢择。　　　　　　　　　　　　　　　　197

② 高村武幸:《漢代の地方官吏と地域社会》,汲古书店,2008年,第100页。高村也将"史"和"不史"视为表示书记官任用资格的制度用语。

量的文字,还能够理解书写的内容。至少要掌握后文还将详论的识字书《急就篇》中的用语。关于后一种看法,所谓"理解下行文书",究竟是自己阅读理解？还是通过口头传达领会？换言之,文书的传达、报告可以执行到哪个层级？在识字程度参差不齐的行政终端,是谁？以什么手段来贯彻指令的？只有弄清了这一系列问题,才有可能探讨吏员识字能力与文书政治的实态。

本书后面的章节还将探讨文书的传送以及报告书的撰制。

三、文书的传送

关于汉代边地的军事机关的构成及其序列,自简牍研究的最初阶段起,前辈学者们就已进行了集中深入的探讨,现阶段我们可以全面分析目前出土的木简资料,使既有成果渐成体系。在此,或许没有必要就先前成果重新展开介绍,但出于行文的考虑,择其要点简述如下。

汉代的地方行政单位,由上至下依次为郡、县、乡,县中还设有亭之类的警察机构。居延、敦煌等汉代西北边地基本上也与内地一样设有郡、县、乡·亭,只是还设有部都尉、候官一类兼具行政功能的军事机关。也就是说,边郡拥有都尉府—候官—燧这样一整套成体系的军事防卫机构。县和乡也存在于边郡,都尉府与郡治、县署与候官是平行设置的,关于它们原本是否分设在不同地方,由于居延县、张掖郡、居延都尉府的所在地还不明确,故而难以查考。

以上机构配属的职官序列如下表所示:

都尉府	候官	（部）	燧
长官：都尉 次官：丞・尉 掾史 司马・千人　掾	长官：候 次官：丞 士吏・令史	候长 候史	燧长

燧包含三至五个兵卒和燧长，前文所谓"史"、"能书"，正是针对燧长的识字能力而言的。若干个燧合为一组，这就是部，部的长官称为候长，而候史则是部内的书记官。

皇帝下达的诏书从中央传达到边地的最末端，然后边地的各机关、官署把职务执行情况上报给上级机关，上级机关在审查之后若发现有不妥之处，就会责成下属单位做出报告。另外，官署机构还要撰制、保管各种形式的账簿和名籍。凡此种种，都要凭借文书遂行，文书行政，是维持强大中央集权国家的利器。这里还必须回答的问题是，简牍文书会被送达到行政末端的哪个机构？向上级机关提交报告的最下层的机关是什么？此问题关系到能够读写文书的吏员最低会被安排到哪一级的基层官署，而行政命令又是如何进一步下达。

就结论而言，在都尉府、候官、部、燧这一汉代边地官署系统中，文书送达的末端机关是部，提出上行文书的末端机关也是部。永田英正曾经指出，各部撰制有关所辖各燧的日常簿籍[1]，事实上，不仅限于簿籍，全部的文书都由部来完成，下面的简牍资料可以证明这一点。[2]

首先，日常的定期簿书，诸如每天各个烽燧记录确认有无侵

---

[1] 永田英正：《居延汉简の研究》，同朋舍，1989年。
[2] 不过，有些邮书传递记录是由部外燧完成的，此类燧位于部与部之间的边界。

入者的日迹簿,由各部完成。

  河平三年十月丙戌朔癸丑,诚北候史章敢言之。谨移十月吏卒日迹簿一编。敢言之。 E. P. T51:207

这是一份甲渠候官诚北部(由诚北·武强·俱南·执胡等燧组成)候史向甲渠候官提交所辖各燧吏卒日迹记录的送状。

  ● 万岁部建平五年五月吏卒廪名籍 55·24、137·20
  ● 第四部建始五年正月吏卒廪名籍 E. P. T53:2

以上两简是送交甲渠候官的廪名籍的表题简,两份廪名籍分别是万岁部和第四部用来为下属各燧分配食料的吏卒名簿。

文书经由燧、亭等传送,传送记录被称为邮书刺,有关邮书是否在规定的时间内得到传送的例行检查称之为邮书课,邮书刺和邮书课的文书制作也是在部中完成的。①

  元延四年九月戊寅朔戊寅,不侵候☐
  谨移八月邮书课一编。敢言之。 E. P. T40:147A

  建始二年十二月甲寅朔甲寅,临木候长宪敢言之。谨移邮书课一编。敢言之。 E. P. T51:264

  建昭四年四月辛巳朔庚戌,不侵候长齐敢言之。官移府所移邮书课举曰:各推辟部中牒别言,会月廿七日●谨推辟案
  过书刺,正月乙亥人定七分,不侵卒武受万年卒盖,夜大

---

① 冨谷至:《亭制に関する一考察》,冨谷至编《辺境出土木简の研究》,朋友书店,2003年,第385页。

半三分付当曲卒山,鸡鸣五分付居延收降亭卒世。

E. P. T52:83

简 E. P. T40:147A、简 E. P. T51:264 是由不侵部和临木部发送到甲渠候官处的邮书。E. P. T52:83 是邮书传达过程中出现问题的调查文书,由居延都尉府发出,经由甲渠候官发送到不侵部,然后由不侵部查核邮书课相关记录并报告调查结果。以上列举的简牍都表明,邮书传递记录主要由部来制作完成。

以上所说的都是有关日常业务的定期性文书。以下简牍则显示出,不定期文书也由部来提交,以便得到相应的处理。

三月丁亥朔辛卯,城北守候长匡敢言之。谨写移燧长党病书如牒,敢言之。 E. P. F22:82

十月壬寅,甲渠鄣候喜告尉谓不侵候长赦等。写移书到,趣作治,已成言。会月十五日。诣言府如律令/士吏宣、令史起。 139·36、142·33

四月甲戌,甲渠候官告尉谓士吏候长。写移檄到,警

42·18

正月癸巳,甲渠鄣候喜告尉谓第七部士吏候长等。写移檄到,士吏、候长、候史循行

159·17、283·46

事告尉谓部士吏候长等。写移檄到,循行 E. P. T51:536

主候长寿等,写移檄到　　　　　　　　　　E. P. T58:95

简 E. P. F22:82 是提交给甲渠候官的关于部内燧长生病情况的文书;简 139·36、142·33 是由甲渠候官下发给不侵部的文书的副本;简 42.18、159.17、E. P. T51:536、E. P. T58:95 则是候官下发给部的檄书的副本。檄是多面体长形简,在有特殊事务之际用露布的形式传送出去。①

由此可见,定期撰写的关于各燧的勤务记录、传经各燧的文书记录,以及有关文书传递异常的调查报告,还有特别文书——檄书的授受与处理,所有这些都是在部内进行。至少目前还没发现简牍资料能够证明:文书被送达部下各燧,再由燧长进行阅读和记录,随后再撰写报告文书。考虑到并非所有的燧长都拥有"史"的资格,而在各部都配有若干名书记官,我们可以断言,文书最终下发至部一级官署,而且上交报告的最末端机关也是部。换个角度来看,原本是由若干个燧集合而成的部,其存在的理由正在于,基层的识字能力和文书理解力尚未充盈至个别的燧。

那么,部如何向其下辖的燧传达命令? 然后如何接受报告撰成文书? 我们很容易想到,这是一种口头的传达和接报,下节诸简中的"讽诵"、"讽读"二字对此有所反映。② 尽管这些简牍的内容大多是关于阅读和念诵警备条规的,但这种行为并不局限于警备事务,面对燧中执行任务的不识字的吏卒,部的候长或书记官

---

① 与檄相关的内容,参照第一编第三章"檄书考"。
② "讽诵"不仅是指发出声音的大声阅读,还包括背诵。"尽讽诵知之"和"讽读"的意思是,大家大声朗读烽火品约,通过这种方式让不识字者也能熟知其内容,这也是旨在贯彻命令的仪式性行为。
　《汉书·叙传》中有"平帝即位,太后临朝,莽秉政。……琅邪太守公孙闳言灾害于公府,大司空甄丰遣属驰至两郡讽吏民,而劾闳空造不祥。"显然,其中的"讽吏民",并非背诵,而是指大声朗读,以口头的形式通告不识字的百姓。

117

也要用口头的方式传达指令和受理报告。提到"讽诵",我们不禁想起"能风书五千字以上,乃得为史"这句话,文字考试不仅测试文字书写能力,还要考察阅读能力。为什么除了书写之外,"讽诵"的能力也是必备的?其缘由的阐释需要花费更多的笔墨。

四、扁书与讽诵——文书行政与口头传达

1. 所谓"扁书"

本节先就与讽诵相伴随的"讽诵的背景"进行探讨。居延、敦煌出土的简牍中,有如下简牍记有"讽诵"、"讽读"。

   扁书亭燧显处,令尽讽诵知之。精候望,即有蓬火　亭
  燧回度举,毋必　　　　　　　　　　　　　　D1557

   □聋龏深目,各□讽诵品约　　　　　　　　118·4

   皆讽读,知条品,方循　　　　　　　　E. P. T59:274

以上虽然都是断简,但毫无疑问,"讽诵"、"讽读"都有"出声朗读条文规定("品约"、"条品")以便让众人知晓"的意思。简 D1557 中可见"扁书"一词,它是在发布命令时惯用的结束语,简牍所见的具体语句包括:"明白大扁书乡市里门亭显"、"扁书亭燧显处"、"明白大扁书市里官所寺舍门亭隧"、"明白扁书亭关处"、"明白大扁书乡亭市里门外谒舍显见处"、"明白扁书亭隧显见处"等等。

   五月甲戌,居延都尉德、库丞登兼行丞事,下库城仓□
  用者,书到,令长、丞、候、尉明白大扁书乡、市、里门、亭

显见☐ 139·13

　　知令重。写移书到,各明白大扁书市、里、官所、寺舍、门亭、隧堠中,令吏卒民尽讼知之。且遣都吏循行问吏卒不知令者,案论尉、丞、令丞以下。毋忽,如律令,敢告卒人。
　　　　　　　　　　　　　D1365 酥油土

　　常☐年,写移书到,明白扁书亭、关处,令吏卒　D2037

　　●扁书胡虏讲赏二亭扁一毋令编币绝　99ES16ST1:4

　　十一月壬戌,张掖大守融、守部司马横行长史事,守部司马焉行丞事,下部都尉。承书从事当用者。
　　书到,明白大扁书乡、亭、市、里门外谒舍显见处,令百姓尽知之。如诏书,〃到言
　　　　　　　　　　　　　2000ES7S:4A

　　闰月丙申,甲渠候获下部候长等。丞书从事下当用者。明白扁书亭隧显见处,令吏
　　卒尽知之,具上壹功蒙恩,勿治其罪者,罪别之。会今。
如诏书律令　　　　　　　　2000ES9SF4:2

　　十月己卯,敦煌太守快丞汉德,敢告部都尉卒人,谓县督盗贼史赤光刑世,写移今☐☐☐☐郡督。趣书到各益部吏☐泄☐捕部界中,明白大扁书乡、亭、市、里☐☐☐☐,令吏民尽知☐☐
　　　　　　　　　　　ⅠDXT0309-3:222

119

> 诏书必明白大书,以两行著故恩泽诏书,无嘉德,书佐方
> 宜以二尺两行与嘉德长短等者。以便宜从事,毋令刺史到,
> 不谨辨致案。毋忽。　　　　　ⅡDXT0114-3:404

以上简文共通的意思是:"在亭燧(乡、市、里的门亭,亭关,乡、亭、市、里的门外,谒舍)那些公众视线汇集之处进行'扁书'"。然而,接在"明白扁书"之后的表示场所的名词却多种多样,它们与其说是指示特定的场所,不如说只是词语表现形式的变化而已。因为,在接受文书的机关或行政单位中,未必存在上文罗列的乡、亭、燧等具体场所,另外,也没有证据表明,没有罗举的场所就不能成为"扁书"对象,或者要被有意回避。重要的是,它要表达出"在众人所能见到的场所清楚地'扁书'"这个意思,其目的在于"令吏卒民尽讼知之"、"令尽讽诵知之"、"令百姓尽知之",也就是让兵卒和人民了解命令内容。那么,为何在这里"讽诵"这种口头传达行为与"扁书"这一文字书写行为同时出现了呢?回答这个问题之前,首先确认一下所谓"扁书"的语义。

关于这个二字复合词,已有若干解释。在此,受本节篇幅所限,无法将各种说法逐一介绍并加以评论。其中,一种较有影响的说法指出,根据新出的额济纳汉简 99ES16ST1:4"●扁书胡虏讲(购)赏二亭扁一毋令编帀(弊)绝"的记载(图1),可以推出"用编绳系扁"的结论①,再以"明扁悬亭显处"(73EJF1:13)作旁证,推想扁是一种"悬挂状态"。② 相关解释也许得到了一些研究者的支持,但是笔者难以苟同。我认为,此处的"扁"很难理解为"悬挂"的意思。

---

① 李均明:《额济纳汉简法制史料考》,《额济纳汉简》,广西师范大学出版社,2005年,第62页。
② 籾山明:《王杖木简再考》,《东洋史研究》65-1,2006年,第26页。

第一章　书记官之路

图1

首先,《说文解字》二编下中有"署也,户册者,署门户之文也"之语。"署"即"书写记录","署门户"并不是"挂在门户上"的意思。虽然并不确定是直接写在门上？还是写在别的附板上？但无论是哪种情况,都是为了示告而书写在门户上的。其目的在于让众人能够目睹。

将"扁"解释为"挂"、"系结",在文法上也存在问题,令人无法

121

理解。"扁书"的"书",正如"李大书门宜子孙"(E. P. T59：147A)、"诏书必明白大书以两行"(Ⅱ DXT0114 - 3：404)、"□候长名明白书"(85·31)等用例所示,是"写"的意思,而非"文书"的意思。① 如果将"扁书"理解为"悬挂文书",或许没有什么问题。但是,假如"扁书"的"书"不取"文书"之意,而取"写"的意思,那么"扁书"就只能理解为"挂起来写",这样,行为的先后关系(即"书写"行为与"悬挂"行为的顺序)就颠倒了,这种构词方式恐怕难以成立。实际上,"扁书",无论扁还是书,都是"写"、"署"的意思,这是一种连文的构词方式。

再来看将"扁"解释为系挂的另一条根据——简 99ES16ST1：4②,这是在第十六燧受理并保管的通告文件的标题目录,其显著特点是各条目开头处都有"●"符号,而且各简下方留有空白,此类标题简在新旧居延汉简中都能找出若干实例。正如它们所显

---

① "明白布告"是与"明白扁书"语义相同的用语,散见于简牍资料之中。

　　孝文庙事,已巳,以传信予御史属泽钦,〃受忠传信,遣车笭中,道随亡。今写所亡传信副,移如牒。书到,二千石各明白布告属官县吏民,有得亡传信者,予购如律。诸乘传、驿驾、厩令长丞,亟案莫传,有与所亡传同封弟者,辄捕繫
　　　　　　　　　　Ⅱ90DXT0216 - 2：868《敦煌悬泉汉简解粹》26

　　□郡大守诸侯相,承书从事下当用者,如诏书。〃到,明白布告☑
　　到令遣害郡县以其行止□,如诏书律令。书到,言/丞相史☑
　　下领武校居延属国部农都尉县官,承书☑　65·18　　　　A33(地湾)

② ●专部士吏典趣輒　　　　　　　　　　　　　　　　99ES16ST1：1
　告士吏候长候史坏亭隧外内　　　　　　　　　　　　99ES16ST1：2
　告候尉赏仓吏平斗斛毋侵　　　　　　　　　　　　　99ES16ST1：3
　●扁书胡房讲(购)赏二亭扁一册令编币绝　　　　　　99ES16ST1：4
　●察数去署吏卒候长三去署免之候史隧长五去免辅广士卒数去徙署三十井
　关外　　　　　　　　　　　　　　　　　　　　　　99ES16ST1：5
　●察士吏候长候史多省卒为它事者　　　　　　　　　99ES16ST1：6
　告隧长卒谨昼夜候有尘若警块外谨备之　　　　　　　99ES16ST1：7
　●察候长候史虽毋马廉之　　　　　　　　　　　　　99ES16ST1：8

示的,标题文字是从文书内容中摘取出来的,并不一定拥有贯通的内容。事实上,以简ST1:1为首各条目都不构成完整的文句。在简ST1:4"●扁书胡肵讲(购)赏二亭扁一毋令编币绝"之中,"扁书胡肵购赏"、"二亭扁一"和"令编币绝"都只是摘自原文书的片段语句,关于是否应该将其解释为意思连贯的整句,尚存疑问。如果将"扁"解释为"编缀",那么为何在简ST1:4中能同时出现"扁"和"编"呢?

籾山明把"扁"解释成"编缀成册书并且张挂起来"①,"编(编缀)"与"扁(挂)"之间存在语义的跳跃。另外,籾山所说的"挂",是把普通长度的编缀文书张挂在门户上呢?还是在又大又长的简牍上书写文字,然或将其编缀并且张挂起来呢?现在,如果张挂一尺长的册书的话,其尺寸过小,与"明白大扁书"这样的语句并不相配。

笔者认为,"明白大扁书"应该解释为:"将命令大笔书写在众人目光所及之处,以便任何人都能一目了然。"这是一种带有象征意义的告知札一样的东西,为了让包括目不识丁者在内的所有百姓都能了解简文内容,将其张挂在乡亭、里门等处,然后由书记官当众宣读。②"讽诵"这种口头传达行为与"扁书"这种书写行为之所以同时出现,其原因正在于此。而这也就是我所说的"讽诵的背景"。可以想象,众人不可能全都能够阅读、理解文书的内容。即使将其扁书于行政末端的里和燧,大家也不可能将看到的

---

① 籾山明:《王杖木简再考》,《东洋史研究》65—1,2006年。
② 的确,所谓"明白大扁书乡亭市里门外谒舍显见处",其实际情景是:以非常醒目的方式书写出来,然后揭示于众人面前。但是,"扁"的原意中并没有"揭示"的意思。后世出现了"匾额"这个词,是因为"扁书"的意思发生了改变,变成了书写之后展示出来,这样,"扁"的核心语义便转移到了"揭示"上。

所有文字都读解出来。百姓一般通过口头说明的方式获知命令内容，然而，这里必须有象征性的权威，而承载这种权威的，正是在适当场所"明白大扁书"的文书。

在此，有一点必须重新考虑。我曾在前文提到过，下行文书在汉代边地被送达的终端机关是部，而提交上行文书的最下层机关也是部。那么，汉代内地情况如何呢？文书被送达至哪个层面？再向下又如何传达？

2. 行政文书的最终地点

前文已经指出，边地的军事防卫官署是一个完整的系统，太守府内设都尉府，都尉府下设候官。虽然原本是军事机构，但都尉府和候官都配有文官，其职掌不仅限于军事，还涉及民政和民事，兼有内地行政官署的职能。如果考虑到与内地官署的对应关系，则是都尉府对太守府，候官相当于县。

众所周知，汉代的行政基层设有乡、亭、里。府域县境之内自然出现的村落，以及根据其人口组织起来的乡和里，与人为设定的作为行政性监察区域的亭与邮，属于不同的系统。① 这一点在近年江苏出土的尹湾汉简"集簿"中得到了进一步证实。

> 县邑侯国卅八、县十八、侯国十八、邑二，其廿四有城(堭)、都官二　　　　　　　　　　　集簿(A1)
> 乡百七十、□百六、里二千五百卅四、正二千五百卅二人
> 　　　　　　　　　　　　　　　　　　　　　　(A2)
> 亭六百八十八、卒二千九百七十二人、邮卅四、人四百八，如前　　　　　　　　　　　　　(A3)

---

① 本书第三编第一章"汉代的地方行政"中有详细论述。

> 界东西五百五十一里,南北四百八十八里,如前　　(A4)
> 县三老卅八人,乡三老百七十人,孝弟力田各百廿人,凡五百六十八人　　　　　　　　　　　　　　　　　　(A5)

这一简牍显示了汉代地方行政组织的具体构造,将乡—(聚)—里—里正与亭—亭卒—邮—邮人换行书写,清楚地表明了乡里与亭邮两个系统的区别。

此外,文书的传送,不应止于县级层面,而会继续向更下级的机关延伸。由于系统的差别,文书大概是由县同时向亭和乡两个机关分发,换言之,"明白大扁书乡亭市里"所说的文书之接受与发布,是沿着县→乡、县→亭两个方向进行的。

亭、邮毕竟是帝国的监察机关,文书在行政官署之间传达则是理所当然的事。这里必须考虑的是,在乡、里之间文书传送情况如何?

关于这一问题,可以根据以下列举的发自乡啬夫的文书简牍进行考察。

> 永始五年闰月己巳朔丙子,北乡啬夫忠敢言之。义成里崔自当自言,为家私市居延。谨案:自当毋官
> 狱征事,当得取传。谒移肩水金关、居延县索关。敢言之。
> 闰月丙子,觻得丞彭移肩水金关、居延县索关。书到,如律令。掾晏、令史建　　　　　　　　　　15·19

> 建平五年十二月辛卯朔丙寅,东乡啬夫护敢言之。嘉平□
> □□□□案忠等,毋官狱征事。谒移过所县、邑、门、

亭、河津、关,毋苛留。敢言之。

  十二月辛卯,禄福狱丞博行丞事,移过所。如律令/掾海
守、令史众   495・12、506・20A

  建武三年十二月癸丑朔乙卯,都乡啬夫宫以廷所移甲渠
候书。召恩诣乡,先以证财物故不
              E. P. F22:1

简 15・19 与简 495・12＋506・20 是通行证(传),而简 E. P. F22:1 是爰书的一部分。简 E. P. T22:1 的"廷"是县廷的意思,这份与寇恩有关的文书,沿着甲渠候官→居延县→都乡①一线下发,再由都乡向甲渠候官报送爰书。至少可以肯定的是,指令文书由县下达至乡,而报告文书则由乡呈送至县。

  那么,文书是否还要由乡传送到下一级的里?笔者对此持怀疑态度。笔者认为,行政文书被下发的最低一级官署是乡,而且报送上行文书的最低级别的机关也是乡。在前文列举的简 15・

---

①   元延二年八月庚寅朔甲午都乡啬夫武敢言☒
  褒葆俱送证女子赵佳张披郡中谨案户☒
  留如律令敢言之●八月丁酉居延丞☐☒   A21   181・2A

  朔 都乡啬夫长敢言☒
  取传归敦煌   敢言☒   A21   181・10

  元康二年正月辛未朔癸酉都乡啬夫☒
  当以令取传谒移过所县道河☒
  正月癸酉居延令胜之丞延年☒   213・28A、213・44A

以上有关"都乡"的三简,分别是在 A21(卅井县索关)、A33(肩水候官)誊写的传的副本。第一份传(简181・2)是在八月五日(甲午)由都乡啬夫向居延县申请,并于同月八日(丁酉)由县署发放的;第三份传是正月三日(癸酉)接受申请,并于当日颁发的。由此可见,乡的文书要提交到县署,都乡则是居延县管辖的乡。

19中,传的申请者是义成里一个叫崔自当的人,里内居民的旅行证件要由乡啬夫作成,这证明与里有关的文书,并非在里内撰制,而是由乡来负责。事实上,还没有证据表明:文书被下发至里,里的吏员(里正)也需受理、撰制、提交某些文书。的确,正如"各明白大扁书市里官所寺舍门亭隧,令吏卒民尽讼知之"所言,文书内容要传达到各里,并在里人目所能及之处广而告之。然而,那最多只是像布告牌一类的书写物,不能说明受理、撰制行政文书的最末端官署究竟在哪一个层面。

由县下来的行政文书送至乡,乡再将其内容通告至下一层级的里,关于需要向上级机关汇报及申告的里内事务,必须由乡撰制文书并向上提交。这正如与县层级相当的候官向所辖各部下发文书,而部将下辖各燧的事务撰成报告并向上提交。由此,县→乡→里与候官→部→燧的平行关系可以得到确认。

在本节结束之际,需要强调以下两点:

首先,从乡到里如果不凭借文书传达指令的话,那就要凭口头传达。这恰好与候长向燧长的传达方式相对应。这种口头传达,与日本古代史上所谓的"口头政务"具有本质性的差别。古代日本的口头政务,是指实行文书行政的上级官署之间同时也以口头传达政务信息[1],这与中国的情况大相径庭。古代中国行政以文书传达为基本手段。

> 有事请殹,必以书,毋口请,毋羁请。　　内史杂律

---

[1] 川尻秋生:《口頭と文書伝達》,《文字と古代日本》二,吉川弘文館,2005年。

127

这是睡虎地秦律中的一条律文。笔者认为这种文书主义的思想在汉代也是一样的。

其次，在此不得不强调另一点——即我想指出的第二点，汉代的文书行政毕竟是官署之间由官吏实施与执行的行政方式，是命令、报告等等行政信息的传达。也就是说，一般庶民并没有被纳入考虑范围之内。换言之，针对庶民百姓的文书命令或文书传达是不存在的。对于居住里内的庶民而言，必要的指令应该由里正以口头形式传达。考虑到拥有识字能力的一般庶民何其稀少，就可想见针对庶民百姓的文书传达是不可能的。另外，官署也没有必要将所有的行政情况向百姓通告，账簿、户籍对于官员而言是必要的簿籍，但与普通百姓没有直接的关系。

诚然，在里中众目所及的地方，为"令吏卒民尽讼知之"而张挂告示。然而，这种告示果真是以所有吏民都去读解为前提而张挂的吗？张挂告示者是否期待百姓能够阅读并理解告示内容呢？我的回答是否定的。告示札终究属于一种视觉木简，在告示札之下里正将必要的通告内容读给大众让其知晓，同时这种写有文字的简牍还起到标识权威的作用。理解书写内容、凭借文字传递信息的文书行政，毕竟是官署之间的行为。

五、《急就篇》与《千字文》

上文考察了直达行政终端的命令传达，这里再将话题转回到文字学习上去。

《急就篇》是汉代识字教科书的代表，居延汉简和敦煌汉简之中就包含了不少该书的片段。《急就篇》以书籍的形式流传至今，有人认为，它是作为学童的识字教科书被编纂起来的，与后世的

《千字文》关系密切。① 果真如此吗？《急就篇》与《千字文》属于同一范畴的识字学习书吗？以下就对两书的内容做一番比较。

《汉书·艺文志》所说的"急就一篇元帝时黄门令史游作"的《急就篇》，由 31 章、1399 字构成（松江石刻本）②，正如其开篇所写的"急就奇觚与众异罗列诸物名姓字"那样，它是罗列各种物名、人名的识字教科书。

除了人名、物品名之外，书中罗列的名词还包括制度用语，从"简札检署椠牍"、"丞相御史郎中……司农少府……廷尉正监……亭长游徼"等中央与地方官名，到"受赇枉法"、"诛罚诈欺劾人"、"鬼薪白粲钳釱髡"等罪名、刑罚名都在书中出现。

此类文字常见于居延、敦煌汉简中的行政文书与账簿，虽是日常使用的词汇，但它们果真是初学儿童一开始就要习得的文字或书体吗？学童从小就要练习书写刑罚、罪名的文字吗？

这里还有一个需要思考的问题，本章第一节言及的"江陵张家山 247 号墓出土汉律令"中的"史律"、《汉书·艺文志》以及《说文解字·序》所记载的书记官任用规定中，明确写有"学童"二字。的确，书记官选考规定中提到了学童的识字学习。但是，史律中"史、卜、祝学童"和"试史学童"所谓的"学童"，是指"史之子、书记官职务的继承者"，而《汉书》、《说文解字》中的"学童"，或许省略了"史"字定语，或许由于不再世袭而删除了"史"字，无论是哪一种情况，这里所说的"学童"，都是志在成为书记官而学习文字的

---

① 小川环树：《中国の字书》，《小川環樹著作集》第一卷，筑摩书房，1997 年，第 128 页；张娜丽：《西域出土文书の基礎的研究》，汲古书院，2006 年，第 24—25 页，第 85 页。

② 此外，版本不同，章数和字数也不同。详见：王国维：《校松江本急就篇·自序》，《海宁王静安先生遗书》第六，商务印书馆（台北）；佐伯富：《萩原寺藏弘法大师〈急就章〉解说》，萩原寺，1978 年。

特殊儿童群体，而不是初学童子这种一般意义上的学童。

言归正传，《千字文》是梁武帝命令周兴嗣为贵族子弟编纂的识字书，这是众所周知的。四字一句，句句押韵，由"天地玄黄、宇宙洪荒"起始，一字不重地写有一千字，内容涉及宇宙秩序、自然法则以及帝王统治，具有高度的哲理性。甚至可以看到，《千字文》选用的文字及其排列，有一种视觉上的华丽之美，我想，它或许是一种配合书法艺术而特意设定的文字组合。"鬼薪白粲钳钛髡"之类的文字与"天地玄黄、宇宙洪荒"这样的语句相比，两者之间视觉美感的反差是不言自明的。

总之，《急就篇》与《千字文》虽然同属识字书，但其用途、目的各不相同。识字教科书可以归为以下两类：

1. 吏员以撰制行政文书为目的使用的文字学习书。
2. 初学者以学习文字或获得教养为目的使用的教科书。

第1类是以成为书记官或以获得书记资格为目的的书籍，《急就篇》属于此类。《急就篇》是由文书行政中使用的制度用语构成，习得这些词汇，就能撰写行政文书。①

与之相对，《千字文》甚至《论语》都属于第2类。《论语》当中没有文书行政中的用语，即便再怎么学习《论语》，也无法习得行政、司法文书中的惯用辞令。但是反过来说，即使掌握了《急就篇》，也无法获得士大夫必备的文化教养。尽管同样是识字书，但其用途和目的各不相同。的确，《急就篇》与《千字文》同属识字书，恐怕不能就此简单地推定汉代的《急就篇》到了六朝便成了《千字文》。

---

① 前文提到了书记官和世袭制之间的关系，如果推定《急就篇》（其年代应为西汉晚期元帝阶段）是面向所有习字者的识字学习或是为取得"史"资格的学习书，那么这也同时说明书记官职位已经不再世袭。

就《急就篇》而言,汉代以后至唐代都有注解。其中,留存至今的是唐代颜师古注,《隋书·经籍志》也列举了一些北魏时代的注释,另外,《北史》卷四二《刘芳传》中有刘芳注释《急就篇》的记载:

急就章　　　二卷崔浩撰
急就章　　　三卷豆卢氏撰　　　《隋唐·经籍志》
急就篇续注音义证(刘芳)　三卷　《北史·刘芳传》

在此,需要注意的是崔浩。在其传记中提到,北魏太宗明元帝即位元年(公元 409 年),下诏命崔浩对《急就篇》、《孝经》、《论语》、《诗经》、《书》、《春秋》、《礼记》、《周易》等书进行注解。由于崔浩工于书法,故而请他写《急就篇》的人很多,崔浩不问老少年龄,一律满足对方所求。①

福田哲之对此进行了考证并且指出,"作为习得汉人古典教养最基本的课本在北魏特别受到重视"②。但是,依我所见,《急

---

① 《魏书》卷三十五《崔浩传》记载:

浩又上五寅元历,表曰:"太宗即位年,敕臣解《急就章》、《孝经》、《论语》、《诗》、《尚书》、《春秋》、《礼记》、《周易》,三年成讫。复诏臣学天文、星历、易式、九宫,无不尽看。至今三十九年,昼夜无废。臣禀性弱劣,力不及健妇人,更无余能,是以专心思书,忘寝与食,至乃梦共鬼争义,遂得周公、孔子之要术。始知古人有虚有实,妄语者多,真正者少。自秦始皇烧书之后,经典绝灭。汉高祖以来,世人妄造历术者有十余家,皆不得天道之正。大误四千,小误甚多,不可言尽。臣愍其如此。今遭陛下太平之世,除伪从真,宜改误历,以从天道。是以臣前奏造历,今始成讫,谨以奏呈。唯恩省察,以臣历术,宣示中书博士,然后施用。非厉阶成矣,公其图之。"浩曰:"吾方思之。"而不能悛,至是而族。浩既工书,人多托写《急就章》,从少至老,初不惮劳。所书盖以百数,必称"冯代强",以示不敢犯国,其谨也如此。浩书体势及其先人,而妙巧不如也。世宝其迹,多裁割缀连以为模楷。

另外,《日知录》卷二十一《急就篇》中,也有汉魏之后关于《急就篇》传播的描述。顾炎武认为,"漢魏以降,童子皆读史游急就篇……",将《急就篇》看做幼童学习书。

② 福田哲之:《吐鲁番出土〈急就篇〉古注本考》,福田哲之《説文以前小学書の研究》,创文社,2004 年。

就篇》绝非修习古典教养的书籍。

那么,为何《急就篇》在北魏受到特别重视并得到普及呢?为何崔浩受到重用呢?这里应该考虑到它与北魏的时代特殊性以及崔浩所推行的胡汉融合政策之间的密切关联。崔浩出自清河崔氏这一名门望族,是当时河北汉人贵族的领袖,在北魏初期的太宗(明元帝)、世组(太武帝)两代敦行教化,引导北魏逐渐走向汉人儒教国家之路。

《魏书·崔浩传》中记载了他参与制订魏的典章制度等事迹,从他不断引用《汉书》展开议论可以看出[1],那些无疑都是汉代的法制规章。

> 自朝廷礼仪,优文策诏,君国书记,尽关于浩。浩能为雅说,不长属文,而留心于制度科律及经术之书。
>
> 《北史》卷二一

正如前文已经提到的,在汉代,《急就篇》就是罗列行政司法用语的书籍,主要作为史、令史等行政书记官的识字参考书而发

---

[1] 例如,《魏书·崔浩传》记载:

> 三年,彗星出天津,入太微,经北斗,络紫微,犯天棓,八十余日,至天汉而灭。帝复召诸儒、术士问之曰……浩曰:"古人有言,夫灾异之生,由人而起,人无衅焉,妖不自作。故人失于下,则变见于上,天事恒象,百代不易。《汉书》载王莽篡位之前,彗星出入,正与今同。国家主尊臣卑,上下有序,民无异望。虽僭晋卑削,主弱臣强,累世陵迟,故桓玄逼夺。"

同文献又记载:

> 帝乃命浩以其前言与斤共相难抑。诸人不复余言,唯曰彼无水草。浩曰:"《汉书·地理志》称'凉州之畜,为天下饶',若无水草,何以畜牧?又汉人为居,终不于无水草之地筑城郭立郡县也。又雪之消液,才不敛尘,何得通渠引漕,溉灌数百万顷乎?此言大诋诬于人矣。"

挥作用，并非启蒙用书。在北魏时代，它却成为初学者获得教养的启蒙书，这多少有些不可思议。抄写、诵念书中内容也难以取得文化教养，作为知识人的崔浩理应明白这一点。崔浩之所以重视《急就篇》并加以注释的原因，恐怕在于他想要将汉人的行政制度运用到北魏的政治体制中去吧。以汉代的文字学习书作为理解掌握汉人制度的参考书，让汉人的传统制度渗透到北魏政体，并且让吏员的识字书得到普及，我认为这正是崔浩秘而不宣的目的。《魏书·崔浩传》中提到"（崔浩）留心于制度科律及经术之书"，《急就篇》即是一部集制度、科律之言的参考书。

此外，颜师古为《急就篇》撰写的注释，是对《汉书》注释的延伸，也可以说是对汉代制度、行政机制的一种训诂吧。换言之，从六朝到唐代的《急就篇》注释，大都源自对汉朝制度的个别的兴趣，并非因于人们对于识字教科书、初学启蒙书的重视。①

关于汉代西北边地出土的《急就篇》，本书第一编第三章"觚书考"虽有提及，但仍有必要进一步再作论述。

前文曾经提到，居延、敦煌汉简之中，发现了不少写有《急

---

① 不过，以北魏时期《急就篇》受到重视为契机，的确有初学者将《急就篇》作为识字教科书。但是，这偏离了该书本来的目的，我认为，人们对于汉代制度的憧憬导致了北魏和北齐的这种特殊现象。

《魏书》卷八十四《儒林传》："刘兰，武邑人。年三十余，始入小学，书急就篇。家人觉其聪敏，遂令从师，受春秋。"

《北齐书》卷四十四《儒林传》："李铉，字宝鼎，渤海南皮人也。九岁入学，书急就篇。月余便通。"

《北齐书》卷二十九《李绘传》："绘，字敬文。年六岁，便自愿入学，家人偶以年俗忌，约而弗许。伺其伯姊笔牍之间，而辄窃用，未几遂通急就章。内外异之，以为非常儿也。"

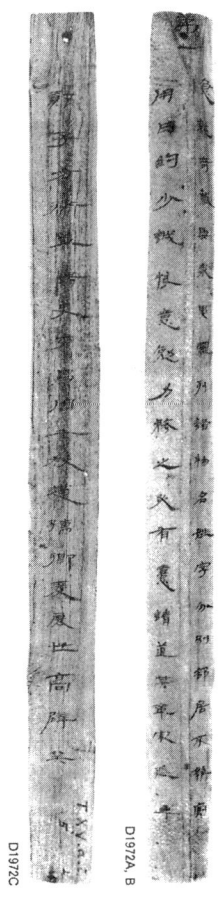

图 2

《就篇》片段的简牍。《急就篇》并不是以 31 章完整的形态出土的,大都是其中一部或某一片段。它们也并非识字教科书范本,只不过是照着原书练习书写并将其丢弃的简札而已。然而,其中有一支简值得注意。此简即敦煌汉简 D1972 三面体长简(可称其为"觚"),简的顶部开有一个小孔(图 2)。关于这支形状特异的《急就篇》木简,有人认为,它就是《急就篇》范本,平时用一根绳子穿过木简一端的小孔,将其悬挂起来供人观阅记忆。① 但是,这种解释有些牵强。

作为习字范本的教科书一般是平置的,悬挂起来则不便于使用。即便使其旋转起来,也是极不稳定的,难以发挥实际功用。因此,这支长简的实际用途,或许并不在于书写练习,而在于诵读练习,即便如此,短简也比长简更便于使用。

以小孔穿绳将简悬挂起来,并不是为了让木简旋转,而是使

---

① 大庭脩:《木簡——古代からのメッセージ》,大修館書店,1998 年;大庭脩:《木簡学入門》,講談社,1984 年,第 32、51 页;国立历史民俗博物馆编:《古代日本文字の来た道》,大修館書店,2005 年,第 162 页。

它能够引人注意。我认为,这支特殊的木简并不是实用的教科书,而是识字学习的象征物,用于奖励和鼓舞学习者,具有令观者自觉自省的功能。前文考证扁书之际,对"象征性的告知札"作了考察。这种觚形《急就篇》与扁书具有相似之处,也有一种揭示的意味。假如将以阅读理解内容为主要用途的文书简之类的普通简牍称为"知觉木简",那么这种带有象征性功能的觚形简和扁书简就应被称为"视觉木简",写有《急就篇》内容的觚就属于这种视觉木简。①

以上论述了《急就篇》与《千字文》这两部识字学习书之间的用途和目的差异。本章结尾,将在考察书记官识字学习的基础上,进一步比较论述一下朝鲜半岛与日本的情况。

小　结

写有《论语》内容的木简,在朝鲜半岛和日本也有出土。

朝鲜半岛的论语木简,迄今出土有三件②:平壤乐浪古坟出土《论语》简——册书木简(详情不明);金海凤凰洞出土《论语》简——20.9厘米,原长1.3米,四面体(图3);仁川北区桂山洞出土《论语》简——13.8厘米,五面体。

新罗于公元682年设立国学,若国学毕业则被授予大奈麻、奈麻等官位,凭借这一级官位在中央可以担任中级官职,在地方

---

① 除了觚形简,视觉木简的代表亦包括檄。关于檄,在第一编第三章"檄书考"中有详细论述。
② 桥本繁:《古代朝鮮における〈論語〉受容再論》,古代朝鲜文化研究所编:《韓国出土木簡の世界》,雄山阁,2007年。

正面　　侧面　　后面　　侧面

图3　金海出土《论语》木简

上则能担任除了州、小京的长官以外的所有官职。一般认为,国学是以培养中级官员为目的的教育机构,而《论语》是从进入国学开始直至成为中级官吏之际都要学习的书籍。①

---

① 桥本繁:《金海出土〈論語〉について》,古代朝鲜文化研究所编《韓国出土木簡の世界》,雄山阁,2007年。

据此可知,《论语》是中级官吏的必读书籍。然而,《论语》是作为识字教材被使用的？还是作为儒教思想的书籍而被研读的？从"国学"的情况来看,可以肯定地说,它是用来习得儒学教养的书籍。

古代日本也是如此。据《古事记》记载,《论语》与《千字文》是在应神天皇时期（公元270—310年）同时流传至日本,但这未必属实。考虑到《千字文》撰成于5世纪末至6世纪初,它应该是6世纪时由大陆渡海至日本定居的人带来的。① 有观点认为,到了公元七八世纪,日本将《论语》用做学习参考书或者识字书,这与朝鲜半岛有相通之处。② 新罗、百济等朝鲜半岛的王朝与古代日本之间的交流,特别是字书木简所展现的文化相似性,其情况大致如是。然而,在与中国进行比较考察之际,还会产生如下疑问：

其一,对于古代韩国和日本的书记官而言,学习《千字文》和《论语》的目的,究竟是具备基本的识字能力、掌握最基本的文字知识？还是在此基础上习得官吏所必需的教养？

其二,古代日本和朝鲜都实施了文书行政。那么,书记官怎样习得文书撰制之际必需的专门性的文字知识呢？出土的木简中有类似汉代《急就篇》的识字书吗？

归根结底,我认为古代中国与日本在文书行政上是存在差异的。但是,究竟存在怎样的差异？现阶段尚无法做出回答,这是今后必须探讨的重要课题。在此,暂且搁置有关中日木简差异性

---

① 冲森卓也：《漢文の受容と訓読》,《文字と古代日本》五,吉川弘文馆,2006年。
② 关于日本出土的《论语》木简,渡边晃弘《日本古代の習得木簡と下級官人の漢字教育》(高田时雄编《漢字文化三千年》,临川书店,2009年)有详细介绍。

的关注,来阐述一下笔者关于木简形制相似性的思考,并以此结束全章。

上文我曾以敦煌出土的多面体(觚)的《急就篇》木简为例,阐释了"视觉木简"的概念,指出那种并非实用字书、而更偏重象征意义的简札即属"视觉木简"。事实上,此类长且大的简以及多面体的简,在朝鲜半岛及日本也有发现。韩国木简之中,上文提到的金海凤凰洞《论语》木简,据说其原长超过1米。

如果考察日本木简,则要提及观音寺遗址出土的《论语》木简(图4)。[1] 尽管它们被称为识字木简或习书简,但我认为应该将其归类为"视觉木简",即并非以阅读为目的,而是更强调视觉效果和象征意义的简札。至于这些木简原本象征了什么?是激励向学的意志呢?还是带有咒术的意味?或许它们各不相同吧。

左侧面1/3　表1/3　右侧面1/3　里1/3

图4　观音寺出土《论语》木简

---

[1] 多田伊织:《観音寺遺跡出土〈論語〉木簡の位相——觚、〈論語〉、文字》,德岛教育委员会、德岛县埋藏文化中心、国土交通省四国地方整备局编《観音寺遺跡》之"Ⅰ—观音寺遗迹木简篇",2002年。多田推测,观音寺遗址出土的《论语》并非"习书木简",而是一种类似护符的东西,置立在国造居宅之前。

第二章　字体、书法、书法艺术
——行政文书造就的书法艺术

引言——书法艺术的成立条件

　　艺术如何起源？美又是什么？从古希腊开始便有众多的哲学家研究这个问题。人类有一种被美的东西所吸引的先天性，而创造美的志向，也贯穿于人类的所有活动之中。

　　考虑艺术起源之际，应留意以下几点：

　　第一，这里所探讨的艺术觉醒，并不是指后世的人们从过去的历史文物中发现和确认其审美价值或艺术性。

　　其次，美的作品分为两种，一种是制作者凭着艺术自觉所创作的作品；另一种则是制作者带着其他目的完成的、偶然具现了某种美学价值的作品，而制作者最初并无创造艺术作品的意识。对于前者的评价和对于后者的鉴赏，必须区别开来加以考虑。

　　我想探讨的问题是制作者艺术自觉的有无，以及制作者所处时代普遍共存的艺术价值。

　　赋予文字艺术性并使其成为鉴赏对象，这就是所谓书法艺术。书写、记录等活动，原本只不过是以思想的传达和记录为首要目的的实用行为，与最初就以艺术创作为目的的艺术作品不同。要成为书法艺术，还必须满足以下两点：

1. 力图书写优美文字的意识。
2. 模仿他人优美字体的意识。

第1点意味着是自己内心的艺术觉醒，第2点意味着美的客观化和艺术的普遍化，这两点可以说是书法艺术确立的前提。

中国文化史上的书法艺术是在什么时候、又经历了怎样的过程得以成立的呢？下文将从字体的名称、木简中所见的运笔、习书这三点来展开论述。

一、字体的名称——隶书、草书、楷书

作为字体种类的名称，"篆书"、"隶书"、"草书"等为人所知，此外，还有"楷书"一词。"楷书"，又称真书、正书，辞典中将其解释为不破坏笔划的字体，其原本之意为"模楷之书"，也就是"作为范本的字体"，并不指代特定的字体。

如果说字体是文字的表现样式，是运笔的样态，并且承认字体中有一些不同种类的话，那么字体必然会与文字表现形式以及运笔之道的比较、评价等等联系在一起，进而成为认知文字形体之美或者书法艺术演进的指标。

此外，隶书、草书等等特定字体的名称以及运笔类别是从何时肇始的呢？

关于秦始皇统一文字，教科书与概说书一般解释为："战国时代各地使用的各种字体被李斯所创作的隶书（小篆）统一并取代"，此外，往往还补充说明："近年发现的秦代竹简大都为隶书。"暂且不论这些解说是否恰当，首先要回答的问题是，在秦始皇的时代"隶书"、"篆书"、"草书"等名词已经出现了吗？

"篆书"、"隶书"等词最早见于文献《说文解字·序》（完成于

公元100年)、《汉书·艺文志》(公元92年编者班固去世,其妹班昭完成"八表"及"天文志")。两书都在引用关于学童考试的规定之处,阐释了六种或者八种字体,其中就有"篆书"和"隶书":

(1)汉兴,萧何草律,亦著其法。曰:"太史试学童,能讽书九千字以上,乃得为史。又以六体试之,课最者以为尚书御史、史书令史。吏民上书,字或不正,辄举劾。"

六体者,古文、奇字、篆书、隶书、缪篆、虫书,皆所以通知古今文字、摹印章、书幡信也。(中略)史籀篇者,周时史官教学童书也,与孔氏壁中古文异体。苍颉七章者,秦丞相李斯所作也。爰历六章者,车府令赵高所作也。博学七章者,太史令胡母敬所作也。文字多取史籀篇,而篆体复颇异,所谓秦篆者也。是时始造隶书矣。 《汉书·艺文志》

(2)自尔秦书有八体,一曰大篆、二曰小篆、三曰刻符、四曰虫书、五曰摹印、六曰署书、七曰殳书、八曰隶书。汉兴有艸书。尉律:"学僮十七已上,始试。讽籀书九千字,乃得为史。又以八体试之。郡移大史并课,最者以为尚书史。书或不正,辄举劾之。"

《说文解字·序》

毋庸置疑,《汉书》、《说文解字》撰成于东汉1世纪前后,即使班固、许慎在解释汉律中所谓"六体"或"八体"之际提到了"隶书"等词,但并不能由此断言这些名称自西汉就已存在了。在目前的文献史料、出土资料之中,尚无材料证明"篆书"、"隶书"、"草书"等名称出现于秦代或西汉。

上述材料(1)和(2)提到西汉时期与文字能力考试以及书记

官选考的规定,该规定亦见于近年发现的张家山 274 号墓出土汉律。

> (3) 史、卜子年十七岁学。史、卜、祝学童学三岁,学佴将诣大史、大卜、大祝。郡史学童诣其守,皆会八月朔日试之。试史学童以十五篇,能风(讽)书五千字以上,乃得为史。有(又)以八体试之,郡移其八体课大史。大史诵课,取最一人以为其县令史,殿者勿以为史。三岁壹并课,取最一人以为尚书卒史。卜学童能风(讽)书史书三千字、征卜书三千字,卜九发中七以上,乃得为卜,以为官佐。　　474—478

上文史料(3)是汉律"史律"的条文,其年代被认为是西汉初年、吕后时期的公元前 186 年左右。大略看去,它与(1)、(2)内容相似,尽管选考规定(史律或尉律)的个别细节有若干差异,但仍然可以说是同文。

然而,应该注意的是,在这一被推定为西汉初期的条规中,不见"隶书"一词。取而代之的是"卜学童能风(讽)书史书三千字、征卜书三千字,卜九发中七以上,乃得为卜"条文中的"史书"一词。这与《汉书·艺文志》的"史书令史"相同①,《汉书》、《后汉书》中也零星可见"善史书"、"能史书"之类的语句,例文如下:

> ① 郡国恐伏其诛,则择便巧史书习于计簿能欺上府者,以为右职。……故亡义而有财者显于世,欺谩而善书者尊于朝,悖逆而勇猛者贵于官。故俗皆曰:"何以孝弟为,财多而

---

① 关于"尚书令史史书令史"与"史书令史",原文中应该是加了重点符号写做"尚书令史"书"令史"。现在,如果重文记号为衍字,也许"书令史"是正确的。《汉旧仪》中有"丞相司直,谏大夫秩六百石。丞相少史秩四百石。次三百石。百石。书令史斗食。缺。试中二十书佐高第补。"由此可知,确有"书令史"这一官职。

光荣。何以礼义为,史书而仕宦。何以谨慎为,勇猛而临官。"

《汉书·王贡两龚鲍传》

②(王尊)窃学问,能史书。年十三,求为狱小吏。

《汉书·赵尹韩张两王传》

③(严延年)尤巧为狱文,善史书。所欲诛杀,奏成于手。 《汉书·酷吏传》

有一种很具影响力的说法指出,"史书"即是隶书。① 果真如此吗?根据上面所举三个例子,擅长写隶书与"能欺上府"、精于史书与"所欲诛杀,奏成于手"联系在一起。需要注意的是,在以上①—③三条史料中,"善史书"被附加了一种负面的评价。

关于史书指的是什么?本章的后半部分将进行考证。现在,我们可以总结出来的是:隶书这一用语不见于西汉,而"史书"被认为是与其相近的用语。暂且搁置这一点不谈,先来探讨一下如下内容。

与"隶书"一样,"草书"一词在西汉时期也未出现。正如后文所论述的,根据"草书"的典故"草隶——仓促间写出的隶书"来看,"隶书"一词出现后才有"草书"一词,换言之,在没有"隶书"一词的西汉,看不到"草书"一词,这可以说是理所当然的。

关于草书,东汉末年灵帝时期(始自公元178)赵壹写有《非草书》一文,主要内容摘录介绍如下:

---

① 《说文解字》段玉裁注:"云史书令史者,能史书之令史也。汉人谓隶书为史书。"《汉书补注》"元帝纪"所引钱大昕说:"善史书,今史所习字,犹隶书,善史书者,谓能识字作隶书耳。"但是,除此之外也有一些其他说法,例如:籾山明《削衣、觚、史书》(《英国国家图书馆藏斯坦因所获未刊汉文简牍》,上海辞书出版社,2007年)。我个人也曾在论文《史书考》(《西北大学学报》1983年第1期)中做过论述,现在有机会重新思考这一问题,我想对自己过去的论述进行部分修正。

——我们郡中有叫梁孔达、姜孟颖的两位士人,二人均为当世杰出的贤人。但是,他们对张芝草书的恋慕,超过了对孔子、颜回的敬仰。孔达临摹了张芝的草书之后展示给孟颖看,两人还诵念他的文章,并将其文章作为范本进行摹写,从不懈怠。

——草书出现是最近的事。……秦末,刑罚严厉,法网密布,公文书增加了事务的繁琐性。战争接连发生,军事方面的文书来来往往,紧急命令频繁发布。于是,隶书的速写应运而生,以便迅速应对紧急事务。但是,以追求简易并不为圣人所推重。……8岁以上致力于学问者,大都不再关注仓颉篇、史籀篇这些字书,均以杜度、崔瑗的文字作品为范本。在互致书信之际,特别是想要写得漂亮时,常常会说"仓促起笔,未能写成草书"。由此可见,本来旨在简易快速书写的草书,现在反而变得复杂,需要从容书写,这背离了草书最初的功能。

——写草书者,尽是些身怀无聊技艺的人。在乡间不以此较量能力,在朝廷不以此划分官员等级,博士也不考究此道,官吏任用的四科也不将此作为必备之技。在选拔人员时,识不识草书无人过问,工作评定中,能否书写草书也不是问题。

这里所举的张芝,是与赵壹同时代东汉灵帝的擅书者。杜度于章帝时代(公元75—88年)就任齐国之相,据说是擅长草书的第一个人。师从杜度的崔瑗生于77年,卒于142年,曾经撰有《草书势》一书,这在《后汉书》人物传中有记载。

草书原本是为了简便地书写隶书,也就是一种带有速书性质的替代字体,结果它却背离了最初的意图,书法家们以之为范本并且花费时间将其书写得漂亮。赵壹的《非草书》批评了这种风潮。然而,这篇文章恰恰论证了我前文陈述的书法艺术的成立条件:(1)努力将文字写得优美的意识;(2)看到别人写的漂亮文字,想要进行模仿的意识。这两个条件分别涉及主观与客观。

草书向书法艺术升华的趋势,在《非草书》中提及的杜度、崔瑗时代,即1世纪前后就已经可以看到了。毫无疑问,《草书势》应该是一部论述草书的运笔与笔势,探讨如何将字体写得优美的论著。不仅限于草书,将隶书写得漂亮也是当时的风潮。如果说草书是变形的美,那么作为其原形的最初字体的美必须首先达成,在此意义上,我们可以推断,孕生了草书的隶书应该率先成为一种带有艺术性的字体。

另外,见于《非草书》中的"隶草"一词,并不是后世中所谓草书化的隶书,最多不过是"隶书的速笔",一开始便有"草书"这一字体称呼,但没被看做为某种独立的字体。公元1世纪,"草书"成为一种独立的字体名称,毋庸赘言,这时隶书这一字体也已经存在。

总之,可以肯定的是,东汉时期公元100年前后,"草书"、"隶书"等词语作为字体名词固定下来,而美化各种字体造型、临摹优秀作品的所谓书法艺术也随之确立。据传编纂于公元100年的许慎《说文解字》中所举的八体中提到了"隶书",还讲到"汉兴有草书"(另一种说法是:许慎将《汉书·艺文志》的"汉兴,萧何草律"曲解成了"汉兴有草书"。即便如此,这句话表明许慎的头脑中确有"草书"这一字体)。

那么,与这些字体名称密切相关的书法艺术,是何时、以何种形态确立起来的呢?以下将对近年居延、敦煌出土的木简——居延和敦煌汉简的字体进行分析,并以此为基础探讨书法艺术的确立过程。

二、木简中的书法和习书

在研究书法历史和书法艺术时,最宝贵的资料是20世纪初在中国西北的沙漠地带——即今天的甘肃省、内蒙古自治区一带出土的木简。据推算,这批简牍文字资料截至目前已超过10万件,时代大约是公元前100年至公元150年,它们作为与时代同步的历史资料是极其宝贵的。木简出土于汉代的军事防卫基地,这些军事机关由于某种原因被撤销、废止之后,木简也被丢弃,掩埋于流沙之中近两千余年。因为沙漠地带极其干燥,木简在流沙之中得以保持着原始状态。20世纪初,瑞典和英国的探险家们使这些长眠于地下的文物重见天日。出土木简上留存着清晰可辨的文字,按其内容可以分为命令、报告、账簿、标签、通行证等类别,书籍很少,主要是行政、司法、军事方面的文书。文书作者是在防卫基地任职的下级书记官,他们正是前章论及的书记官选拔条规(史律、尉律)所载的"史"、"卒史"、"令史"等这些职守的担当者。①

拥有如此背景的木简,不仅为汉代政治制度史、法制史的研究提供了丰富的信息,也对我们的书法史、书法艺术考察十分有益,其优势是其他资料所不具备的。在探讨书法史之际,我们经常利用石碑,但是,石碑是石工将原来写在纸和简牍上的内容刻在石头上,就能否直接传达书写者的笔势及运笔而言,它与原生资料木简之间还是有一定距离的。另外,石碑盛行于公元1世纪以后的东汉时期,西汉的石碑非常少。与一般是由某种程度的擅

---

① 冨谷至:《木简・竹简の語る中国古代》,岩波书店,2003年。

书者所书写的石碑相比,木简的作者往往是与书法艺术无缘的普通人。这些普通人到底是否具有追求优美字体的意识?这是我们想要弄清的,而公元前100年至公元100年这一时间段的木简正是探讨这一课题的绝好资料。

以下将利用这些木简,从三个途径来考察书法艺术的确立。一是被称做波磔、悬针的笔势,也就是运笔;二是习书简;第三则是以草书书写的木简。

1. 悬针与波磔

居延、敦煌汉简中可以见到具有"悬针"、"波磔"特点的独特笔法。

悬针,即由上至下行笔,随之力度加大,笔划向下逐渐拉长变粗,如倒悬之针(图1)。另一方面,波磔即右捺时大力度伸出的运笔(也有左撇的情况)(图2)。

悬针和波磔,均不是普通的笔划书写,都可以说是融入了作者特别的意图。那么,也许可以推测,其意图不外乎是写出漂亮的字,或者说追求漂亮观感的意识下的某种尝试。

这里需要注意的一点是,带有波磔、悬针笔法的简牍达到了一定的数量,从中可以发现,它们是多数书记官运笔的共通特征,具有一定的普遍性,而非个别书记官的个性化笔法。练习波磔、悬针的习书简的存在,也能证明其普遍性。

波磔、悬针的运用有如下规律:

(1)悬针,在特定的字,如"年"、"令"、"可"、"案"、"教"、"事"、"律"、"行"、"拜"等字中集中出现。

(2)"可"、"令"、"年"、"案"等字,并非必须用悬针运笔。书写相同文句的不同简牍中,没有波磔、悬针运笔的也大量存在。

图1 悬针

图2 波磔

(3) 带有悬针、波磔的字,并不都是位于文句最后的字,也有位于文句中间的。另外,必须在规定的位置使用这种笔法的说法是错误的。

拥有以上特征的这种笔势,虽然是书记官带着一定任意性所写的,但是,正如(1)中所言,悬针的使用局限于某些文字,并非针对全部文字任意为之。如果就源自艺术自觉的审美价值的个性化追求而言,将悬针运用于更多的字上也未尝不可。但是,这种任意性最终还被收束于一定限度之内。我并不认为,悬针、波磔是作者为了表现艺术意识、书写漂亮字体而使用的技法。

用悬针书写的"可"、"案"、"年"等字,在行政文书中是所谓的关键字。"可"是"制日可"的收尾字,是表示皇帝认可的词;"律"、"令"是意指命令、执行命令的词;"案"表示"调查"、"查缉"、"讨论",常用于呈送上级官署的报告之中。另外,"拜"是表示谦让恭敬的词;"年"往往出现于记录年份的纪年简中,这自不待言;"行"则表示传达文件。可以说,这些词语都常用于行政文书中,而且起着重要作用。

"在文书中,书记官为了强调文书中的关键词,伸长最后一笔加使之突出",这不正是"悬针"这一笔法的效用吗?最终说来,就视觉效果而言,以悬针、波磔点缀各处,可以起到强调的作用,是一种在技巧上能够合乎行政文书要求的书法(与"书体"相比,称为"书法"为宜),这里所说的"合乎要求",是指文书整体的预期视觉效果,以及从中生发出来的那种公信力和权威性。但这也仅仅是为了行政文书的撰制,而追求美观字体的艺术志向并未由此得到激发。

到了东汉时期,石碑盛行,碑铭成为书法艺术的范本。石刻文字大都是所谓八分体的匀整的隶书,在那些具有艺术性的碑铭中很难找到悬针。尽管悬针的确存在于若干石刻上,但它们都是誊写在石碑上的行政文书。这如实反映出,悬针还不是一种艺术性的笔法,也未从行政文书的运笔法式中升华出来。

另一方面,波磔在石刻中也有发现,但那只是控制行笔时产生的笔墨效果,与木简波磔那种有意造成的笔势变化之间存在微妙区别。就波磔而言,其运用范围比悬针更为广泛,但也明显集中于个别文字,其中,"之"、"取"等字波磔最多。

2. 习书简

对于日本木简,佐藤信是这样区别其中的习书和涂鸦的:"习书是为习得文字与文章而写下的","涂鸦则是毫无目的、百无聊赖之中随意写下的"。他还将习书分为三种类型:① 典籍习书;② 文书习书;③ 文字习书。① 佐藤是根据书写内容或习书范本进行分类的。新井重行对佐藤说进行了补充说明,他指出,"所有的习书都是'为习得文字、文章而写下的'这样说法并不准确,多数习书应当是"为习得字体而写"②。

然而,日本简牍和中国简牍之间,即便是同样的习书,也显示出不同的特征。例如:居延、敦煌等地出土了不少识字教育用字书《急就篇》、《苍颉篇》的竹简残片,这些残简便是吏员为学习文字而练习的明证。

文字、文章和字体的学习应分以下几种情况:

Ⅰ 学习文字

ⅰ 记住还不认识的字。

Ⅱ 学习文章

ⅰ 为了记住书中的某篇文章,以书写的办法来记忆。

ⅱ 学习文体和文章的写作方法。

---

① 佐藤信:《日本古代の宫都と木简》第八章"習書と落書",吉川弘文館,1997年。
② 新井重行:《文字と古代日本》,吉川弘文館,2006年,第232页。

Ⅲ 学习字体

ⅰ 为写出一手漂亮的字(字体)而练习。

ⅱ 学习某种特殊字体(书法)。

ⅲ 学习某些文字的特别字体(例如:练习隶书文字的草体)。

Ⅰ-ⅰ即所说的为能够识字、读写文字而做的练习。而Ⅱ和Ⅲ,与为记住生字的识字活动不同,在这两种情况下,文字已经认得,其练习旨在掌握文字运用方法和书写方法。前面提到的《急就篇》的残简,便相当于Ⅰ-ⅰ的情况,不过,那只是抄写字书的练习,没有发现同一时间反复书写难字进行练习的习书简。另外,就Ⅱ而言,边地出土的简牍中,虽然典籍简也不少,但所发现的少数书籍简究竟是用于阅读的书籍?还是Ⅱ-ⅰ、Ⅱ-ⅱ的习书简?至今无法确定。① 关于Ⅰ及Ⅱ两种习书简,今后另做探讨。下面来看看Ⅲ类习书简。

如下所示,居延、敦煌出土的习书简非常多:

(1) 程程程程程律令令令律令令令

　　　　　　　　　　32・12B　A32(金关)

(2)　　令令　　　　516・35A　A35(大湾)

(3) □钱六百凡盗千九百□六百□□百令史忠谨谨

　道上

　□奈何　　　　　丈人

　　　　　　张隧卿

---

① 目前所发现的书籍简或者类似木简全部都是断简,尚未发现一整本的书或者全卷的书籍。如果将其视为阅读用的书籍(这是书籍的本来作用),为什么只是断片出现? 当然,原本完整的书籍已经散失、腐朽,仅仅留下其中一部分,这种可能性也无法否定。尽管如此,整本书籍只剩一支残简,对于这个现象我仍然不能理解。

151

□□□以邮邮不不不律令令　　令谨道张游卿

E. P. S4. T2:53A

□

到□到到□□到到已到北到北部□□□

□饭饭□到北部

E. P. S4. T2:53B

(4) 令令令令　　　　　　　　D2388A

(5) 敢敢敢敢敢敢敢言之之之　214·45　A8(破城子)

(6) □□欣伏□言之之移　　　E. P. T51:83B

(7)　　事敢言之之之敢言之谨使　E. P. T52:286

(8) 始建国天凤六年三月丁酉第十候长敢言之之之之之之之旦今旦　　　　　E. P. T59:333

(9)　　教教教教教　　　　507·2A　A8

(10)　　各行行法法法　　4·13B　380　A8(破城子)

(11) ……□掾史治……　刺史治所

　　将□　传舍以邮行行行其传舍以邮行

24·3　A8(破城子)

(12) 居居

居居居

居居居居　　　　　　　E. P. T48:130B

(13) 以以以以以以以以以以以以以以以以以以以以以以以以以以以以以以以

45·10B　A8(破城子)

(14) 建初初初建言言言为言为言言为言

552·1　A27(查科尔帖)

(15) 承诏诏　　　　　24·8B　A8(破城子)

(16) 使使拜拜　　　　　　　265·16B　A8(破城子)

(17)　教教教教教　　　　　507·2A　A8(破城子)

(18) 光光

　　■永光二年　　永光二年八月八月

　　　光光　永　　　　　　　　　　E. P. T51:163A

(19)　永光二年　光　光　光

　　　状　地　掾利　亲

　　　敢言之持再拜请　再　　拜再　E. P. T51:163B

(20)　史史　令史　史史　史史

　　　　　　　　　　　　　　158·12　A8(破城子)

(21) 史史史史　　　　　　　　　　E. P. T49:53B

(22)　簿共簿簿簿簿簿日　　479·14　A8(破城子)

(23) 大煎都始建国天凤元年十月凤尽尽尽十二月己巳
兵簿簿簿簿　　　　　　　　　　D187

(24)　守守守守守　　　　　67·12　A8(破城子)

(25)　□□公当云何乎宁可□□□□前惠

　　　□□惠现忍人□反少□弓已几万□　E. P. T49:89A

　　诉叩头言/

　　季元　　　　　　　　　　　　E. P. T49:89B

这里列举了将近 30 个例子,就是为了弄清以上习书的倾向。首先,可以指出的是,其中没发现上文习书简分类中的Ⅰ类——为记住不认识的字、反复练习相同文字的习书。另外,练习的文字也不是特别的难字,而是简单且经常使用的字,其中包括:"敢言之"、"言"、"令"、"史"、"教"、"守"、"以"等等文书惯用语中的常见字(图 3)。简(12)的习书文字是"居延"书记官所属机关名称中的"居"字(图4);简(14)、(18)、(19)是年号的习书和"年"的悬针习书(图5);简(11)所写的是传送文书时"以邮行""以亭行"等递送方法的表记文字(图6)。这些字的练习,决非为记忆生字而写。同时,我也不认为这些简札属于Ⅲ-ⅰ类——以写出漂亮文字为目的习书。为什么这些习书集中于特定的文字和行政文书中特定的关键词呢?与前文关于悬针的考察相同,我认为,即使从习书的倾向性来看,那也不是为写出漂亮字体而做的努力,而是为了磨练一种有效强调行政文书中特定文字的技巧,换言之,它们属于Ⅲ-ⅱ类,即以学习特别书法为目的的练习。

Ⅲ-ⅲ类旨在练习特别的字体。木简中的所谓"特别字体",主要是草书。除此之外,以下几种情况,既不能归入练习的范畴,也不属于"随意写下的"的涂鸦。

第一,开始撰写文书的时候,首先要对墨色、运笔进行尝试,即所谓"试写"。习书简中,应当包含有这种可能性,但是试写和以学习为目的的习书之间有什么区别,目前仍不得而知。

第二是草稿。虽然称之为草稿,但并不以将其作为副本留存为前提,它们是誊写必要内容前,粗略写下的、并不打算保留的那类东西。上文所举的(25)是否属于此类呢(图7)?其内容现在还不能理解,稚拙的隶书和无法判读的草体潦草地排列在一起,既不是练习字体的习书,也不是规范的草稿。不过,值得注意的是,其中有一种类似草书的字体,它不是草书体的练习笔迹,而是仓促之间写下的,故而决非力求美观的那种正式草书。下文转换话题来探讨一下草书。

第二章 字体、书法、书法艺术

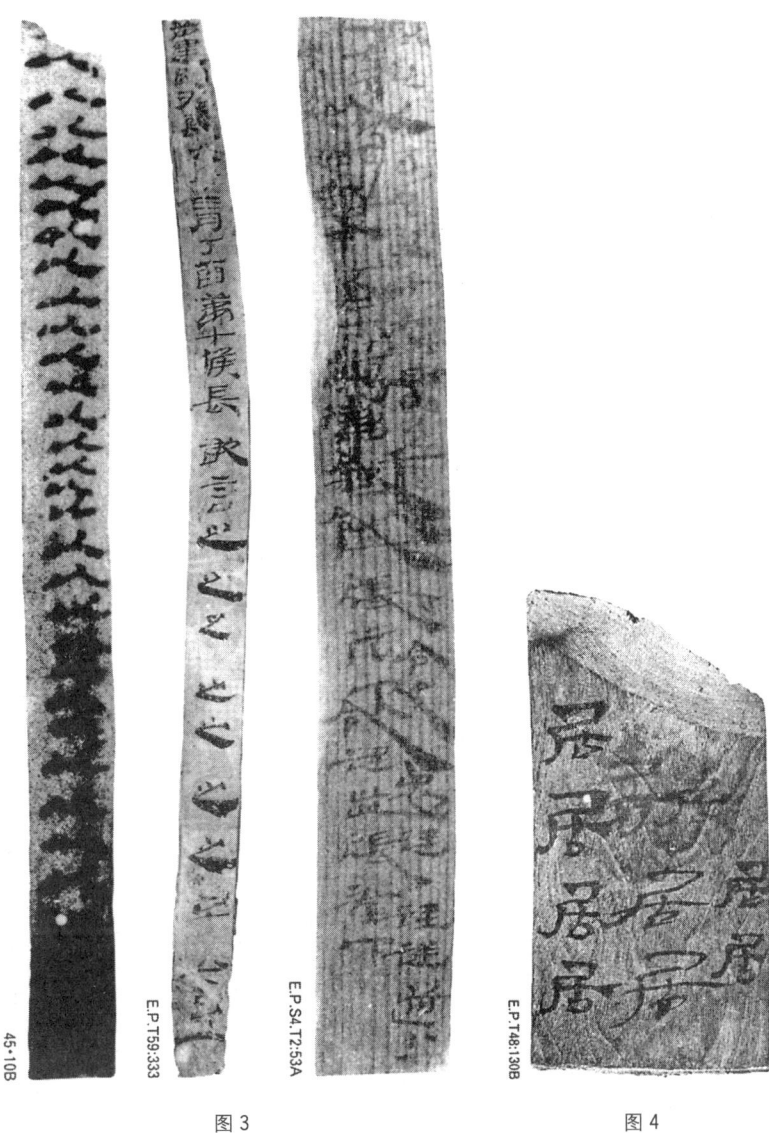

45·10B
E.P.T59:333
E.P.S4.T2:53A
E.P.T48:130B

图3   图4

文书行政的汉帝国

图5　图6　图7

3. 木简中所见草书

居延汉简、敦煌汉简中不仅仅有隶书,也包含着为数不少的草书。可以确切地说,作为正本提出的文书、账簿,是用隶书书写,在适当的位置也点缀着波磔和悬针。草书的确像赵壹所说的那样,是匆忙下笔而产生的速成文字,不能称得上是字体,简 E. P. F22:82、简 E. P. F22:56A/B 一目了然地反映出这种情况。

E. P. F22:82(图8)隶书的部分,是城北候长匡向上级机关甲渠候官递送的关于属下队长病情的报告书(病书),甲渠候官受理、保管该报告时,留下"今言府请令就医——已经向都尉府联络请医生诊治"的笔记,笔记字体为草书。

E. P. F22:56A(图9右)是居延县令向甲渠候官发出的人事变更的清单,其背面 E. P. F22:56B(图9左)有草书字样的"甲渠此书已发——甲渠候官开封此文书,并向相应机关发送",这也是作为附注而匆忙写下的。

507·2A(图10)是"教"的习字。练习者由草书向隶书练习。通常来说,正字向草书转化,工整向潦草发展。反其道行之,则包含着一种试图写出规范字体的意向,因为草书终究是行笔匆忙的字迹。继而猜测,起初的草书"教",可能属于前文论述习书简时提到的试写。

E. P. F22:151A、B(图11)和 E. P. F22:144—150(图11)是系列文书,但 E. P. F22:151 是发送来的文书的原件,E. P. F221:144—150 是就此回复上级机关的文书副本。比较两者可以清楚地知道,与 E. P. F22:151 规范整齐的隶书相对应,另一方则是隶书和草书的混合字体。后来被称做"草隶体"的字体也是这种混

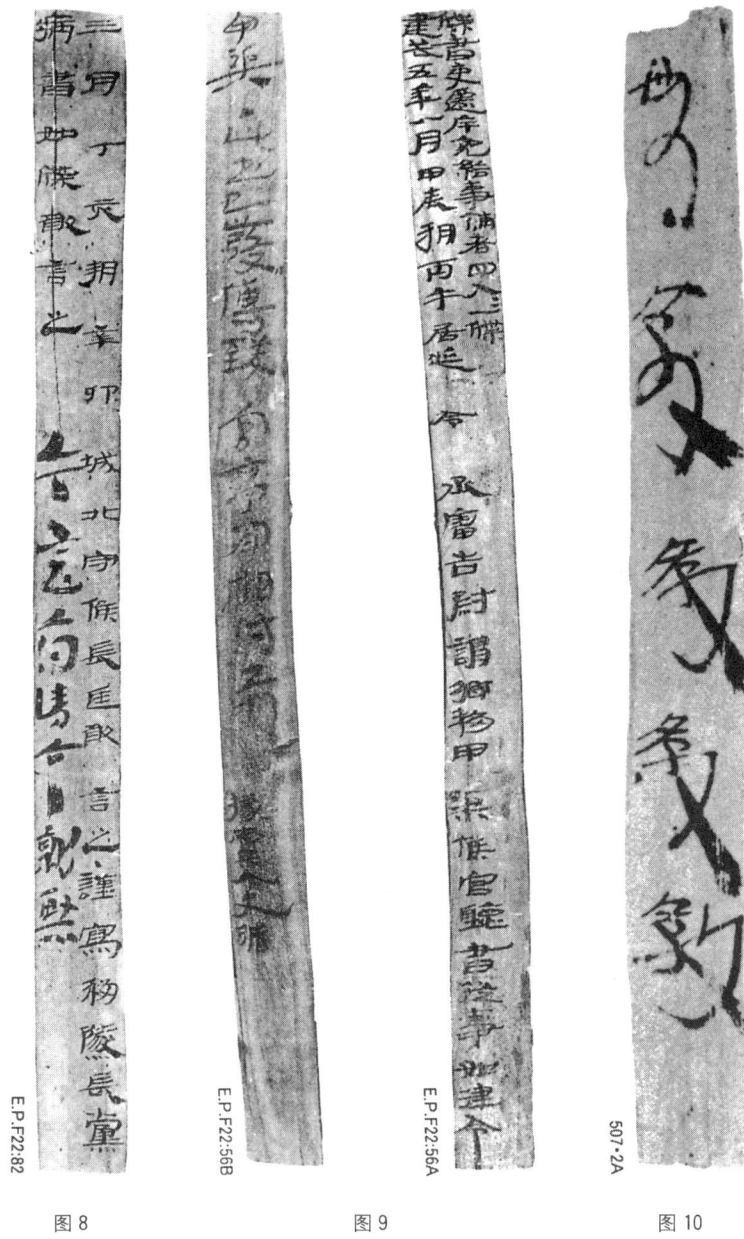

图 8　图 9　图 10

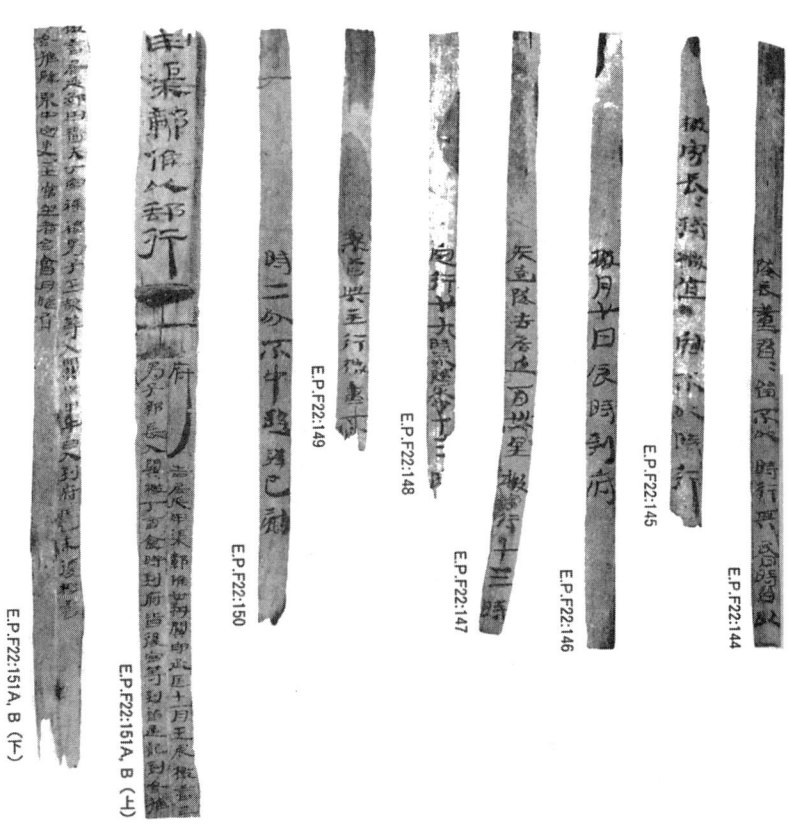

图 11

合体。但是，必须指出的是，与追求审美价值的"草隶体"不同，这里的混合字体终究还是行笔匆忙的产物。① 根据以上的例子，草书简最初不过是因急忙抄写，打破隶书的规矩而形成的草率字体，从中看不出努力写出漂亮草书的意向。

---

① 这里要补充的是，副本并不都是草书。严格说来，即使同样是副本，也分为两种情况。第一种情况下，副本最初即是专门制作的；另一种情况下，首先完成两份同样的文书，传送其中任何一封，而另一份则作为副本留在手头。后者是制作文书的一般方法。E. P. F22:38A、22:50A、22:51A 便可证明这一点。当然那是一般情况，E. P. F22:126—150 则是作为副本抄写的，因为被发出的文书写在多面体的檄上。

E. P. T59:340A、B 正面(图12右)是写着"富贵里宜候主"的隶书习书,与此相对,其背面(图12左)是"杨"字的草体习书。草书不是史书,草书的"杨"也不是文书的常用句,这种练习纯属个人行为,难道不能将其视为一种艺术的尝试吗?

三、从行政文书到书法艺术

在此重新思考一下"史书"的意思。"史",即令史,也就是书记官。书记是撰写文书的下级吏员,负责抄写由上级机关下发的指令公文,向下级机关传达,并完成发往上级机关的报告文书,任何场合下都要撰成原本和副本。书写工作还包括制作账簿、记录行政活动等等。文书行政的实施,的确在很大程度上取决于书记官的工作模式,但是行政文书的规格则有统一的体裁。不仅仅是文书格式,字体也有严格规定。

第一章介绍了张家山汉律的史律,文中论述了与史书相对应的"卜书"一词。适应占卜需

图12

要的书法便是"卜书",但之后所谓八体(六体)的字体种类中,没有发现与卜书密切相关的字体。同样,还有与行政文书相对应的书体。适度使用悬针和波磔,用隶书写出的独特书法(它不单是字体,也是与书写物相切合的独特书写方法,故而称为"书法"更为恰当),这就是所谓"史书"。隶书并不等同于史书。"史书——令史(书记官)的书法",应该指的是一种适用于隶书体行政文书的书法,一种能够给文书整体视觉效果赋予权威性和公信力的书法。制作此类文书的卓越技巧,不正是文献中所说的"善史书"吗?

此外,悬针、波磔集中于某些特定文字或文书中的关键字,但是,是否使用悬针的书法便由书写者决定了。文书中哪个字用悬针或波磔?在与其他文字寻求平衡的同时还要兼顾到文书整体的视觉效果?这些都与书记官制作文书的技巧有关,这其中卓越的技巧便是"善史书"。

这样看来,"善史书"似乎包含着擅长书法艺术的语义?然而,我对此持否定态度。毕竟,史书是一种技术性的书法,书写者并没有创作书法艺术品的意向,行政文书本身与书法艺术也没有直接的关联。那么,书法艺术从何而来?又是在什么样的背景下产生、发展的呢?或许可以说,书法艺术产生于秦汉时代文书行政的边缘,它是文书行政发展过程中诞生的副产品。

书法艺术诞生的一个重要原因是东汉时期石碑造刻之风的盛行。这种风潮自"草书"、"隶书"等名词出现的公元1世纪前后变得愈加显著,之后进一步趋于隆盛。石刻以皇帝诏书等公文书的凿刻为开端,不久则转变为私人颂德碑的制作,石碑数量也随之激增。石碑的制作,已经不再需要考虑那种旨在赋予文书权威性的特殊书法的运用。命令被赞同与调和所取代,其期待的效果更应是吸引众人目光,而非传达威权力量,故而字体和书法必须拥有引人注目的魅力,在这一节点上,我们可以看到行政文书性书体向艺术性书体的转换。在此还需指出,东汉石碑中的文书碑上可以看到悬针技法,而个人的颂德碑中并没有。

书法艺术诞生的一个要因,可以从草书的特质上探讨。草书最初是以快速书写为目的、打破隶书的规范而出现的潦草字体。然而,不久之后,草书便被认为是具备艺术价值的字体。这也不正是因为草书之中蕴含着艺术因素吗?

我认为,平面上描绘和书写出来的东西能够具备审美价值,很大程度上取决于如何使这种平面的作品带有一种立体感。在书法艺术中,首先,可以借用线条的粗细和浓淡对文字进行三维的表现。其次,使文字具有跃动感和运动性,也能达成一种立体效果。而草书的确能够发挥这样的作用,而且这还影响到隶书。一方面,草书渐渐成为独立的字体,草书的艺术价值也得到认可。另一方面,旧有的行政文书的字体(隶书)则被视为与草书对立的字体,这时,隶书也具备了艺术价值,与碑文中的具有跃动性的草书八分体形成对照,隶书追求一种规范工整的字体之美。这也就是字体的相对化,书法艺术也由此确立。

假如没有对行政文书的视觉价值的追求,东汉的石碑艺术难以盛行,而草书也难以发展成为一种具有艺术价值的独立字体。

第1节列举了三条言及"善史书"的史料,它们都是对下级吏员的书写技巧的叙述,另外,文中也隐含着一种对于擅长史书者的负面评价。从史料①到史料③,时代上跨越了武帝到宣帝,大致相当于西汉中期。随着时代变迁,从西汉末期到东汉,"善史书"的评语也与皇帝和皇后联系起来,变成了一种认可和赞赏的评价。

④ 赞曰:"臣外祖兄弟为元帝侍中,语臣曰:'元帝多材艺,善史书,鼓琴瑟,吹洞箫,自度曲,被歌声……'"

《汉书·元帝纪》

⑤ 后聪慧,善史书。自为妃至即位,常宠于上。

《汉书·孝成许皇后》

⑥ 恭宗孝安皇帝讳祜……年十岁,好学史书。和帝称之。　　　　　　　　　　《后汉书·孝安帝纪》

⑦ (和熹邓皇后)六岁能史书。十二通诗、论语,诸兄每读经传,辄下意难问。　《后汉书·皇后纪·和熹邓皇后》

⑧ 楚主侍者冯嫽能史书,习事。尝持汉节为公主使,行赏赐于城郭诸国。敬信之,号曰冯夫人。　《汉书·西域传》

⑨ 顺烈梁皇后讳妠,大将军商之女,恭怀皇后弟之孙也。后生,有光景之祥。少善女工,好史书。九岁能诵论语,治韩诗,大义略举。　　　　　《后汉书·顺烈梁皇后》

⑩ (敬王)睦能属文,作春秋旨义终始论及赋颂数十篇。又善史书,当世以为楷则。　《后汉书·宗室四王三侯列传》

⑪ 乐成靖王党,永平九年赐号重熹王。十五年封乐成王。党聪惠,善史书,喜正文字。《后汉书·孝明八王列传》

⑫ 帝所生母左姬,字小娥……小娥善史书,喜辞赋。

《后汉书·章帝八王传》

上书④到⑫涉及"善史书"的史料,网罗了西汉后期到东汉的事例,均非否定性评价,无一例外。这些史料反映出,善史书已经不再是下级官员追求的技能,转而变成了一种必备教养。史书也不再是应对行政文书需要的特别字体,而专指那些具有审美价值的隶书字体。史书的变化可以概括为：从"符合行政文书要求的字体"转变为"用于行政文书，并且得到推广的隶书"。

随着文书行政的发展，书法艺术从文书行政边缘诞生出来。此外，"隶书"、"草书"等字体名称形成于东汉初期，与书法艺术相伴相生。这便是本文的结论。

小　结

我自己没有做过书法艺术的实践，也不了解书法的世界，故而没有资格谈论艺术。以下的问题，虽不知设问是否妥当，但从简牍研究的角度，仍有提出的必要。

木简、竹简，特别是居延汉简和敦煌汉简，是下级书记官撰制的行政文书，简牍上的草书则是匆忙之间写下的笔记文字。不仅是草书，即便是隶书文字，书写者有无写出优美字体的意识？有无把美观的字体作为范本的意识？笔者的回答是否定的。在本章的开头，我已列出了书法艺术成立的两个条件：书写漂亮文字的主观美学意识；模仿漂亮文字的客观美学意识。这意味着，在隶书、草书等字体还未确立的西汉时期，即居延汉简和敦煌汉简的时代，书法艺术尚未成立。

王羲之书法的艺术性被给予很高的评价，对其作品进行临摹练习，希望写出与王羲之的书风相似的书法，这正是书法艺术的实践。王羲之自己就是文字之美的追求者和创作者，而同时代的人们也对其称赞不已并且努力模仿。

然而，木简的书法又是如何呢？上文已经反复说过，居延汉简的文字，是下级官员的机关公文，他们并不拥有艺术自觉或者艺术志向。在这种环境下所写的字体，果真能够成为书法的范本吗？的确，简牍文字中偶尔出现的那种优美的运笔、强劲的笔势、锐利的线条，是人们所称道的，对此我可以理解。然而，那终究是自然生成的无意识的美，将其作为范本与临仿王羲之的书法还是不同的。临摹优秀书法家的作品，既是对其所写文字的艺术性的一种体悟，也是对书写者精神思想世界的一种瞻视。

另外，本文还提到，悬针、波磔是文书的书写技巧，旨在为文书增添威严的感觉。以此推之，对于悬针的临仿不就成了对于震慑性书体的临仿了吗？难道书法家想要营造那种悬针所具有的震慑效果吗？汉字是表意文字，字体也与这种表意性有关，书法艺术亦难以游离于汉字的表意性之外。换言之，文字包含着字义，字体呈现出字义的表象，在与这些因素毫无联系的境地，书法艺术能够找到自身的居所吗？在此，我们遇到了一个根本性的问题：书法艺术究竟是何物？

第三章　行政文书的格式和惯用语

引　言

　　本章主要考察行政文书的惯用语、交付检上的题写辞句、文书作成之时的署名以及文书副本等等内容。

　　首先要讲到惯用语，特别是文书结束处所用的语句。目前有研究者指出：这些语句都有着特别的意义，不同的文书种类，对应着不同的结束语句。如果是这样的话，结束语句也就会决定文书的特征和类别。果真如此吗？让我们重新进行一番思考。

　　检上题写的是收信者、传送机关、传送手段等信息，从中又会派生出诸如文书以什么形式传送出去、传送文书中是否有普通件和加急件的区别之类的问题。

　　文书是由史作成的，史既是账簿的制作者，也是传送文书的执笔者。然而，文书的发出者并不是史本身，而是机关首长或机关责任人，史只不过是发信者的文书代笔人而已。不过，这里有两点需要留意，其一，是发信者亲笔签名的有无；其二，行政文书必须备有副本，这个副本实为誊本，要弄清它是文书受理之时的誊本，还是文书发送之时的誊本。

　　关于史撰制文书的状况，以前就有学界前辈论及，但大多并非专题性的论述,而且与我自己的思考方向也未必一致。不过,在此需要事先说明,同时也感到遗憾的是,本章只是试论,因为手头缺乏决定性的论据,故而终究留有模糊不清的部分。毕竟那些均是汉代当时行政文书的习惯用语以及特殊的文书用语,已经无法通过文献史料进行考证了,另外,当时负责人之间的通用语、传送手段等等,也未必会随着时代的变迁都被继承下来。

一、惯用结束语

1. "如律令"等

在命令文书、卜行文书中有以"如律令"三个字作为结束语的,有时还有"书到,如律令"的语句。

1. 永始五年闰月己巳朔丙子,北乡啬夫忠敢言之。义成里崔自当自言为家私市居延。谨案,自当毋官狱征事,当得取传。谒移肩水金关、居延县索关,敢言之。

闰月丙子,觻得丞彭,移肩水金关、居延县索关。书到,如律令。掾晏、令史建　　　　　　　　　　　　15·19

2. 元延元年十月甲午朔戊午,橐佗守候护移肩水城官。吏自言责啬夫莘晏如牒。书到

验问收责报,如律令。　　　　　　　　　506·9A

3. 建武三年四月丁巳朔辛巳,领河西五郡大将军张掖属国都尉融,移张掖居延都尉。今为

167

都尉以下奉各如差。司马、千人、候、仓长、丞、塞尉、职间都尉，以便宜财予从史、田吏。如律令　E.P.F22:70

4. 建武四年□□壬子朔壬申，守张掖▨

旷、丞崇，谓城仓、居延、甲渠、卅井、殄北，言吏当食者先得三月食，调给

有书，为调如牒。书到，付受与校计同月出入，毋令缪。如律令。　　　　　　　　　E.P.F22:462A

简1是觻得县丞接到来自北乡啬夫的旅行证书发放申请之后发行的证书；简2是橐佗候官发送给肩水候官的催缴债务的文书；简3是张掖属国都尉窦融发行的关于支付俸禄的下发文书；简4是张掖居延都尉旷下发的关于所辖各候官食粮供给的精算与调整的通知。这一连串的文书的结尾都写有"如律令"三个字，以前关于这三个字，曾有"按照律令条文执行"、"与律令相同"等等解释。不管是采用哪种解释，都会产生如下疑问：

简文1到4的内容，和"律令"有着怎样的关系？如果是"按照律令条文执行"的话，那么相关律令条文是什么内容？如果是"与律令相同"的话，具体什么与律令相同？下行文书的效力或权威与律令具有同等的约束力吗？而且，这里所谓的"律令"是指刑罚法规的"律"呢？抑或是皇帝命令的"令"呢？如果是编成序列的法规条文或皇帝命令，那么究竟是哪条"令"？我们不得不说，"律令"这两个字实在太笼统，让人捉摸不透它到底依据的是哪个具体准则。

如果将考察范围扩大开来，会发现更多的含糊不清之处。我

第三章 行政文书的格式和惯用语

们经常可以看到,在"如诏书律令"、"如太守府檄书律令"、"如大将军莫府书律令"、"如太守府书律令"、"如太守都尉府檄书律令"等语句中,在"如"和"律令"之间还加有"诏书"、"大将军莫府"、"檄书"、"太守府"、"太守都尉府檄书"等语句。① 虽然"律令"、"檄书"、"大将军莫府书"、"太守府书"以及"诏书"等等的确是下发文书,但是每种文书的性质、功能都不一样。将这些相互结合起来看,则有些令人费解。倘若把"如"字解释成"按照条文执行"的话,那么不同类型的檄书、太守府书、律、令、诏书都有着相同的规定和条文吗?如果是"与律令相同"的话,功能各异的各种文书与法令又怎么能够一致呢?

5. 十一月丁亥□□□大保□□以秩次行大尉事,□□下官县丞,(承)书从事……当用者,明白扁乡、亭、市、里显见处,令吏民尽知之。具上壹功蒙恩,勿治其罪人名,所坐罪别之。如诏书。 2000ES9SF4:1

6. 闰月丙申,甲沟候获下部候长等。丞(承)书从事,下

---

① 六月壬申,守张掖居延都尉旷、丞崇告司马千人官,谓官县,写移书到,如大将军
莫府书律令　　　　　　　　　　　　　　掾阳守属恭书佐丰
　　　　　　　　　　　　　　　　　　　　　　　　E. P. F22:71A
八月乙巳,敦煌玉门都尉宫谓玉门候官写移书到,如大守府
书律令/掾恩属汉昌　　　　　　　　　　　　　　　　　D1254
都尉事司马丞登行丞事谓肩水候官,写移檄到,如大守府檄书律令/卒史安世、属乐
世、书佐延年
　　　　　　　　　　　　　　　　　　　　　　　12・1C468、469
以从事失亡重事,它如大守都尉府檄书律令　　　　　　D1372
史大夫广明下丞相承书从事,下当用者,如诏书,〃到言
□郡大守诸侯相、承书从事,下当用者,如诏书,〃到明白布告☒
到令遣害郡县以其行止□,如诏书律令,书到言/丞相史☒
下领武校居延属国部农都尉县官,承书☒　　　　　　　65・18

169

当用者。明白扁书、亭、隧显见处,令吏卒尽知之。具上壹功蒙恩勿治其罪者,罪别之。会今。如诏书律令

2000ES9SF4:2

简5和简6是有着大致相同内容的下发文书。简5的结束语句为"如诏书",而简6则为"如诏书律令"。的确,原意是说"本文书与律令、诏书以及太守府等的上部机关下发的命令书是具有同等效力的,因此,必须要郑重地对应处理"。事实上,在这个环节,个别语句的原意早已升华,仅仅是包含了"遵照以上所言执行"语义的惯用结束语句而已,笔者认为,正因为如此,具体表达上才会呈现出多样性。

我想,无论是"如诏书"这样的比较常见的用语,还是"它如○○"这样的加上了"它"的结束语,其含义都应该是一样的吧。

7. 九月戊寅甲渠候　以私印行事。告塞尉,写移书,书☑

吏功,毋失期。它如府书律令/令史胜之、尉史充国

E.P.T57:48

8. 以从事。失亡重事。它如大守都尉府檄书律令

D1372

作为文书结尾的用语,"它如"可以成为决定文书性质的关键词。再将"它爰书"联系到一起考虑,"它爰书"是指爰书本身呢?还是指其他事项载于爰书?但是,如果是将其视为惯用语,或者视为像"如诏书"那样的惯用结束语的话,就必须灵活考虑"它如……"的语义,而以这种句式来对文书分类进行考察之际,也要

十分慎重。①

2. "毋以它为解"、"毋忽"、"以急疾为故"

文书结尾惯用语还有"毋以它为解"、"毋忽"、"以急疾为故"。

  9. □□月癸卯,官告第四候长,记到,驰诣官,会
    毋以它为解,急如　董云叩头,唯卿幸为持具簿奉赋□
      □　　113·12A

  10. 四月戊子,官告仓亭隧长通成,记到,驰诣府,会夕,毋以它为解,急〃□
  教　　　D1065A(图1)

  11. 亭隧第远,昼不见烟,夜不见火,士吏、候长、候史驰相告,无燔薪,以急疾为故
      D2079

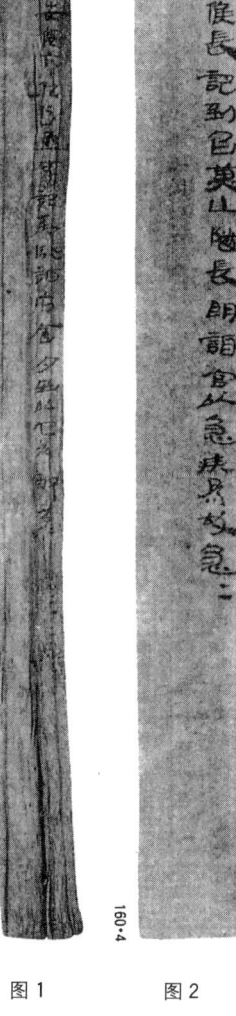

图1　图2

---

① 就"它如府书律令"、"它如大守都尉府檄书律令"而言,无论将其解释为"上述内容为太守府的文书、律令"、"以上为太守、都尉府的檄书、律令",还是将其解释为"其他事项见于太守府……律令",由于都是列举了若干不同机关的文书和律令,其具体所指并不清楚。考虑到这是惯用语句的表现形式,可能其中列举的多种文书并无严格的意义,而且这种惯用句有时加上"它"字,有时则不加"它"字。这种推断应该比较妥当吧。

171

12. 告第廿三候长,记到,召箕山燧长明,诣官,以急疾为故,急〃　　　　　　　　　　160·4(图2)

13. 莫府吏马驰行,以急为故　　　　　259·5A

14. 驰行,以急疾为故　　　　　E.P.F22:713

15. 毋忽如律令　会月十六日　　　　55·23

16. 禁止行者,便战斗具,驱逐田牧畜产,毋令居部界中,警备毋为虏所诖利,且课毋状不忧者,劾尉丞以下,毋忽。如法律令。敢告卒人、掾延年、书佐光、给事□　　12·1B

"解"是辩解的意思,"忽"意为疏忽大意,"以急疾为故"是"将快速传达信息作为职责"的意思。它们有时以类如"毋忽如律令"之类的表现形式,与其他的惯用句相结合。意为"务请照此执行",并没有附加其他特别的具体语义。①

"急疾"与"毋忽"的语义取向是一致的。"为故"是"作为任务"、"作为要事"的意思。② 我们认为,"毋忽"、"毋忽律令"、"以

---

① 鹰取祐司:《漢簡所見文書考》,《辺境出土木簡の研究》,朋友书店,2003年,第138—140页。鹰取在文中非常详细地考证了"如诏书"、"如律令"、"毋忽如律令"之类惯用句的意思。关于"毋忽",他引用了"真官到有代罢毋忽如律令"(E.P.T65:73),并解释为"真官到任交接的时候,辞去兼官一事不可疏忽",这样的解释并不十分贴切。鹰取认为,"毋忽"后面加上"如律令"之后,就有了"如同执行律条一样不可疏忽"的意思了,而且"如律令"应理解为训示的语句。

如果综合考虑各种惯用语句所关联的语义,就可能会像鹰取那样展开论述,但是,笔者认为这里应做更灵活的理解,"毋忽如律令"只不过是惯用结束语,上面那句话应该解释为"真官到任的话,就进行交接、罢免的工作。以上内容务请执行"。

② 《汉书·礼乐志》:"至文帝时,贾谊以为:'汉承秦之败俗,废礼义,捐廉耻,今其甚者杀父兄,盗者取庙器,而大臣特以簿书不报,期会为故'。"(师古注:特,但也。簿,文簿也。故谓大事也)

急疾为故"等这些惯用语的意思早已偏离了原来的词语意义。在这种认识基础上,我们来确认以下两点:

首先,"以急疾为故"以及其略语"以急为故"有时也写在封检之上。就像上文的简13、简14所表明的,它们是文书结束处的惯用语句,也写在检面上,而且这里并不含有与传送相关的特殊语义。换言之,"以急为故"的检面表记并不是加急件的标记。

第二,"以急疾"、"以急"有时进一步省略为一个"急"字。这也就是部分文书结尾处的"急"、"急急"之类的结束用语。

图3

17. 左后部小畜狗一白,传诣
官,急　　　　74·6A(图3)
　　左后部小畜狗一白,传诣
官,急　　　　74·6B

10. 四月戊子,官告仓亭隧长通成,记到,驰诣府,会夕,毋以它为解,急〃□
　　教　　　　　　　　　　D1065A

12. 告第廿三候长,记到,召箕山燧长明,诣官,以急疾为故,急〃　　　　160·4

173

这里结尾处的"急"、"急急"应是从"以急疾为故"之类的结束惯用语简化而来的。一个字"急",却有着唤起视觉注意的功效,同时,与其说这个字是个表意文字,不如说它是个符号化了的图像文字或图形文字,能够吸引读者的眼球、引起读者注意。

3. "有书"、"有教"

《汉书·朱博传》讲到,身为太守的朱博对下辖县(姑幕县)的治安文书事务进展迟缓感到气恼,于是在原来的文书上拟成檄文并口授给书记官,相关记载如下:

> 合下书佐入。博口占檄文曰:"府告姑幕令丞,言贼发不得,有书。檄到,令丞就职,游徼王卿力有余。如律令。王卿得敕惶怖,亲属失色,昼夜驰骛,十余日间捕得五人。"

朱博当着书佐的面,在头脑中拟就应该下发的檄书,并且口诵出来,这个情节非常有趣。朱博下发檄书中的"府告姑幕令丞,言贼发不得,有书。檄到,令丞就职,游徼王卿力有余。如律令"并非口头传达的口语文字,而是公文书面语。而且,其中还嵌套有简牍文书中的惯用语句,其中包括"府告"、"檄到"、"如诏书",以及我们将要论述的"有书"。

"有书"的原意应该是"关于此般事项,有相关的文书可资参照"。然而,从以下简牍文书所见用例来看,它已经偏离了原意,转而成为了文书中的一种符号,被当成是没有意义的惯用语来使用。

> 18. 官易檄有书,檄到,遣卒艾苇辄莫还持状诣官,易
>
> 101·30、173·17、260·3

第三章 行政文书的格式和惯用语

19. 元寿二年十二月庚寅朔戊申，张掖
居延都尉博、库守丞贤兼行丞事，谓甲渠鄣候
言候长杨褒私使卒并积

　　一日，卖羊部吏故贵，卌五，不日迹一日
以上。燧长张谭毋状。请斥免。有书。案褒
私使卒并积一日，燧长张

　　　　　　　　　　E. P. T59:548A

20. 月禄调给，有书。今调如牒。书到，
付受相与校计。

　　　　　　　　　　E. P. T65:50A

21. 等三人，捕羌虏斩首各二级，当免为
庶人，有书。今以旧制律令，为捕斩匈奴虏反
羌购赏，各如牒。前诸郡以西州书免刘玄及
王便等为民，皆不当行。书到，以科别从事。
官奴婢以西州

　　　　　　　　　　E. P. F22:221

22. 病泄注不愈，乙酉加伤寒，头通潘
瀝，四节不举，有书

　　　　　　　　E. P. F22:280（图 4）

23. 建武四年□□壬子朔壬申，守张掖□
　　旷，丞崇谓城仓、居延、甲渠、卅井、

图 4

殄北言。吏当食者先得三月食调给

　　　　　有书,为调如牒。书到,付受与校计,同月出入,毋
令缪。如律令

E. P. F22：462A

24. 建⋯⋯⋯⋯居延

　　　　□□□官奴婢捕虏乃调给,有书,今调如牒。书到,
卅并付受相与校计同月出入,毋令缪。如律令 E. P. F22：580

以上例子中共同的构文的特征是：以"有书"来分割文章,以"今⋯⋯"、"案⋯⋯"之类的文句承接下文。总之,到"有书"为止叙述的以前的事情就是"今"字以下行为的根据了。因此,"有书"具有区分文书前后内容的作用。一定要解释其含义的话,就可以理解成"关于⋯⋯的原由"、"⋯⋯的内容"、"关于⋯⋯"之类的意思。其中,简22是描述病症的病书检,以"有书"来终结文句,而这两个字与描述病状的文字是彼此独立的,这恰恰说明了"有书"具有一种符号化的作用。

冠以"有"字的词语中还有"有教",散见于简文。

"教"在《说文解字》三篇上被解释为"上所施、下所致（上层施令,下层执行）",另外,正如"天子之命令曰诏,诸侯之命令曰教"（《独断》）、"教,令也"（《淮南子·主术训》"不言之教"高诱注）中描述的那样,"教"即为命令、训诫,而"教导"、"引导"之类的含义,则是朝儒教方向的语义延伸了。至少,行政文书中的"教"字,一定是"教令（命令）"的意思。在汉简中,"教"字会改行大写,或者会用悬针笔法书写,和"令"、"制"、"诏"相同,都是旨在将命令的

权威性在视觉上表现出来。

25. 四月戊子,官告仓亭隧长通成,
记到,驰诣府,会夕,毋以它为解,急
〃□
　　教　　　　　　　D1065A

26. 具,会夕。毋忽,有教
　　　　　　E. P. T52:572

27. 府告居延甲渠卅井殄北鄣
候。方有警备,记到,数徇行,教敕吏
卒,明蓬火,谨候
　望,有所闻见,亟言。有教。
建武三年六月戊辰起府
　　　　　　E. P. F22:459

28. 官告吞远候长党。不侵部
卒宋万等自言,治坏亭,当得
　处食。记到,廪万等,毋令
　自言。有
　　教　　E. P. T51:213A(图5)

29. 十二月甲辰,官告千秋隧
长。记到,转车、过车
　令载十束苇为期。有教 D1236A

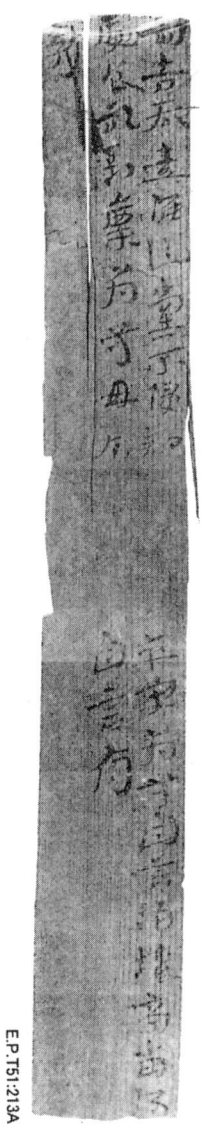

E.P.T51:213A

图 5

"有书"置于文书中间,其功能如前所述,是带有"……的内容"、"……的事"语义的常用语。关于"有教"的作用,根据简 27 "有所闻见,亟言。有教"、简 28"毋令自言,有教"等例句来看,它是文章结尾的常用语句,承接前面讲述具体命令的语句,与全文内容没有直接的联系。可以将之解释为"此为命令"、"如是执行",其性质与"如诏书"、"如律令"、"毋忽"相同,属于一种在视觉上凸显命令的绝对性和文书的权威性的结束语。

"有教"有时也以"有某教"、"某教"的形式出现。延熹二年张景碑是一通雕刻成石碑的文书,其上就写有"府君教"。

府告宛。男子张景记言:府南门外劝农土牛,□□□□

调发十四乡正,相赋敛作治。并土人、犂耒、茆蓸屋,功费六七

十万,重劳人功,吏正患苦。愿以家钱义作土牛、上瓦屋、欄楯、

什物,岁岁作治。乞不为县吏、列长、伍长征发小繇。审如景言。

施行复除,传后子孙。明检匠作务,令严,事毕成言。会廿□。

府君教。大守丞印。延熹二年八月十七日甲申起□。

八月十九日丙戌,宛令右丞憎告追皷贼曹掾石梁。写移□

遣景,作治五驾瓦屋二间、周欄楯拾尺。于匠务令功坚,奉□

毕成言。会月廿五日。他如府记律令、　　　掾赵述

在上文中，我们可以看到"府君教"，还有"他如府记律令"，"府君教"与"府记"同义①，或者说，文书结尾的"府君教"可以理解为"府记"。JP②的确，文书中存在这样一种松散的关联：以"府告"、"府记"等用语开头的文书，以"府君教"作为结束语。然而，笔者认为，以"府告"开头的文书未必要用"府君教"与之对应，两者之间未必存在固定的格式关联。"记"和"教"的关系也是如此。一般来说，"记"之后的结束语比较多用"毋以它为解"、"有教"、"以急疾为故"之类的语句，而"书"之后常用"如律令"作为结束语，这种用语倾向是不能否定的。但是，我们如何考虑"府记律令"、"府书律令"、"毋以它为解……如律令"等若干变化了的表现形式呢？事实上，其间未必有严密的统一性和相关性，我们发现的某些语句对应关系，也仅仅限于笔者刚才所说的"松散的关联"、"用语的习惯性倾向"这种程度吧。③

以下是一件东汉时期随葬于冢墓的传世买地铅券，内容如下：

---

① 《汉代石刻集成》本文编"张景碑"注(19)、(23)。
② 参见鹰取祐司《漢簡所見文書考》(《辺境出土木簡の研究》，朋友书店，2003年，第142—143页)。另外，鹰取指出，在汉简中也可看到"府君教"：

府君教　　敦煌长史印　　元嘉二年九月廿日丁酉起　　　　D1447

论证过程中，鹰取还举出"有将军令"这一结束语。我认为，它并没有"都尉府将军命令"这样的具体含义，只是作为结尾的强调语句加上去的。
③ 有一种流行的观点认为，"记"是一种公文的目录。但是，笔者对此表示怀疑。"记"真的是与"制诏"、"劾"、"传"等特定文书并列的文书形式吗？假如这样的话，那么"书"这种文书也肯定存在了，另外，"檄"这种文书也一定存在。笔者认为，"记"与"太守府书"、"将军檄"一样，并不是严格按照功能、用途所划分的文书类别，而是在通知、命令、记录等粗略框架下的大致归类。应该认识到，由于"记"是一种粗略的归类，故而用"记"的场合、"记"的定义以及与"记"相关的文书用语都是相当宽泛的。

延熹四年(161)九月丙辰朔卅日乙酉直闭。黄帝告丘丞、墓伯、地下二千石、墓左、墓右、主墓狱史、墓门亭长,莫不皆在。今平阴偃人钱芡富里钟仲游妻,薄命蚤死,今来下塋。自买万世家冢田,贾直万九千,钱即日毕。四角立封,中央明堂,皆有尺六桃卷、钱布鈅人。时证知者。先□□曾□□□。□□□□□。自今以后,不得干□□人。有天帝教。如律令。

(铅《贞松堂集古遗文》卷15)

这是面向冥界拟制的土地买卖契约。结束语中除了有"如律令"之外,还写着"有天帝教"。"有天帝教"明显与"有教"的词语作用相同,另外,这里同时使用了"如律令"和"有教"。在现实生活中的文书里,这两个用语都是区别使用的,然而在这份冥界文书里,却以这种形式同时出现了,这也从侧面证明惯用语之间的对应关系是相对松散的。

就冥界文书和咒符文书而言,随着时代的变迁,"如律令"演变成了"急急如律令"、"如天帝律令"等表达形式。"急急如律令"这个固定用语是由"以急疾为故,如律令"、"毋以它为解,急急"变化而来的惯用表现形式,不言而喻,其语源可以追溯到简牍文书的惯用语。

面对以上表现形式各异的行政文书结束语,如果严格解释词汇本身的意思,并在此基础上讨论文书的性质、种类等的话,有可能会走入一个误区。那么,这些语句到底有什么样的意义呢? 抑或可以推测它们仅仅是无意义的符号化的文字,但笔者并不这么认为。

假设一篇文书中没有这样的惯用语,那么此类文书就会变得与其他文字记录别无二致,或者会沦为一种平板化的、无凸无凹

第三章 行政文书的格式和惯用语

的东西。事实上,惯用语展现出了公文书的独特性,它们能使公文书具有威信力量,还能使公文书拥有不可欠缺的统一性。进一步来说,将这样的惯用语嵌套在文书各处,可以产生视觉上的警醒效果。公文书的视觉效果,不仅取决于书写材料的样态,也取决于书写文书的样式。

二、文书的传送和惯用语

1. 检面表记与传送

在此,我们将首先考察检这种写明收信者的木简及其表记。

检分为两种:A. 有封泥匣的检;B. 无封泥匣的检。并且,我们能够依据检面的表记来进一步做如下分类:

Ⅰ 仅写有诸如"甲渠候官"等收信者(图6)。

(1) 以机关为收信者。

(2) 将某官职名、某人名署为收信者。

Ⅱ 附记有传送机关,例如:"甲渠候官以亭行"。

Ⅲ 附记有送信者、送信速度,例如:"甲渠候官　行者走"、"甲渠候官吏马驰行"。

我们首先需要考察的是 A 和 B,也就是封泥匣的有无。下面列举两个例子进

图6

行论述。

【封泥匣的有无与内检、外检】

30. 南书三封　十七　S

其一封居延都尉章诣张
掖□□□
五月戊辰临桐卒□□□受
□□卒明
一封居延丞印诣广地候官
鋪时付卅井卒□
一封居延塞尉印诣屋蘭

127·25

31. 北书五封　　夫人

其一封肩水仓长印诣都尉府
一封昭武长印诣居延　三月庚
戌日出七分吞远卒
一封觻得丞印诣居延
一封氏池长印诣居延　五分付
不侵卒受王
一封居延左尉印诣居延

317·1

上述两简都是在破城子（A8）甲渠候官遗址出土的邮书传送记录。南书是指往南投递的邮书，北书是逆额济纳河北上投递的邮书。这里需要注意的是，三封按压了居延都尉、居延丞、居延尉的封泥印的南书，其收信地址各不相同，分别为张掖太守府①、广地候官、张掖郡屋兰县。

另外,五封北书是按压了肩水仓长、张掖郡昭武县长、觻得县丞、氐池县长、居延左尉封印,发往居延都尉府或者是居延县的信件,北书的发信地址是张掖郡下属各县和肩水候官。

由此可见,由多个发信地发往多个收信地的文书都是由甲渠候官来审查的。这种审查仅限于记录这些文书的封印和收信地,甲渠候官并不打开写有收信人地址的文书的封泥,而只是誊写检面的信息和印章文字。不过,像"北书五封"、"南书三封"之类的文字一样,将文书集中在一起配送的话,一定会写明邮囊里装了何物,以及邮囊送往何处等信息。接下来,我们将复原文书传送的实态。

首先将零散的册书、邮件放入邮囊中包好,然后再系好附检并封印起来。在检面上要写明收信机关或者收信人。有多个邮件的时候,将他们集中放入一个邮囊里,然后另外附上写有收信人的检。总之,检面分为两种:一种附加在个别册书上(暂且称之为内检);一种附在收纳了传送文书的邮囊上(暂且称之为外检)。

---

① 发往张掖太守府的南书为数甚多,大都写作"诣张掖太守府"。

南书一封居延都尉章 ∽ 诣张掖大守府		49·33
	九月辛巳日入诚势北燧卒□□甲渠临木燧卒有人自	
南书一封居延都尉章　诣张掖大守府	□月卅井南界燧卒□付广地北界燧卒明北界□□	
	诚势北燧卅八里定行三时●五分□□	
	三十□□□	163·19
	十一月甲子夜大半,当曲卒昌受降卒辅,辛丑蚤食一分,临木	
南书一封居延都尉章　诣张掖大守府	卒□付卅井卒弘界中,廿八里,定行□程二时二分	317·27
南书一封居延都尉章╱　诣张掖大守府		E.P.T51:343

183

另外,在这种情况下,关于附加了外检的邮囊里能否放入文书之外的物品,尚无法判定。① 不过,根据邮书传达记录将檄书和封书并记在一起的情况来看,作为露布的檄书也可以放到邮囊里面,邮囊应该有能够包裹住檄书的尺寸。

外检和邮囊,要在诸如甲渠候官这样的邮书传送机关打开,邮囊中的内检要经过检查。如上所述,内检需保持原样而不开封,而附加了外检的邮囊则必须打开,所以外检没有封印的必要。另外,外检与内检的收信地址具有不同性质,内检上写的是各件文书的受领者的名字,而外检上写的是这个邮囊的最终送达地址。本来,邮送人员要在各邮书中转站里打开邮囊取出需要发送的文书,然后将剩余的文书送往下一个中转站去,这样的话,就必须写明应该邮送的机关或地址。另外,没有写明这种信息的邮囊,则无需打开,而是将其直接集中发送到一个机关去。

如果上述推测正确的话,那么不同书写格式、样式的附检的性质就不言自明了。首先可以断定,有封泥的检(A)就是内检,而没有封泥匣的检(B)就是外检。另外,上文所说的写有"以邮行"、"以亭行"的Ⅱ类检基本上是外检,而有封泥匣的Ⅱ(A-Ⅱ)类则可能附在单独配送的邮件上。"一事一封"、"一事集封"、"二事一封"等传递记录,应该是指使用一个加上封检的邮囊,而且不涉及多个发信地址和收信地址的文书传递。② 各邮、邮亭打开外

---

① 在邮书传递的记录中,没有发现将文书和武器等物品一起邮送的记录。不过,此类记录也许仅仅是有关"书"的传送记录。
② 候史徐辅迁补城仓令史即日遣之官移城仓●一事一封　十二月庚子令史弘封142・34
卅井移驩喜燧卒郑柳等责木中燧长董忠等钱谓候长建国等●一事二封　三月辛丑令史护封　　　　　　　　　　　　　　　　　　　　　　　　214・34
甲渠言士吏孙猛病有瘳视事言府　●一事集封　　　　　　　　　185・22
渠候长候史十二月日迹簿戍卒东郭利等行道贳卖衣财物郡中移都尉府二事二封
正月丙子令史齐封　　　　　　　　　　　　　　　　　　　　　45・24

囊,写下传送记录,同时取出应由邮、邮亭、燧受理的文书。

B-Ⅰ类检,即没有封泥,而且也没有写"以亭行"、"以邮行"的外检,其文书来自候官所辖各部,只是在所辖区域做短距离的传递,途中无邮站、邮亭这样的传送机关。

一些"以亭行"、"以邮行"的检上发现了在受领地点誊写的印记:

32.　　　居延丞印
　　　甲渠候官以亭行
　　　　□□□□□以来　　　58·29(图7)

33.　　　居延丞印
　　　甲渠候官以亭行
　　　　三月癸丑□□卒□□以来　　　279·11

34.　　　居延都尉章
　　　甲渠鄣候以亭行
　　　　九月戊戌三堆燧长得禄以来　E.P.T51:145

35.　　　张掖都尉章
　　　肩水候以邮行
　　　　九月庚午府卒孙意以来　　　74·4

36.　　　居延丞印
　　　甲沟候官以邮行
　　　　十二月辛□门卒同以来　E.P.T14:1(图8)

这些都是从居延县、居延都尉府发送到甲渠候官,或者是从张掖都尉府发送到肩水候官处的文书,并且其邮递行程超越了候官辖区,其间存在邮、邮亭等设施。①

关于只写有收信人的检,现在再稍微补充说明一下。如上文所言,Ⅰ类检可以分为署有机关名称的(1)和署有官职名或者个人名的(2)两种。其中,(1)又分为有封泥匣和没有封泥匣两种情况。就第(2)种来说,一般封印如下。这种检,也就是Ⅰ-(2)类检,应为内检,故而没有写明传送和传送方法。

37. 高仁叩头白记
　　甲渠候曹君门下　　　　　　　E. P. T40:7(图9)

38. 吴阳书再拜奏
　　甲渠候曹君门下　　　　　　　E. P. T40:8(图10)

---

① 除了"以亭行"、"以邮行"之外,还有"燧次行"的表记("以燧行"的表记不存在)。"燧次行"是以烽燧依次传递,此类检的数量比"以亭行""以邮行"少得多。以下10个例子都是没有封泥匣的。

笔者推测,按照笔者的分类,只写有收信者的检属于B-Ⅰ类,B-Ⅰ类也许减省了"燧次行"三字。

甲渠官燧次行	16・6
肩水候官燧次行	32・23
肩水□燧次行	288・32
三十井候官燧次行　丁巳戊午	458・1B
吞远候长□燧次行	E. P. T43:114
章□	
甲渠官燧次行	
□門	E. P. T49:75
封不可知	
甲沟官燧次行	E. P. T59:639
甲渠官燧次行	E. P. T59:813
甲渠官燧次行	E. P. T65:326
万岁东西部吞胡东部候长燧次走行	D2221

39. 侯义书叩头奏

甲渠候曹君门下　　　　　　E.P.T40:208

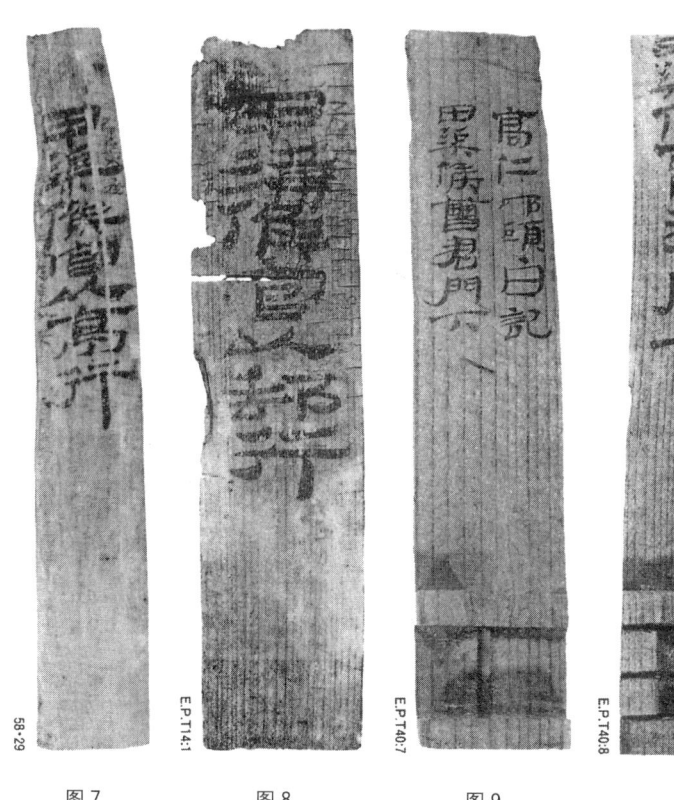

图7　　图8　　图9　　图10

2. "行者走"、"吏马驰行"、"马驰行"等

归类为Ⅲ的检是将传送人、传送手段写在收信者之后。如下例所示,其中会出现各种各样的惯用语,此类检有的带封泥匣,有的则没有封泥匣。

【行者走】

40. 甲渠候官行者走　　　　　　21·4A

41. 肩水候官行者走　　　　　　　　　　74·18

42. 甲渠候官行者走　　　　　　　　　E. P. T56:169

【吏马驰行】

43. 肩水候官吏马驰行　甲辰
　　　　　　十二月丙寅金关卒外人以来
　　　　　　　　　　　　　　　20·1(图11)

44. 驰行以急疾为故　　　　　　　E. P. F22:713

45. ……印
　　甲沟官吏马驰行
　　　　……以来　　　　　　　　E. P. F22:746

【马驰行】

46. 甲渠候官马驰行　　　　　E. P. T56:1(图12)

47. 甲渠候官马驰行　　　　　　E. P. T56:75

【急行】

48.　　张掖甲渠塞尉
　　甲渠官亭次急行
　　　　十月癸巳燧长尚以来　E. P. T48:118(图13)

49. 急　□　　　　　　　　　　E. P. T59:375

【马驰人走行】

50. 平望候官马驰人走行　　　　　　D1381 酥油土（图 14）

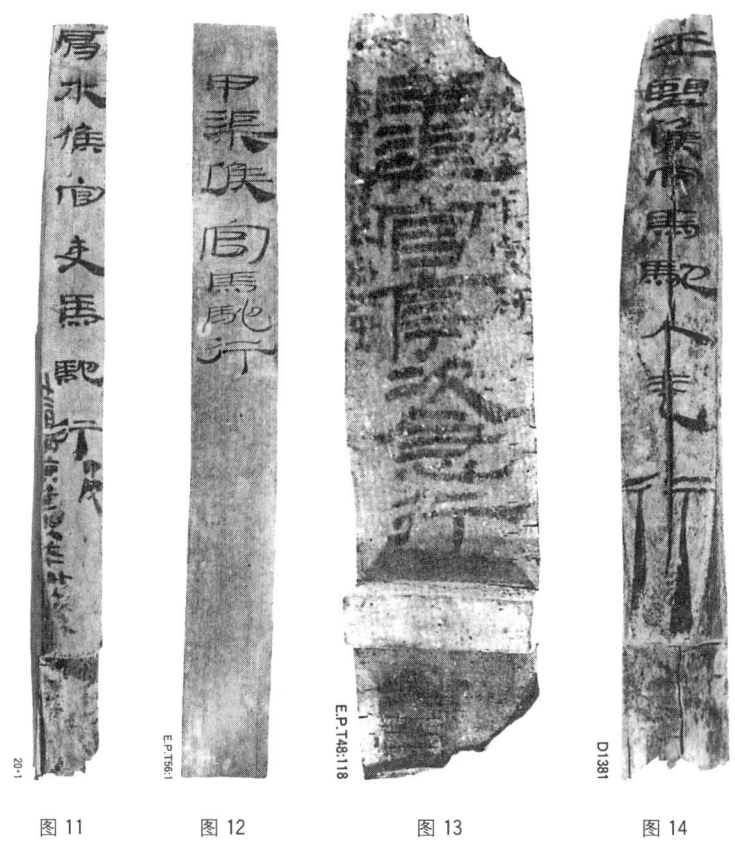

图 11　　　图 12　　　图 13　　　图 14

【亭次走行】

51. 甲渠官亭次走行

　　□戍卒同以来转事　　　　　　　　39·12

52. 士吏许卿亭走行　　　　　　　　　D988B

53. 诛虏候长世亭次走行　□　D1219A（图15）

54. 却适士吏当谷燧长亭次走行　D1831B

【以急为故】

55. 莫府,吏马驰行,以急为故　259·5A（图16）

56. 驰行,以急疾为故
E.P.F22:713

在"甲渠候"等收信者之后接续着各种各样的惯用语,它们到底有什么含义呢？我们能够想到的可能性是：它们表示某种特别的传送方法——加急件、重要公文等等。① 然而,果真如此吗？

假设这些惯用语就是表示特殊的传送方法,那么真有如此变化多端的传送方式吗？"吏马驰行"和"马驰行","行者走"和"马驰人走",它们相互之间

---

① 例如:永田英正《書契》,林巳奈夫编《漢代の文物》,京都大学人文科学研究所,1976年,第506页。

第三章　行政文书的格式和惯用语

有着什么区别呢？

笔者认为，类如"行者走"、"马驰行"等这样的好像是表示传送方法的语句，实际上并没有什么实际的意思，而只是单纯的惯用语，就像接在收信人后面的"（某某）启"、"（某某）收"一样，仅仅是附在收信人之后的收尾语而已，表示"发送给某某，勿要耽搁"。理由如下：

（1）"吏马驰行"表面上说的是吏与马急送文书（"行"是"行书"的"行（传送文书）"），实际上真的是按照字面的意思进行传送的吗？笔者认为并非如此。

57. 肩水候官吏马驰行　　甲辰
　　　　十二月丙寅金关卒外人以来
　　　　　　20・1

上面的"十二月丙寅金关卒外人以来"，是受理开封此检之后补写上去的配送记录。我们可以看到，文书传送者是金关的卒，而不是吏。

（2）除了"吏马驰行"之外，我们还看到"马驰行"这样的语句，但是两者之间并没有语义的区别，后者只不过是把"吏马驰行"中的"吏"省略掉了而已。同理，"马驰人走"、"行者走行"、"（亭次）走行"也都没有严格的语义差异，它们可能是"行"、"马"、"走"、"驰"这几个文字随机组合的结果。

（3）关于简55"莫府，吏马驰行，以急为故"（259・5A）和简56"驰行，以急疾为故"（E. P. F22：713），其中的"以急为故"、"以急疾为故"，就如前文已经考证的一样，它们一般是作为文书惯用结束语来使用的，仅仅表示"及时处理"。在此，尽管这些用语出现于检面，但同样也是单纯的惯用语，应该没有"加急件"之类的

191

特殊含义。"亭次急行"也一样,"急行"、"走行"、"以急为故"仅仅是变化了的表现形式。

(4) 有人认为,虽然表示传送方法的语句有好几种变型,但在收信人的后面仅附有其中之一种,也许由此可以将其理解成是特别邮件、加急件的标记。不过,笔者也不同意这种说法。

一般来说,文书传送之际,其传送的时间是决定好了的,这就是所谓"当行",而实际耗费的时间称之为"定行"。在居延一带,将一个时间单位行 10 里定做当行,这可以从以下的邮书课得到证明:

58. 临木卒戎付诚势北燧卒则,界中八十里,书定行九时,留迟一时。解何　　　　　　　　　　133·23

59. 界中八十里,书定行十时,留迟二时。解何　231·2

检查文书是否在规定时间内按照规定送达,被称为"课"。在检查过程中指出问题并追问理由,这一活动及其文书被称为"课举"、"举"。[①] 边地出土的邮书课、邮书课举,都是关于在一定时间(1 个时间单位)内是否能够送出一定区间(即 10 里)的邮书检查记录,既无证据表明邮书被分为普通件和加急件,也无迹象表明加急件要另行规定"当行"时间,至少在居延、敦煌汉简当中,没有发现特别邮件、加急邮件存在的踪迹。

根据上述四点理由,笔者认为,看似表示传送手段与方法的"吏马驰行"等语句,实际上只是附加在收信人之后用来表达"务必送达"之意的惯用语而已,并没有包含其他特别的含义。

[①] 详见本书第三编有关亭制考察的章节。

3. 关于"发"

封印文书即所谓"封",而打开封印文书则被称为"发",许多前辈学者对此已有研究。① 不管是文书的封印还是开封,一般来说都是下级书记官——令史的职责。

60. 候长候史十二月日迹簿,戍卒东郭利等行道赍卖衣财物郡中,移都尉府二事二封　正月丙子,令史齐封。

45・24

61. 居延尉丞　　其一封居延仓长
　　　　　　　一封王宪印　　十二月丁酉令史弘发

136・43(图17)

62. 　　　　其一封吕宪印
书三封　一封王建国　　十月癸巳令史弘发
　　　　一封李胜　　　180・39、190・33

与之相对,还有"自发"一词,用例不是很多。

63. □自发　　　　　　　　　　　　52・3

64. □□□年六月丁巳朔庚申,阳翟邑狱守丞就兼行丞事。移函里男子李立第临自言
取传之居延。过所县邑侯国勿苛留,如律令。　候自发
140・1A

---

① 市川任三:《居延官简印章考》,《東洋文化研究所紀要》五,无穷会,1964年;永田英正:《居延漢簡の研究》,同朋舍,1989年,第168页。

193

简140·1A(图18)是阳翟邑出具的通行证,原件在肩水金关开封,并留下了誊本。所谓"自发",并非书记官开封,而是候(此时为肩水候)自己开封。

以上都是在文书受理阶段时的开封实例,开封之后就会追加"○○发"的记录。不过,下面的几个例子情况有所不同,"发"字写在收信人的后面。

图17　　图18　　图19　　图20

65. 居延令印

　　甲渠发候尉前

　　□□□□以来　　　　　　　55·1A（图 19）

66. 甲渠候尉发　　　　　　　E. P. T55:10A

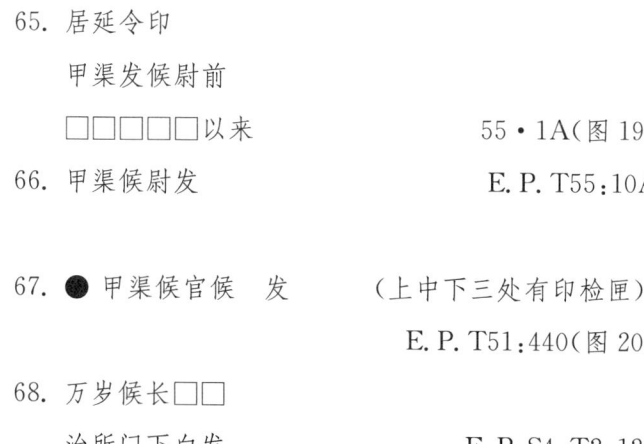

67. ● 甲渠候官候　发　　（上中下三处有印检匣）

　　　　　　　　　　　　E. P. T51:440（图 20）

68. 万岁候长□□

　　治所门下白发　　　　　　E. P. S4. T2:129

以上检面上所写的"发"与收信人的字体是一样的。这表明，这个字是在发信地写上去的，那么它与在收信地开封的时候追加上去的"发"字又有什么区别呢？后文还将介绍其他用例，例如：奏谳书、里耶秦简中的送信人言辞"署某发，敢言之"（J1⑨1），其中的"发"是否可以解释为"开封"，需要进一步商榷。

关于这个"发"字的语义解释，高村武幸分析了多个有关文书发送的用语，并介绍评述了各种论说。高村武幸认为，在公文书中使用的"发"字，全部都是"开封"之意，而且他还指出，在当时的公文书中存在着一种指定了开封人的文书。①

笔者也认为，简牍中的"发"字为开封的意思。不过，坦言之，笔者对于高村武幸所做的若干考证不敢苟同。

首先，正如高村论文的题目所提示的那样，"发"字包含了不同的语义，果然如此吗？换言之，"发"是否有"发送"（sending）的意思？

---

① 详见高村武幸《"発く"和"発る"——简牍の文书送付に関わる语句の理解と関连して》，《古代文化》60—4,2009 年,第 110—111 页。

"发"的原意是发射弓箭,进而引申了"出现"、"引起"的意思,这样,其原意就转化成了隐藏的东西暴露到外面。从"发封泥"(打开封泥取出里面的东西)的"发",到"发掘"、"发现"的"发",意思是相同的。另外,"发"也包含有"遣"、"致"的意思。① "发送"的语义应该就是由此衍生出来的吧,但是,"送致"、"送到"和"送"、"发送"在行动的位置上是不同的,前者是站在受领者的角度来看,后者是在发信人的角度来看的。高村引用"使人发书"(《史记·廉颇蔺相如列传》、《史记·季步列传》)来解释文献史料中含有"文书发送"之意的"发",他还注意到了"使人"+"发书"的语句构造,然而,这句话的意思并非是"派人去发送书信",而是"让人把书信送到"(将书信送到对方手里),换言之,其语义不是"从发信地发送",而是"拿到收信地去出示"。总之,对于文书来说,"发"字不含"发送"的意思,指的是送到收信地,在收信地开封取出。文献史料和简牍史料之间应该不存在很大差异。

　　返回到简牍的话题,令史在收信地写下的"发"字,实际上意味着开封已是一个已然的行为。于此相对,于发信地在检面上写上"发"字,意指"接收后请开封",这应是一个未然的行为。在发信地写下的"发"字,恰恰相当现在信封上写的"○先生　收"。

　　高村指出,在发信地写下"发"字,旨在指定开封人。笔者对此观点难以赞同。一般来说,检面上写着"甲渠发候尉前"(简65)、"甲渠候尉发"(简66)、"甲渠候官候发"(简67)的文书,其收信者并非机关,而是隶属于机关的官吏或者是个人。如果所署收信者是个人姓名、官职名,即便实际开封人是书记官,形式上也可以说是指定了开封人。有很多简札,其收信人是官吏个人,但没

---

① 《战国策》齐"王何不发将而击之(注:发,遣也)"。

写"发"字,这样的简也可称为"指定开封者文书"。那么,或许可以认为,那些加记的"发"字含有"亲启"相近的意思,表示只有注明的收信人才能开封。笔者仍然感到这种解释有些牵强。假设取"亲展"之意的话,那么为何要特意这么做呢?这类文书有着什么样的意义呢?这些都必须要弄清的,至少笔者还找不出这样做的理由。

我认为,发信者在检面的收信人地址之后写上"发",只是一种书信惯用语言形式,除了"某某启"之外没有什么特别的意义。①

以上我们考察了文书惯用语句、检面表记等。最后就文书的撰制步骤、亲笔签名等内容进行一番论述,以此结束本章。

三、亲笔签名和副本撰制

一般来说,公文书要在开头写上发信日期和发信人姓名,但

---

① 本文目的在于指出"发"的习惯用法。为了避免使正文变得琐碎,故而简省了不少论述,特此在注释加以补充。

在奏谳书、里耶秦简里有"署某发"的语句,笔者认为,这里的"发"也是意为"送到手里"、"请亲启"之类的文书传送惯用语。有人将其解释为"某某负责",认为它指的是职责所在。这就忽视了"发"的意思,没有考虑到"发"字的作用。另外,如高村所说的"要求收信人在回信之际指定开封人"这种解释也令人费解。到底是不是那种情况呢?首先,向对方提出"回信时写明某某开封"这样的要求,必须以所发文书系"指定开封人的文书"为前提,但是"指定开封人文书的指定"这样的说法,让人难以理解。笔者以为,"发"就是单纯地附在收信人地址之后的结尾语,意指"已经受领"。不过,笔者难以判定,"署某发"中的"某"字是指受理机关还是发送机关。现在只能认为两者都有可能。如果是受理机关的话,"署某发"的意思就是"官署某机关受理开封"、"某机关公启"。如果是发信机关,就可以释为"来自官署某机关。受领",或者是"某机关作成之文书。开封"。宫宅洁《秦漢時代の裁判制度》(《史林》81-2,1998)曾将其解释为"写下寄到文书之开封者的姓名",如果考虑到里耶秦简的相同语句,就会认为这一解释也缺乏合理性。

是文书的书写人和文书开头所写的发信人肯定是不同的人。前者是书记官,后者是发信机关首长或是职位相当的官吏,发信人应在书记官撰成的文书上签署自己的姓名然后发送出去。留有署名(亲笔签名)的简,在数以万计的居延汉简中的数量并不是很多。

文书分为下行文书和上行文书,均备有副本。下行文书,大都是由上级机关下发的多件内容相同的文书,而且这些文书要在多个官署之间传达。这就是所谓的"写移书"。在这些写移书里面,当然已经看不到亲笔签名了。因此,从下发文书中找不到亲笔签名的简札。

在居延汉简中,上行文书是从部到候官、再从候官报送到都尉府去的文书。迄今为止,只有肩水都尉府所在地已经判明,即A35遗址。而遗物出土数量最多的遗址A8,被认为可能是甲渠候官的上级机关——居延都尉府的所在地,但目前尚未确定。另外,需要指出的一个现状是:居延都尉府没有出土简牍,从甲渠候官报送上来的上行文书里找不到应有的亲笔签名。

迄今为止,关于文书简署名的研究非常之少。大庭脩曾在《文書簡の署名と副署試論》一文中考察过这个问题①,但是正如他自己在文章结语中阐述的那样,并未取得突出的成果。之所以如此,是上文所说的现状使然。

本文并不想在文书撰制和亲笔签名等论题上得出明确的结论,在此预先需要说明的是,以下介绍的研究结果中依然留有若干疑问。

不过,在文书学研究当中,署名、副本、日期的书写方法和文

---

① 大庭脩:《漢簡研究》,同朋舍,1992年。

第三章　行政文书的格式和惯用语

书属性的问题是研究的核心,今后也需要对之继续探究。在这个意义上,笔者希望本文能够起到抛砖引玉的作用。

首先,将甲渠候官出土的相关简牍列举如下:

69. 月庚戌朔己卯,甲渠鄣候谊敢言之。府书曰:蓬燧
长秋以令射,长吏杂试皋

　　　都尉府谨都燧长偃如牒。谒以令赐偃劳十五日。
敢言之　　　　　　　　　　　　　　　　28·15(图21)

70. 河平五年正月己酉朔丙寅,甲渠鄣候谊敢言之。府
移举书曰:第　十三燧长解官病背一伤右舶

　　□□爱书言:已乘□亭,解何。今移举各　如牒。
书到,牒别言●谨案:第十三　燧长解官上置□□伤右舶
作治
　　　　　　　　　　　　　　A8(破城子)35·22A(图22)

71. 建武四年五月辛巳朔戊子,甲渠塞尉放行候事,敢
言之。诏书曰:吏三百石庶民嫁娶毋过

　　万五千,关内侯以下至宗室及列侯子、娉聚各如令。
犯者没入所赍奴婢、财物县官,有无。E.P.F22:45A(图23)

72. 建武四年五月辛巳朔戊子,甲渠塞尉放行候事敢言
之。府移使者□

　　所诏书曰:毋得屠杀马牛,有无四时言●谨案:部吏
毋屠杀马牛者,敢□□□

　　　　　　　　　　　　　　　　E.P.F22:47A(图24)

199

图 21　　　图 22　　　图 23　　　图 24

73. 建武四年五月辛巳朔戊子，甲渠塞尉放行候事，敢言之。诏书曰：吏民

毋得伐树木，有无四时言●谨案：部吏毋伐树木者。敢言之。　　　　　　　　　E. P. F22:48A（图 25）

74. 建武四年五月辛巳朔,甲渠塞尉放行候事,敢言之。府书曰:吏民毋犯四

　　时禁,有无四时言●谨案:部吏毋犯四时禁者。敢言之。
　　　　　　　　　　　　　　　　E.P.F22:50A(图26)

75. 建武四年五月辛巳朔戊子,甲渠塞尉放行候事,敢言□。

　　谨移四月尽六月赋钱簿一编。敢言之。
　　　　　　　　　　　　　　　　E.P.F22:54A(图27)

76. 建武六年七月戊戌朔乙卯,甲渠鄣守候　敢言之。府书曰:吏

　　民毋犯四时禁,有无四时言●谨案:部吏毋犯四
　　　　　　　　　　　　　　　　E.P.F22:51A(图28)

77. 建武五年八月甲辰朔,　甲渠鄣候　敢言之。府下赦令
　　　　　　　　　　　　　E.P.F22:163(图29)

78. 汉元始廿六年十一月庚申朔甲戌,甲渠鄣候获敢言之

　　谨移十月尽十二月完兵出入簿一编。敢言之。
　　　　　　　　　　　　　　　　E.P.F22:460A(图30)

上面的简中,首先我们要注意的是简71—75(图23—27),这是建武四年五月戊子时甲渠塞尉行候事放送往居延都尉的文书的副本。"放"字明显是另外写上去的,五支简的"放"字都是同一

笔体,而且与下面的"行"字有重叠(简 71、73、75)。显然,它是在以"建武四年"开头的正文完成之后追加上去的亲笔签名。不仅如此。如果我们注意"辛巳朔戊子"的日期以及"甲渠塞尉放行候事"这句话,就会发现其中"戊子"、"塞尉行候事"也是另外写上去的,正如在简 73(图 25)、简 74(图 26)中看到的那样,"塞尉"的"尉"字的一部分和"放"叠压在了一起。"戊子"和"塞尉行候事"出自同一个人的手笔。由此来看,简 71 到简 75 应该是按照以下步骤撰成并作为文书发送出去的。

图 25　　图 26　　图 27　　图 28　　图 29　　图 30

首先，书记写好全部的文书内容，然后在发信日期（戊子）、署名者亲笔签名（放）以及部分官职名称（塞尉　行候事）的位置留出空白。发信人本来应是甲渠候，但由于知道甲渠候不在，所以就仅仅写了"甲渠"两字。此时，由甲渠候的守官或行官担任代理，不过，或许尚未确定具体由谁担任。① 另外，在文书撰制之初，发信日期也是不清楚的。发信之际，书记再把日期和发信人官职添加上去，最后由行官放亲笔署名。需要补充说明的是，文书撰制之初，就要撰制两份内容相同的文书，发信的时候只发出其中一份，另一份则作为副本保存。正本和副本之间不存在本质上的区别。

就简 78（图 30）而言，"甲渠鄣候获"的"候获"是另外写上去的，而且其中亲笔签名的"获"字，与"候"也不是同一个人写的。不过，如果说包括署名在内的文书发送行为都是按照这个步骤来进行的话，其实也不正确。简 69（图 21）、简 70（图 22）是有"谊"亲笔签名的，其日期"庚戌朔己卯"、"己酉朔丙寅"看起来笔迹相同。也有其他简牍在书写正文之际就预先将发送的日期写上去了，例如：大庭脩提到过的下面的简 79（46.5）（图 31）②，因为简上忘了留出鄣候的空白栏，所以有可能被当成了习书简，这里的"甲申朔乙酉"明显是同时同笔写下的，正因如此这份才被作为习书来处理。

---

① "塞尉放行候事"是另外写的，"甲渠鄣守候"则是在文书作成之初就已经写上去了，这些都显示出"守官"和"行官"在职务性质上的差异。简 E. P. F22：51A 的情况是：一开始就知道甲渠候在与不在、是否由"行官"担任代理。与此相对，E. P. F22：50A 最初只写了"甲渠"两字，尚并不清楚是否由甲渠候亲自署名。行官只是首长不在之际暂时处理事务的官员，从行官和守官作成的副本中，可以看出两者之间的差别。

② 大庭脩：《文書簡の署名と副署試論》，《漢簡研究》，同朋舍，1992 年，第 252 页。

79. 建始二年十一月甲申朔乙酉,甲渠鄣候敢言之。谨
移移名籍一编,敢言之。　　　　46·5(图31)

我们必须认识到,日期的书写有两种情况:一种是书记官在书写文书的时候就知道发送的日期,另一种是书记官不清楚的发送日期。①

另外,保留下来的副本也不一定要写发信日期,亲笔署名等等。例如:简 76 上的日期——"乙卯"是后来才写上去的,但却没有亲笔签名;简 77 上日期和署名的地方都是空白。

亲笔签名不仅见于简 69 到简 77 这样的不定期文书中,也见于定期发送的文书,四时簿——简 78 可以证明这一点。在此还要指出,在甲渠候官遗址出土了大量的从部发送到候官的文书,即候长发出的文书。以下简为例,简上有领取文书之后追记的"今言府请令就医"几个字:

80. 三月丁亥朔辛卯,城北守候长匡敢言之。谨写移燧
长党
　　　病书。如牒。敢言之。　　今言府请令就医
　　　　　　　　　　　　　　　　　　E.P.F22:82(图 32)

所有的从部中发出的文书都没有候长的亲笔签名,简 80(图32)也是如此。

81. 二月庚辰甲沟候长戎,以私印行候文书事,敢言之。谨

---

① 不过,日期的统一写法是:"某月○○朔△△",首先写出朔日的干支,然后再写实际发送日的干支。为什么要这样来写? 为什么首先要书写朔日的干支呢? 其原因尚不清楚。笔者推测,这或许是文书的作成步骤使然,即发送日期要在以后书写。预先写上朔日的干支,可以方便日后计算实际发送日期的干支。

写移,敢言之　●候君诣府　　尉史阳

E.P.T48:25(图33)

图31 　　图32 　　图33

以上简81(图33),可以看到候长戎的亲笔签名,这是因为甲渠候出差到都尉府去了,甲渠候长临时代理候的工作,故而在书

205

记官——尉史写好的文书上签下了自己的名字。

该简内容是关于文书传送的,如果候长以自己的职务名义送交文书,一般不会签名。而这里是从候的立场上来处理这件事——所谓"行候长文书事",所以必须署名。

那么,为何候长一般不亲笔签名呢?其原因可能在于,高官(候为比六百石)以亲笔签名来昭示所发文书的权威性。[①]

以上就文书的亲笔签名、发信日期等问题进行了论述。不过,这仅是管中窥豹,并未尽观全貌。亲笔签名本来就是候以上高官的文书所必须做的吗?留存于发信地的副本上的日期、署名是随意而为的吗?这些问题都要留待今后解决。

小 结

本章考察了行政文书中常见的常用语、惯用语、检面表记以及文书撰制和发送的步骤等内容。

正如文中提到的,本文并非一定要得出某些确定结论。就惯用语而言,它们大都是当时普遍公认并且通用的表现句式和词语,已经成为日常性的用语。然而,汉代的文书行政并没有被后世继承下来,故而时至今日汉代的文书惯用语已经难以解读,我们缺乏一个标尺去判定,哪些是不含特别语义的固定表达方式,哪些是带有实际意义的语句。

另外,就亲笔签名而论,高官有亲笔签名的义务呢?还是可以随意而为?虽然笔者比较倾向前者,不过仍然对之抱有些许

[①] 大庭也曾在论文中指出了这个问题。不过,关于是否可以在候和候长之间划出一条界线,大庭没有给出定论。参见大庭脩《文書簡の署名と副署試論》,《漢簡研究》,同朋舎,1992年,第252页。

疑问。

　　我认为,在行政文书的研究中,必须要对文书格式和惯用语进行探讨,否则可能得出错误结论。惯用语一般都是没有深层含义的常套语句,这些惯用语中词句的原有语义大都已经蒸发殆尽,如果严格按照字面意思对其进行解释,并且以此为原点探讨文书以及文书行政的实态,就必然会有得出错误结论的危险。

　　此外,更为重要的是,我们必须思考这些文书惯用语和常用语的存在意义。假如没有这些惯用语的话,行政文书就会变得与其他书写记录别无二致了。毋庸赘言,常用语句就是固定语句或定型化的表达句式。它们可以使行政文书拥有一种模版,并以此将之与其他文字记录区别开来,同时赋予行政文书一种特殊的权威。"如律令"、"有教"、"有书"等文书中的结束语句,恰恰起到了这种作用。笔者认为,这些结束语还具有视觉上的警醒效果,结束语句与悬针书法相伴,以及"教"等文字的改行大写,这些做法都是为了达成一种特殊的视觉效果。

　　亲笔签名也是如此。六百石以上的官吏必须要在送出的文书上留下亲笔签名,如果这一推测正确的话,那么我们就更理由认为,文书必须拥有并显示出权威性。想像一下皇帝亲笔签署的诏书和不具署名的副本之间的差异,我们就不难理解这一点了。事实上,亲笔签名的意义不仅局限于简牍,对于纸质文书来说也是一样的。

　　最后,还要强调的是,行政文书的特殊性很大程度上取决于文书的视觉效果。

第三编
汉代行政制度考证

第一章　汉代的地方行政
——关于汉简中"亭"的分析

引　言

关于汉代地方行政系统的终端——亭与乡,迄今学界已有相当多的探讨,研究成果集中于亭的功能、亭的管理人员、乡与亭的辖属关系等方面。

汉代边地木简之中,诸如"某某亭"、"亭次行"等等涉及亭的简牍资料不胜枚举,另外,写有"亭长"的简札也屡见不鲜。徐乐尧《居延汉简所见的边亭》一文利用出土木简,特别是居延汉简资料,对汉代边地的亭进行了综合考察[①],文章试图在探讨额济纳河流域汉亭实态与功能的基础上,弄清汉亭的普遍状况。

徐乐尧论文主要利用了1930年代出土的旧居延汉简资料,的确,徐文论据翔实,考证扎实,而且论点富于启发性,但是笔者对其若干观点不敢苟同。另外,徐文发表之后,以1973年发现的新居延汉简为首的出土文字资料陆续公诸于世,其中,1990年江苏省连云港汉墓出土的尹湾汉简,也是深入了解亭制的宝贵资料。

---

① 徐乐尧:《居延汉简所见的边亭》,《汉简研究文集》,甘肃人民出版社,1984年。

基于上述状况,本章试图以敦煌汉简、居延汉简等汉代边地简牍为主要论据,结合尹湾汉简和相关文献史料,对汉代的亭制做进一步的探讨。不过,本章的目的并不仅仅在于弄清亭为何物以及亭的功能。作为《文书行政的汉帝国》全书内容的一个组成部分,本章旨在探明履行文书行政职责的基层地方机关的实际架构,分析信函、邮书的传送及其检查的实态,进而引出下章《交通行政——通行证和关卡》。

近年发现的敦煌悬泉置遗址出土了多达万支的木简①,这一遗址原为汉代邮驿,即所谓"置"。"置"、"邮"以及"亭"作为文书传送的站点,拥有相似的功能以及密切的关联。目前,悬泉置的简牍资料尚未完全刊布,真正意义上的悬泉置研究,要等到悬泉置简牍文字及其图版资料全部发表之后才能展开,希望本章关于驿传问题的论述能为今后的研究提供铺垫。

一、汉代边地出土简牍中的"亭"

1. "亭"、"亭燧"、"邮亭"等名词的语义

本节原计划详细考证敦煌汉简、居延汉简中的固有亭名以及"亭长"等亭吏的头衔,但鉴于"邮亭"、"都亭"等与亭有关的名词频繁出现,在此首先探讨一下这些名词的语义。

"亭",在简牍中指的是建筑物,确切地说是建筑物的一部分,这大概也是亭的原义。

---

① 何双全:《敦煌悬泉置和汉简文书的特征》,关西大学东西学术研究所编《汉简研究的现状与展望》,1993年;柴生芳:《敦煌汉晋悬泉遗址》,冨谷至编《边境出土木简研究》,朋友书店,2003年。

● 虏守亭鄣不得燔积薪,昼举亭上蓬一烟,夜举离合苣火,次亭燔积薪,如品约

14·11

甲戌卒八人　其二人锯门板　一人受墼亭下
　　　　　　二人发墼亭上　二人运墼　　　D812

亭上深目　　　　　　　　　　　　　　　D1473

亭上深目　　　　　　　　　　　　　　　D1474

望见虏一人以上入塞,烦一责新,举二蓬,夜二苣火;见十人以上,在塞外烦举,如一人入□□

望见虏五百人以上,若功亭鄣燔一责新,举三蓬,夜三苣火;不满一千人以上,烦举如五百人同品,虏守亭鄣烦举,昼举亭上蓬,夜举离合火,次亭遂和烦举,如品　　D2257

□　□马矢　塗亭　　　　　　　　　　　D1653

一人马矢塗亭户前地二百七十尺　　　　　D1747

□□□塗亭东□高四丈二尺,广丈六尺,积六百七十二尺,率人二百廿三尺□□　　　　　　　D1777

□孝信到上亭饮酒　　　　　　　　E. P. T50:92

候史广德,坐不循行部、涂亭、趣具诸当所具者,各如府都吏举,部糒不毕,又省官檄书不会会日,督五十

E. P. T57:108A

　　　　　　亭不涂　　毋马牛矢
　　　　　　● 第十三　毋非常屋　毋沙
候史广德
　　　　　　燧长【荅】　毋深目　　毋芮薪
　　　　　　　　　蓬少二　　毋□□（以上为第一段）

表币　　　积薪皆卑　　　亭不涂

213

□□□　　　县索缓　　　　毋非常屋
毋□□□□　●第十四燧长光　羊头石少二百
毋□□□□　　　　　　　　毋深目
　　　　　　　　　　　　　（以上为第二段）

马牛矢少十石　　　　　　●亭不马牛矢涂
狗笼少一　　天田不画县索缓　蓬少一
表币　　　　第十五　　　　毋深目
积薪皆卑少　燧长得　　　　羊头石少二百
　　　　　　　　　　　　　（以上为第三段）

　　　　　　　　　　　　马牛矢少五石
　　　　　　　　　　　　亭不涂
狗笼少一　　　　　　　　回门坏
积薪皆卑　　●第十六　　毋非常屋

天田不画县索缓　燧长宽　坞毋转緤
笼氋少一　　　　　　　　羊头石少二百
　　　　　　　　　　　　（以上为第四段）

毋深目　　　　　　　　　亭不涂
毋牛马矢少十五石　　　　毋非常屋
积薪皆卑　　●第十七　　羊头石少二百
天田不画悬索缓　燧长常有　毋深目
　　　　　　　　　　　　毋马牛矢

　　　　　　　　　　　　　狗笼矢著
　　　　　　　　　　　　　（以上为第五段）

芮薪少三石　　　　　　　　亭不涂
沙竃少一　　枪柱廿不坚　　毋非常屋
表小币　　　悬索缓　●第十八　蓬少一
积薪皆卑　　　　　燧长充国　蓬三币
天田不画　　　　　　　　　　毋马牛矢
　　　　　　　　　　　　　（以上为第六段）

毋狗笼　　天田不画
毋芮薪　　悬索缓
沙竃少一　枪柱廿不坚
表小币　　积薪六皆卑
笼竃少一　小积薪少二　　　（以上为第七段）
　　　　　　　　　　　　　E. P. T57:108B

简 D2257 的内容是关于发出紧急烽火信号的规定，即所谓"塞上烽火品约"。敦煌、居延等烽燧遗址都出有类似内容的简牍。"昼举亭上蓬，夜举离合火"的"亭"、"亭上"，是发出信号的高楼，意指瞭望台或烽火台。简 D1473、1474 中的"亭上深目"是设置在高楼上的望远装置或距离测定器。

作为瞭望台的亭，设在敦煌、居延一带的烽燧，平均高约 10 米。

堠高四丈上堞高五尺为四阤埤堄堞埤堄反　□
　　　　　　　　　　　　　　　E. P. T52:27
　□□□塗亭东□高四丈二尺，广丈六尺，积六百七十二

215

尺。率人二百廿三尺□□

D1777

由简 E. P. T52:27、简 D1777"堠高四丈"、"涂亭东□高四丈二尺"的记载可以推知，"堠"是瞭望的楼台，"亭"也是为瞭望和点燃烽火而设的楼台。四丈多高的"堠"和"亭"功能相同，被称作亭的瞭望台（烽火台）高约 4 丈（10 米）。

亭的墙壁上涂有马、牛的粪便。写有"涂（塗）亭"、"马矢涂亭"等文字的简 D1779、简 D1747 是关于亭的涂壁作业记录，简 E. P. T57·108B"候史广德坐罪行罚"则是被称檄的督责记录。"毋马牛矢"意为：没有准备牛马粪便，"亭不马牛矢涂"的语义，无疑是怠忽了涂抹亭壁的工作。

在文献史料中，也有像敦煌简和居延简那样，将"亭"做为建筑物或建筑物局部的名词来指瞭望台或烽火台的例证。

关于文献史料中的"亭"字，值得一提的是，此字不见于儒家经书。"亭"字何时出现？如何出现？回答这个问题的一条线索是《墨子》的相关记载，《墨子》中关于"亭"的内容并不少见，其中也有意指瞭望台的"亭"。

> 百步一亭，高垣丈四尺，厚四尺，为闺门两扇，令各可以自闭。①
>
> 《墨子·备城门》
>
> 筑邮亭者圜之，高三丈以上，令侍杀，为辟梯，梯两臂长三尺，连门三尺，报以绳连之。
>
> 《墨子·襍守》

---

① 根据孙诒让的说法，高垣应该就是"亭垣"。"高"是"亭"字的误笔。参见《墨子间诂》卷一四。

这里权且不论"邮亭"的语义。首先应该指出的是,《墨子》中的"亭"都是楼台,而且高度大概在三丈以上。

《说文解字》、《急就篇》等汉代字书也将亭和高楼联系起来加以解释。

  亭,民所安定也。亭,有楼。 《说文解字·五篇上》
  亭有高楼,所以候望。   《急就草》

此外,《后汉书·光武帝纪》中,有"筑亭候"之语。

  遣骠骑大将军杜茂,将众郡施刑屯北边,筑亭候,修烽燧。

"亭候",即用于候望的楼台,前面加动词"筑",进一步证明亭候是一种建筑物。①

以上文献中的"亭",都是指用于候望的楼台。然而,"亭"的语义并不仅仅局限于具体的建筑物。

  匈奴人入塞及金关以北 塞外亭燧见匈奴人,举蓬燔积薪,五百人以上□举二蓬

                288·7

  作亭

    入亭燧●   去百

诏书   510·31

出五石具弩一 假亭燧建武六年四月十六日,胡虏犯塞入吏格斗失亡   E. P. F22:318

出橐矢铜镞六十 假亭燧建武六年四月十六日,胡虏犯塞入吏格斗失亡

              E. P. F22:319

---

① 《后汉书》李贤注曰:"亭候,伺候望敌之所。"

>　　署第十七部候长主亭燧七所兵弩扁庆不檠持毋鞍马
>
> E. P. F22:399
>
>　　扁书亭燧显处,令尽讽　诵知之,精候望,即有蓬火,亭
>
> 燧回度举,毋必　　　　　　　　　　　　　　　D1557

上面列举了写有"亭燧"的简牍。上述简牍中,有"亭燧显处"、"入亭燧"之语,另外,"作亭"的"亭"意为烽火台,与之对应。根据"入亭燧"这样的表达形式来看,"亭燧"并不是单就烽火台(亭)建筑物本身而言,而是指设有烽火台的燧、即军事防卫基地——烽燧,包含了防卫施设整体。

此外,另有一些功能作用各不相同的设施也被称做亭,例如:"邮亭"、"田亭"、"水亭"、"都亭"、"乡亭",其构词形式为"某亭"。

【邮亭】

>　　□□□□系□□罪责□□部邮亭□不在□□□□出在
>
> □取□□□□□　　　　　　　　　　　　　　　37・34
>
> 居延县以邮亭行　　　　　　　　　　　　E. P. T53:71B

【水亭】

>　　延□水亭长贾少翁所　　　　　　　　　　　67・23
>
> 禄　　六月戊戌,延水水工白襃取　　E. P. T65:474
>
> 城仓库延水居延农甲渠殄北卅井候官督蓬
>
> 及省卒徒缮治城郭坞辟令丞候尉史遂等三老
>
> E. P. T57:15
>
>　　□丞事谓库城仓居延居延农延水卅井甲渠殄北塞候。
>
> 写移书到,令□
>
>　　□□□书如律令　/掾仁守卒史□卿从事佐忠
>
> E. P. T51:40

武强燧长并持延水卒,责钱诣官,闰月辛酉　　　231·28

　　新始建国地皇上戊三年五月丙辰朔乙巳,神将军辅平居成尉伋丞谓城仓间田延水甲沟三十井殄北卒,未得

　　……付受相与校计,同月出入,毋令缪,如律令

　　　　　　　　　　　　　　　　　　　E.P.T65:23A

【田亭】

　　戍卒居延昌里石恭三年署居延代田亭三年

　　　　　　二月丁丑自取

　　署武成燧五年因署受絮八斤　　　　　E.P.T4:5

【都亭】

　　使者杨君至都亭　　　　　　　　　　74·17

　　建平五年八月戊□□□□,广明乡啬夫宏,假佐玄,敢言之。善居里男子丘张自言,与家买客田居

　　延都亭部欲取检,谨案张等更赋皆给当得取检,谒移居延如律令,敢言之　　　　　　　505·37A

　　十一月丙戌,宣德将军张掖大守茝,长史丞旗,告督邮掾,□□□□□都尉官□写移书到,扁

　　书乡亭市里显见处,令民尽知之,商□起察,有毋四时言,如治所书律令　　　　　　　16·4A

【乡亭】

　　乐昌燧次乡亭卒迹不在遂上礁为□　　19·5
　　并〃山〃隧〃次乡亭见　　　　　　182·28
　　其一骑弓弓乡亭燧张弩乡房〃即去……

> 其令车骑审试谨候望警蓬火清塞下册…… D1582

上文有关"水亭"简牍中的"延水"是负责水利的官署——水官①;"田亭"简牍中的"代田亭"是与农都尉系统的田官②有关的亭。邮亭、乡亭和都亭等名称的指代对象可能是相同的,它们既不是指建筑物,也不是指个别的亭名,而是与各种军事、行政单位关联的独立机构。下文将参照文献史料,对此进行详细探讨。

以上列举的简牍资料74·17"至都亭",意为到达都亭官署。简505·37A"都亭部"的相关内容是,男子丘张在居延都亭的辖区购买了客田。由此可知,都亭无疑是拥有管辖区域的机构。

都亭一词也见于下述文献史料之中:

> 会梁孝王卒,相如归,而家贫,无以自业。素与临邛令王吉相善,吉曰:"长卿久宦游不遂,而来过我。"于是相如往,舍都亭。　　　　　　　　　　《史记·司马相如传》

> 会北地浩商为义渠长所捕,亡,长取其母,与敫猪连系都亭下。　　　　　　　　　　　　　　　　　《汉书·翟方进传》

> 初,延年母从东海来,欲从延年腊,到雒阳,适见报囚。母大惊,便止都亭,不肯入府。延年出至都亭谒母,母闭阁不见。　　　　　　　　　　　　　　　《汉书·酷吏传》

《史记·司马相如传》所说的都亭在临邛县内;《汉书·翟方进传》的都亭可能是北地郡义渠县的亭。《汉书·酷吏传》的都亭,从雒

---

① 籾山明:《漢帝国と辺境社会》,中央公論新社,1999年,第200页。
② 永田英正:《居延漢簡の研究》,同朋舍,1989年,第486页;籾山明:《漢帝国と辺境社会》,中央公論新社,1999年,第198页。

阳太守严延年的母亲不去太守府而止步于都亭来看,应该位于严延年管辖的雒阳郡内。这类亭究竟设在郡县的城内还是城外,目前还无法断定,但大致可以推测它们位于与城市联系紧密的地点。《史记·司马相如传》所附司马贞《索隐》解释文中的"都亭"是"临邛郭下之亭也",《后汉书·皇后纪》李贤注曰:"凡言都亭者,并城内亭也。"

县城、郡城被称为"都",据此可以推测,附设于县城、郡城的亭就是"都亭"。那么,"居延都亭"无疑是指位于居延县城内或紧邻县城的亭①。

都亭与郡县关系密切,与此相对,"乡亭"是设置在乡的亭。文献史料中这一名词的出现频率与都亭相同,而且其中有"舍宿乡亭"的语句。②

  (鲍)宣举错烦苛,代二千石署吏听讼,所察过诏条。行

---

① 关于居延都亭,徐乐尧认为,既然都亭辖有田地,那么它的位置就不限于城内,城郭内外附近此类机关均称都亭。笔者认为,都亭的场所是否在城外,这一点难以断定。而且,仅凭简 505·37A 的资料也无法证明徐氏观点。因为这里所说的是"亭部",买卖的土地归都亭部管辖或造册登记,因此简中记有居延都亭部,而土地和管理机关未必相邻。亭与里的区别在于,里应对居民事务,亭处理土地事务(参照日比野丈夫《乡亭里についての研究》,《中国歴史地理研究》,同朋舎,1977 年)。在此,更需要考虑的是,县城的亭是否仅限于一个都亭。
② 居延汉简中有"三泉亭长"的亭长名。

  燧长徐宗 自言责故三泉亭长石延寿荎钱少二百八十数责不可得
                        3·6(A8)

每个独立的亭都应设有亭长,三泉亭位于居延县内。"三泉"的名称亦见于其他居延汉简,它并不是燧名,而是里名——三泉里。

  甲沟执胡舆燧长居延三泉里□   E. P. T65:339
  □长居延三泉里徐恽   E. P. T65:372

  由此可知,三泉里与三泉亭设置在一起。如果设于郡县的亭称为"都亭"、设于乡的亭称为"乡亭",而乡也包括里,那么三泉亭或许是为数不多的乡亭之一。作为"都亭"、"乡亭"一般总称的"里亭"的用例不见于汉代史料。

部乘传,去法驾,驾一马,舍宿乡亭,为众所非。

《汉书·鲍宣传》

信臣为人勤力有方略,好为民兴利,务在富之。躬劝耕农,出入阡陌,止舍离乡亭,稀有安居时。《汉书·召信臣传》

"邮亭"是与"都亭"、"乡亭"并列的名称。毋庸赘言,邮亭是与邮书传达的设施——"邮"密切相关的亭,散见于《汉书》等文献史料。结合本节第3部分提到的"十里一亭、五里一邮"的解释,重新考虑亭与邮的关系,同时参考"都亭"、"乡亭"的构词规律,推测邮亭应是与邮设置在一起的亭。

综上所述,"某亭"这样的名称,是指设置于郡县、乡以及邮等行政机关或行政单位的一种职能机构。正因为是一种机构,所以这些亭内配有以亭长为首的吏员。①

由此可见,简牍资料中所见的"亭"包含了这样三种语义:① 建筑物;② 由一系列建筑物组成的设施;③ 配有官员的独立机构。另外,需要指出的是,与亭有关的这些名词的语义,并不随着时间的推移而发生变化,而是在特定时期内随着语境的变化而有所区别。

2. 额济纳河流域汉亭的实态及其功能

下文将具体探讨一下作为一种机构的"亭"的实态。这里可资利用的资料主要来自居延汉简,居延汉简中记载的甲渠候官所辖的汉亭可以作为分析的个案,因为 A8(甲渠候官遗址)的简牍包含了关于亭的丰富信息。另外,以下考察的"亭",主要是指作

---

① 关于亭的吏员编制,堀敏一《中国古代の亭をめぐる諸問題》(《布目潮渢博士古稀記念論集》,汲古书院,1990 年)第 56—62 页"亭の吏員と職責"一节有相关探讨,这里就不另做论述。

为行政机构的亭。

首先,列举一则值得特别关注的简牍资料:

> 亭长,廿一人,受乐成侯国三人,凡廿四人
> 凡亭以下五十人,受乐成侯国四人,定长吏以下五十四人
> 乡八,聚卅户七千九百八十四,口万五千七百卅五
>
> E. P. T50:3

以上出自破城子(A8)、甲渠候官遗址的一份簿籍,里面列举了亭、乡、长吏及其相关户口数量。乐成是河南南阳郡的侯国,亦见于居延出土的其他简牍:

> □□　　诣河南乐成　　　　E. P. T51:404

尚不清楚中原的河南与边地的居延是如何联系在一起的,简 E. P. T50:3 记载了这样的人数:含乐成侯国 3 人在内,亭长 24 人;现任长吏以下(定长吏)54 人。毫无疑问,这里所说的"定长吏以下五十四人",是"亭以下五十人"与"乐成侯国四人"相加的数字。实际上,这 54 人就是亭的吏员现有人数,其中包括亭长(百石)及其下属的亭掾和亭啬夫。

这则简文是关于什么行政或军事单位的记录呢?它所显示的是 8 乡、40 聚、7984 户、15735 人这样的统计数字。众所周知,汉代大县和小县之间的区分标准是一万户,以此推之,7000 余户的行政组织应是小规模的县。居延县正是位于额济纳河下流域、张掖郡最北的小县。"乡"、"聚"则是县属下级行政单位。可以作为比照的是,1993 年江苏省连云港市东海县尹湾汉墓出土的木牍——所谓"尹湾汉简"的记载内容及其书式。

> 县邑侯国卅八,县十八,侯国十八,邑二,其廿四有

城(埱)都官二　　　　　　　　　　　　集簿(A1)

　　乡百七十,□百六,里二千五百卅四,正二千五百卅二人,　　　　　　　　　　　　　　　　　　　　(A2)

　　亭六百八十八,卒二千九百七十二人,邮卅四人,人四百八,如前　　　　　　　　　　　　　　　　　　(A3)

　　界东西五百五十一里,南北四百八十八里,如前　(A4)

　　县三老卅八人,乡三老百七十人,孝弟力田各百廿人,凡五百六十八人　　　　　　　　　　　　　　　(A5)

这块以"集簿"为标题的木牍记录了东海郡的结构。如果将简 E. P. T50:3 与尹湾集簿进行对比,就可以注意到,它们记载乡、聚、亭及户口数的书式非常近似,都将亭与乡、聚分行列举。① 集簿列出了每县现有的人员,这种簿籍以县为单位记录现有吏员、乡、亭的相关信息,被称为"定簿",推测 E. P. T50:3 就是这种定簿。②

关于尹湾出土的木牍,本书后文还要进行探讨。在此首先需要考虑的是,居延县下辖的亭、乡以及县内户口数量的简札,为什么会出土于甲渠候官遗址。

我们知道,在额济纳河流域的张掖郡居延地区,就县级行政机构而言,北方下游设有居延县,南方上游设有觻得县。与行政系列的郡县相平行,汉代边地还设有军事防卫系列的部都尉,额

---

① 西川利文认为,尹湾简牍 A2"乡百七十□"缺字应是"聚"(参见:西川利文《汉代における郡县の构造について—尹湾汉墓汉牍を手がかりとして》,佛教大学文学部《文学部论集》81号,1997年)。笔者赞成西川氏的观点。这从 E. P. T50:3 也可以得到支持。
② E. P. T50:3 中有"定长吏"一词,我们还发现如下标题简:

　　●张掖居延甲渠候官阳朔三年吏比六百石定簿　　　E. P. T51:306

E. P. T50:3 大概就是被称为"定簿"的簿籍。

第一章　汉代的地方行政

济纳河流域有两个部都尉,北为居延都尉府,南为肩水都尉府。就肩水都尉府而言,肩水候官的地点为遗址 A33,肩水都尉府在遗址 A35,这两个遗址出土的木简很多都与觻得县有关,下面是A33(肩水候官遗址)出土的一只简札,其内容是一份送出的公文,显示出觻得县与肩水都尉府以及肩水候官之间的关系。

　　九月乙亥,觻得令延年,丞置,敢言之,肩水都尉府移肩水候官,告尉谓东西南北都□

　　义等,补肩水尉史燧长亭长关佐,各如牒,遣自致赵侯王步光成敢石胥成皆□

　　书牒署从事如律令,敢言之　　　　　　97・10、213・1

　　以私印行事移觻得　　　　　　　　　　　　　299・6

觻得县与肩水候官同在南方上游,故而联系密切。以此推之,居延都尉府及其下属甲渠候官与同在北方下游的居延县往来较多。这样,记载着居延县的户口以及亭、乡等信息的木简出自甲渠候官,就不难理解了。

　　笔者认为,E.P.T50:3 记录了居延县所辖的亭长以下的长吏人数和现有户口数。一般而言,每亭设置一位亭长,亭长 24 人意味着居延县之下有 24 个亭。① 居延县下辖的24个亭包括都亭、乡亭、仓亭以及邮亭,亭这种机构很可能是与其他官署并立设置的。至少可以肯定,仓亭和都亭与燧、仓之类的军事、仓储设施是平行

---

① 《汉书・地理志》所载户数是汉元帝元始二年的户口统计数字,根据《汉书・地理志》,张掖郡下辖 10 个县、24352 户、88732 人。平均每县 2435 户、8873 人,如果将这个数字与简文中的居延县户口数做比较,它比简文记载户口数大了二三倍。如何解释这种不一致呢?我们推测,户口数的变化应该归因于汉朝西域政策的时代变革。

225

并置的。这一点可以从亭、燧、仓的名称上得到证明,某某燧往往有同名的某某亭与之对应,某某亭常有同一地点的某某仓与之对应。

例如,疏勒河流域设有千秋亭,该亭应与马圈湾遗址关系密切。

    千秋亭   D368B

    千秋亭戍卒东冯里张常喜,有方一,完 D1040

除了"千秋亭"亭名,"千秋燧"燧名在马圈湾出土木简中也有不少发现。

    玉门千秋燧   D32A

    玉门千秋燧   D570A

    ■右千秋燧受记最   D1020

千秋亭与千秋燧分别设在不同地点的可能性并非完全没有,但将两者视为同一地点平行设置的行政机关和军事防卫机关应当更加自然。A35(大湾)遗址出土的邮书发送记录可以证明这一推测的正确性。

    南书一辈一封张掖肩候 ●六月廿四日辛酉日蚤食时,
     沙头亭长 受驿北卒音,
      诣肩水都尉府 日食时二分,沙头卒宣付驿马卒同

                    505·2

    南书一辈一封,潘和尉印 ●六月廿三日庚申日食坐五
     分,沙头亭长受驿北卒音
      诣肩水都尉府 日东中六分,沙头亭卒宣付驿马卒同

                    506·6

以上两支简标注日期是六月二三日、二四日,笔迹相同,它们是沙

头卒宣向驿马卒同递交邮书的记录。简 505·2 中的沙头卒宣，在简 505·6 之中被称做沙头亭卒宣。我们或许可以推测，沙头亭卒是正式称法，沙头卒是略称。然而事实并非如此，沙头卒一般是指沙头燧卒，即沙头燧戍卒。以下简牍提到一系列甲渠候官和肩水候官下辖燧的燧名，文中出现了"沙头卒"。

  察微卒杨寅　　　遮虏卒张□　　　制虏卒
  驷望卒□□　　　逆胡卒苏□　　　望虏□
  沙头卒范禹　　　警虏卒王□　　　　　　276·8

上面列举的是燧戍卒的名单，沙头卒即沙头燧戍卒。肩水候官的沙头燧与觻得县下属的沙头亭设在同一区域，在那里服役的兵卒分为两类，两类兵卒分属不同的系统，一类是烽燧统领的戍卒，另一类是亭统领的亭卒。上文提到的沙头卒宣，显然身兼戍卒和亭卒两个角色，至于这是否属于一种常见现象，此处暂且搁置不论。

  戍卒和亭卒的区别也见于居延收降燧。

  诣张掖大守府　　正月甲申鸡后鸣，当曲燧卒猪受收降
亭卒青
  □候官　　　　　乙酉平旦五分，付不侵卒放，食时五
  　　　　　　　　分，付执胡卒捐　　　E. P. T51:273

  　　　　　　　　十一月甲子夜大半，当曲卒昌受收降
  　　　　　　　　卒辅，辛丑蚤食一分，临木
  南书一封居延都尉章　诣张掖大守府
  　　　　　　　　卒□付卅井卒弘，界中廿八里，定
  　　　　　　　　行……□程二时二分　　317·27

另外，就仓储官署而言，遗址 A10 的地点设有谷仓、烽燧和亭三

种不同的机构,其仓名为居延城仓、烽燧名为第二燧、亭名为通泽第二亭。① 同一设施内,设置着若干个职能不同的官署和机关,因此,考虑汉代边地行政机构之际,如果认为一个地点只设一个官署的话,必然会导致错误结论。事实上,关所、烽燧、仓官之间的关系也是如此。

3. 汉代边地的邮亭——以邮行、以亭行

本小节将在前章考察汉代边地,特别是额济纳河流域居延县内汉亭实态的基础上,对亭与邮的关系进行探讨。

居延县的亭数多达24个,但并非都是邮亭,其中还包括田亭、水亭、乡亭。邮亭是与作为邮书传送机关——"邮"并置的亭。那么,邮与亭之间关系如何? 两者完全相同吗? 探讨这一问题之前,首先关注一下"以邮行"、"以亭行"、"燧次行"等有关传送方法的记载。

上述固定用语,无疑是邮、亭、燧依次传送的意思,它们彼此之间究竟有什么区别呢? 若要探明"以邮行"和"以亭行"的差异,就必须弄清"邮"、"亭"、"邮亭"的具体含义。首先来分析一下文书传送的实际样态。

A8(甲渠候官)遗址出土木简中,包含了大量的邮书传送记录。

	其一封肩水仓长印诣都尉府　一封
	昭武长印诣居延　三月庚戌日出七
	分吞远卒☐
北书五封　　夫人	一封觻得丞印诣居延　一封氏池长
	印诣居延　五分付不侵卒受王
	一封居延左尉印诣居延　317·1(图1)

---

① 参照本书第三编第三章"汉代谷仓制度考"。

第一章 汉代的地方行政

　　六月戊申夜大半三分执胡卒常受不
　侵卒乐

　南书二封皆都尉章●诣张掖大守府●甲校　己酉平旦
一分付诚北卒良

49·22、185·3

图1　　　　图2

　　　　　　　　　　　正月戊午食时当曲卒汤受居延收降
　　　　　　　　　　　卒襃下餔
　　诣张掖大守府　　临木卒护付诚勢北燧卒则当曲□□
　　　　　　　　　　　勢北
　　　　　　　　　　……时中程　　　　　　56·37

校临木邮书一封
　　　　　　　　十一月己未夜半当曲卒同受收降卒
严下餔临木卒禄付诚勢北燧卒则
　　张掖居延都尉　　　　　　　　　203·2
　　　　　　　　其三封板檄张掖大守章诣府　　九月
庚午下餔七分临木卒副受卅井卒弘鸡鸣时当曲
　　北书三封合檄板檄各一
　　　　合檄牛骏印诣张掖大守府牛掾在所　卒昌付收降卒福
界中九十五里定行八时三分□行一时二分　157·14（图2）

　　　　　　　　　　三月癸卯鸡鸣时当曲卒便受收降
　　　　　　　　　　卒文甲辰下餔
　　书一封居延都尉章
　　　　　　　　　　时临木卒得付卅井城勢北卒参界
　　诣大守府
　　　　　　　　　　中九十八里定行
　　　　　　　　　　十时中程　　　　　E.P.W:1

　　　　　　正月辛巳鸡后鸣九分不侵邮卒建受吞远邮
　　……卒福壬午禺中当曲卒光付收降卒马卬
　　　　　　　　　　　　　　　　　　E.P.T51:6

第一章 汉代的地方行政

```
               三正月戌申食时当曲卒王受收降卒敞日入
诣橐佗候官    临木卒仆付卅井卒得界中八十里定行五
              时不及行三时              E. P. T51:357
```

```
诣张掖大守府  正月甲申鸡后鸣当曲燧卒猪受收降亭
              卒青
□候官         乙酉平旦五分付不侵卒放食时五分付
              执胡卒捐              E. P. T51:273
```

甲渠候官内,特别是在被称为"河南道上塞"的西南线路沿线设置的烽燧,与要塞并列在一起,由于沿循道路干线,因此其中不少烽燧也有传递文书的职能。①

虽然关于具体路线学界尚无一致意见,但甲渠候官内(道上塞)的烽燧配置状况大致如以下所示②:

```
                            不侵→万年
（北）  居延都尉府……收降→当曲→不侵→吞远
    不侵→执胡→诚北→武贤→临木→诚势北(卅井候官)
              （带下划线"__"的燧兼有"部"的职能）
```

其中,位于甲渠候官北端的烽燧是收降部(收降燧),南侧有临

---

① 吉村昌之:《居延甲渠塞における部燧の配置について》,《古代文化》50—7,1998年。
② 关于邮书传递路线,李均明《汉简所见"行书"文书考略》,《秦汉简牍论文集》,甘肃人民出版社,1989年)、前注吉村论文、籾山明《漢帝国と辺境社会》(中公新书,1999年)、永田英正《居延漢簡の研究》(同朋舍,1989年)等著述中均有论及,但论者具体看法未必一致。意见分歧主要在于,从不侵燧到诚北燧的路线是一条直线,还是包含了若干支线。这一问题至今尚未解决,由于简牍中有不侵→万年、不侵→吞远、不侵→执胡等等不同的记录,存在多条线路的可能性更大。

231

木部(临木燧),两者之间由北到南还设有不侵、吞远、诚北三部。①

上文列举的有关邮书的记录,是往来于道上塞的公文传送记录。"邮书刺"、"邮书课"、"邮书课举"等则是记录邮书传送状况的文书档案。以下简牍进一步证明,"刺"、"课"、"举"是不

---

① 目前,收降亭被认为是居延候官所属的燧或亭(参见永田英正《居延漢簡の研究》第435页和吉村昌之论文《居延甲渠塞における部燧の配置について》)。居延汉简中发现有不少写有"居延收降卒"、"居延收降亭"的简牍,前者意为"居延候官所辖收降燧戍卒"。

　　　　　八月庚戌夜少半临木卒午受卅井☐
　　　　　禺中五分当曲卒同付居延收降卒☐
　　　　　五里定行☐时☐分中程　　　　　　　　　　　　　　270・2

　　　　　九日诣部到居延收降亭,马罢,止害燧长焦永,行檄还放骑,永所用驿
　　　　　　　　　　　　　　　　　　　　　　　　　　　　E. P. F22:189

　　　　　　　　　　正月戊午食时当曲卒汤受居延收降卒襄,下铺
　　诣张掖大守府　临木卒护付诚势北燧卒则,当曲☐☐势北
　　　　　　　　　　时中程　　56・37

"收降"的确是燧名,这从"收降燧长"的简文中可以得到证明,候长则是收降部的长官。上述 E. P. F22:189 显示,同一地点还设有收降亭。

　　　收降燧长孙玄　　　　　　　　　　　　　　　　　　　131・12
　　　收降燧长茭至今　　　　　　　　　　　　　　　　　　238・5
　　　　　　　　　　　四月乙巳日迹积一日毋越塞兰渡天田出入迹
　　　收降候长赏候史充国　迺丙午日出一干时房可廿余骑莘出块沙中略得迹
　　　　　　　　　　　卒赵盖众
　　　　　　　　　　　丁未日迹尽甲戌积廿八日毋越塞兰渡天田出入迹
　　　　　　　　　　　　　　　　　　　　　　　　　　　　E. P. T58:17

K479 遗址被认为即是收降燧,这里并列设置着收降燧、收降部以及收降亭等多个机构,正如前一小节结尾所言"同一设施内,设置着若干个职能不同的官署和机关"。同样,前节论述的沙头亭卒和沙头卒的关系也适用于收降卒。

那么,收降燧、收降部属于哪个军事机关管辖?关于收降燧的归属,按照通常的观点,上文 283・5、E. P. T58:17 出自 A8(破城子)甲渠候官遗址,而且 E. P. T58:17 是关于日迹的簿籍,一般此类簿籍由所辖候官保管,据此推之,收降部应是甲渠候官管辖的部。如果是这样,本书探讨的文书传达实态也就容易解读了。但问题是,为什么会出现"居延收降亭"、"居延收降卒"的简文?这一点对于我们亭的考察相当重要,下文将对之进行探讨。

同种类文书。①

建昭四年四月辛巳朔庚戌,不侵候长齐敢言之。官移府所移邮书课举曰:各推辟部中牒别言,会月廿七日●谨推辟案

过书刺,正月乙亥人定七分,不侵卒武受万年卒盖,夜大半三分付当曲卒山,鸡鸣五分付居延收降亭卒世。　　E.P.T52:83(图3)

317·1、49·22这样的简札即是邮书刺,也被称为过书刺②,简面分两、三段记录邮件的数量、细项、封泥印章、收信者、传递时间以及传递者人名。

邮书刺上仅仅记录邮书的交递时间,"邮书课"则记录传递实际消耗时间(定行)、规定传递时间(当行)以及规定时间内邮书传递是否完成等检查结果,56·37、157·14、E.P.W:1和E.P.T51:357等简牍都属于邮书课。

如果检查发现邮书传送被耽延,那么就要出具文书来说明耽延的原因并列举传递环节出现的问题,这种在邮书课内容的基础上完成的文书叫做"举书",也被称为"邮书课举"。简E.P.T52:83是有关邮书刺核查结果的报告书的片段,其内容

图3

---

① 鹈饲昌男将简157·14之类记录邮送状况的简牍看做"邮书"(鵜飼昌男《居延漢簡にみえる文書の逓傳について》,《史泉》60号,1984年)。与这种观点不同,笔者认为,"邮书"是"被邮送的文书",意指邮件。《后汉书·皇甫张段列传》记载:"奏记谢颎曰:'小人不明,得过州将,千里委命,以情相归,足下仁笃,照其辛苦,使人未反,复获邮书,恩诏分明,前以写白'。"文中出现"邮书"一词,此外,汉代有监督邮件的官职——"督邮书掾"。

② 李均明:《汉代甲渠候官规模考》(上·下),《文史》第34、35辑,1992年。

言及：居延都尉府对甲渠候官下达了一份要求当月 27 日做出答复的举书（邮书课举），此文件由甲渠候官传至不侵部，不侵候长接到文件后，核查了万年→不侵→当曲→收降的邮书传递记录。①

既然牵涉到一系列的邮书传送记录，那么邮书刺、邮书课又是在何处完成的？下面的表题简和交付简可以回答这一疑问。

  建始二年十二月甲寅朔甲寅，临木候长宪敢言之，谨移
  邮书课一编敢言之　　　　　　　　　　E. P. T51:264
  临木部建武八年闰月邮书课　　　　　　E. P. T20:2
  临木燧建始二年二月邮书刺　　　　　　E. P. T51:391
 ● 吞远部建昭五年三月过书刺　　　　　　E. P. T52:72
 ● 不侵部建昭元年八月过书刺　　　　　　E. P. T52:166

一个月的邮书刺、过书刺以及邮书课，均与甲渠候官所属不侵、临木、吞远等部名联系在一起，其大意为："○○部某月的邮书传递记录。"单就 E. P. T51:264 而言，它实际上是临木候长宪向甲渠候官提交邮书课的呈状。据此推断，邮书刺以及与之相伴的检查簿——邮书课，原本都是在部中完成的。

那么，我们再来看邮书传送的实态。在上文列举的 56·37、203·2、157·14、E. P. W:1 等邮书刺、邮书课上，记录了甲渠候官的南端临木⇔卅井诚势北与北端当曲⇔收降的邮书传送状况，

---

① 检查邮书记录的简牍分为两类，一类只记有定行、当行之类传递所需时间，另一类还加有"中程"（符合规定时间）这样的确认语句。那么，两者有何区别？不加"中程"字样的就不是邮书课吗？笔者认为，"中程"未必一定要写。如果"定行"和"当行"两者写在一起的话，"中程"与否不言自明。另外，与"中程"相对应，还存在"留迟"的情况，然而，我们并未见到写有"留迟"的简牍。

以此来检查甲渠候官管辖区域(98里区间)传送任务是否在所定时间内处理完成。不过,这些记录并不是甲渠候官所辖最北的收降燧和最南的临木燧的邮书传递记录范本。

根据其他邮书传递记录,可以看到还存在着万年→不侵→当曲→收降(E.P.T52:83)、收降→当曲→不侵→执胡(E.P.T51:273)、诚勢北→临木→武贤(173·1)、不侵→执胡→诚北(49·22、185·3)等传递路线和模式。它们都是没有省略邮书传递环节,逐一进行记录的邮书刺和邮书课,考虑到邮书课、邮书刺都是在部级层面上完成的,可以推断,E.P.T52:83、E.P.T51:273实际上是不侵部内的邮书传递记录,173·1是临木部的记录,49·22则是诚勢北部的记录。那么,这些与"以邮行"、"以亭行"又有怎样的关系呢?

首先考察一下不侵部内的状况。邮书沿着收降⇔当曲⇔不侵⇔万年(或者执胡、吞远)这一路线传递,其中当然包含有检面写着"以邮行"的邮书,那么,在传递过程中,"邮"到底是什么地点呢?来看一下下面这支简牍:

> 正月辛巳鸡后鸣九分,不侵邮卒建受吞远邮
> 卒福,壬午禺中当卒光,付收降卒马印　　E.P.T51:6

不侵邮卒建从吞远邮卒福那里收到邮书,当曲卒光又将其转交给收降卒马印,这份邮书的传送路线为吞远→不侵→当曲→收降,属于不侵部区间的传送记录,值得注意的是,与当曲、收降燧名+卒某的称法不同,设部的不侵、吞远两个地名还附有"邮"字。不侵部、吞远部两地还被称为不侵邮、吞远邮,而其他普通的燧则没被记作邮,这应该表明邮与部是设置在一起的。通过邮传送的所谓"以邮行",实际上就是通过部来传送。

考虑到邮设于部这一点，上文考证过的邮书刺、邮书课等邮书传递记录都完成于各部这一事实也就容易理解了。记有"以邮行"的邮件一律在邮（部）内检视，然后发往相邻各部，可以说，"以邮行"三字不仅表明了文书传送的方法，而且也显示出文书的检视机关。论述至此，接着就应探讨"以邮行"与"以亭行"之间的差异。不过，在此之前还有两三点需要补充。

首先一点，在收降-当曲-不侵-万年这一线路之中，正如上文已经说过的，收降燧附置有亭，位于邮书传送的干道，从邮书要经过收降亭这一点来看，该亭大概可以被视为具有邮的职能的邮亭。另外，邮送用语中也有"以邮亭行"的语例（E. P. T53：71B，后出）。作为文书传递机构的邮，包含了与亭合一的邮亭和单独设置的邮两种类型，而"以邮行"和"以邮亭行"在传递方式上是相同的。①

第二是关于作为邮亭的亭的位置。收降亭位于甲渠候官河南道上塞的北界。在此，自然会产生这样一种推测：在额济纳居延地区，作为邮亭的亭大概设置于候官所辖区域的边界。同时，"界亭"这一用语值得注意。

　　　　　南书二封　　　二封章破诣鱳得　　□……

　　　　　　　　　　　　　　　　　　　　　付界亭卒同 505・23A

　　　　界亭　　　　　　　　　　　　　　　　　　506・10B

汉简中的"界"，分为部之界和候官之界两种，界亭的语义也应有"部界之亭"和"候官界之亭"两种可能性。假如取"部界"之意，那

---

① "以邮亭行"，这里解释为"通过邮亭传送"，但并不完全否定"通过邮与亭传送"的语义，在此还想留出解释的余地。

么不侵、吞远等部就应设有亭(邮亭)。可是,目前尚无资料证明河南道上塞的不侵、吞远、诚北、临木各部均设有亭,唯一可以确认的只有甲渠候官北界的收降亭。故此,当下我们仅能推断,甲渠候官河南道上塞邮路的北端边界设有收降亭,它就是一般所谓的界亭,同时也是一处邮亭。①

第三,收降部兼设邮亭——收降亭,不侵等部兼设邮。那么,其他诸如当曲、万年等基层烽燧,其邮书传送设施又被称为什么?具体职能如何呢?

笔者推测,所谓的"驿"指的就是这一层面的邮传设施。当曲燧的情况目前无法考证,万年燧兼称"万年驿",还配有"驿卒"。

> □分万年驿卒徐讼,行封橐一封,诣大将军,合檄一封,付武强驿卒,无印　　　　　　　　　　E.P.T49:29
> 正月廿五日参餔时,受万年驿卒徐讼合二封,武强驿佐柃愔　　　　　　　　　　　　　　　　E.P.T49:45A

"驿",大概就是邮下辖的邮书传送站,我们推测,与检视邮书内容、传递时刻、所用时间等事项的邮的职能不同,驿仅仅承担邮书接受和传递业务,配置着邮书传送员——驿卒以及代步的驿马。

在额济纳河甲渠候官所辖干道——河南道上塞,道路沿线设

---

① 《汉书·赵广汉传》中有"界上亭"一词(参见堀敏一《中国古代の亭をめぐる諸問題》,《布目潮渢博士古稀記念論集》,汲古书店,1990年,第64页)。

> 广汉尝记召湖都亭长,湖都亭长西至界上,界上亭长戏曰:'至府,为我多谢问赵君。'亭长既至,广汉与语,问事毕,谓曰:'界上亭长寄声谢我,何以不为致问?'亭长叩头服实有之。广汉因曰:'还为吾谢界上亭长,勉思职事,有以自效,京兆不忘卿厚意。'其发奸擿伏如神,皆此类也。

有亭-邮-驿,亭位于北端边界的烽燧,邮则分别附置于各部。①下面我们就来考证一下"以亭行"。

在同一个时期内,写有"以邮行"的简牍和写有"以亭行"的简牍,在数量上是基本相同的。所谓"亭",还应包括邮亭以外的职能机构。尹湾汉简记载的"亭六八八"、"邮三四"也反映出两者的差异。综合考虑这些事实可以推断,至少在居延、敦煌等汉代西北边地的文书传递中,"以邮行"和"以亭行"是彼此不同的。

那么,两者之间的区别何在？我们或许可以推想,其差异可能在于传递时间的快慢,一为快件,一为普通件。然而,这一假说很难成立。首先,邮亭传递和非邮亭传递之间的时间差难以预期,另外,前编考证检面表记的时候已经谈过,"快件"之类的邮传表记尚未发现,也没有其他证据表明快件的存在。

徐乐尧认为,"以邮行",是专指远距离传送重要文书的邮传用语,并不针对普通邮件。而"以亭行"传送的文书,则是都尉府、候官、候长下发到各亭的文书,是以亭传送的近距离邮件。② 徐说的问题在于,近距离与远距离、普通与重要之间区分标准是什么？的确,在1973年肩水金关遗址出土的"甘露二年丞相御史

---

① 我们的结论之所以限定于河南道上塞,是因为在甲渠候官所辖甲渠河北塞有箕山亭、陷陈亭、高沙亭,那里很可能一部一亭(参见吉村昌之《居延甲渠塞における部燧の配置について》,《古代文化》50—7,1998年)。目前还无法确定它们是否也是干道沿线邮亭。

　　另外,就居延候官之南的肩水候官区间的邮传而言,存在着以不令、沙头、驿北等亭为媒介的邮件传递,这究竟是"以邮行",还是"以亭行"？亭的配置如何？都需要进一步探讨。前文所举的"付界亭卒"的语例,也见于A35肩水都尉府遗址内出土的文书,所以界亭并非甲渠候官内的特别用语。作为邮亭的亭的配置可能并不只有一种模式。待到1973年出土的肩水金关简最终发表之后,这些问题才能解明。

② 徐乐尧:《居延汉简所见的亭》,《汉简研究文集》,甘肃人民出版社,1984年,第317—318页。

书"中,有"以邮亭行诣长安"字句(并非检面邮传用语)。然而,E. P. T53:71A、B 的 B 面也有相似的字句:

居延县以邮亭行

简背的 A 面,写有以下内容:

愿以令取宁。唯府告甲渠候官。予宁。敢言之。

这是一封从甲渠候官发往居延县的休假申请文书的副本。由于是残片,故而其详细内容无从知晓,至于这封文书是否记载了重要事项,目前也难以确定。但可以肯定的是,居延县甲渠候官的文书属于居延县辖域内的近距离文书。

"以邮行"和"以亭行"之间的差异,既不在于传送时间和传送距离,也不在于文书的重要程度。笔者认为,"以邮行"意指通过邮(部)来传递,"以亭行"则是一种依次通过亭而不借助邮的传递方式。在"以亭行"的情况下,亭不只是邮亭,还包括前文已经提到过的田亭、水亭、仓亭等等其他各类亭。沿着特定路线以亭为节点依次进行邮书传递,这即是"以亭行"。这里会出现一个疑问:注有"以亭行"的邮书,仅仅利用亭,而不借助邮和驿吗?邮亭姑且不论,其他的亭并不一定沿着交通干线设置。严格来说,"以邮行"和"以亭行"的传递路线不同,我们可以推断,交通干线上或设邮之处的文书传递主要利用邮和驿来完成。在此还应想到,"以某行"三字不仅表明了文书传递方式,还应旨在指示文书的检视机关。写有"以亭行"邮传用语的邮书,其传递情况的核查与检视不是在部(邮),而是在亭。这可能正是"以邮行"和"以亭行"之间实质性的差别。

还有一个必须思考的问题:无论是"以邮行",还是"以亭行",最重要的是将邮件投递到目的地,即便传递路线和检视环节有所区别,邮传和亭传的最终结果是相同的。能否可以根据这一点来说两者并无差异呢?

笔者在本书第二编第三章中指出,居延、敦煌出土文书的附检大致可以分为两类。一类是附在邮囊上的外检,邮囊里放置着不同收信者的多件文书;另一类是附在单件文书上的内检,内检还带有封印。邮书传送机关查看外检、打开邮囊之后,才能够检查内检。邮囊在传送过程中要开封数次,故而附在邮囊上的外检没有封印的必要。另外,外检检面的文字和内检的文字之间存在根本区别,内检写有单件文书接收者姓名,外检则写着邮囊的最终目的地。

考虑到这一点,就可以理解"以亭行"、"以邮行"两种传递方法并存的必要性了。如果显示传递方式的外检上写有"某以亭行","某"就是邮囊最后送抵的机关,"亭次行"意味着通过亭依次传递至最终目的地——"某","以邮行"则意味着通过邮依次传递到该地。这样,需要分发至各亭的文书和需要分发到各邮(部)的文书就被区分开来了,这也是"以亭行"、"以邮行"之间的一个重要差异。

以上,从多个角度探讨了汉代边地的邮书传递。在此,对上文内容进行概括,然后将话题转移到下节"地方行政制度中的亭制"。

(1) 亭的原义是施发信号的高楼、候望台、烽火台,简牍之中也能见到带有这一语义的"亭"字。

(2) "亭燧"一词,从亭作为建筑物的原义引申开来,意指包含烽火台在内的军事施设整体。

(3) 亭这一名称还用来指机构,"邮亭"、"田亭"、"农亭"、"水亭"、"都亭"、"乡亭"等等均属此类。

(4) 就邮亭而言,在额济纳河流域,特别是居延候官域内,部中设邮,存在着邮(部)——驿(燧)——亭(邮亭)等邮书传送机关。其中,设部的烽燧中也设有邮,负责完成邮书课、邮书刺等邮传记录。另外,邮亭设在候官的边界,也被称为界亭。

(5) 写有"以邮行"、"以亭行"的检,标明了具体传送方式:以邮传送?抑或以亭传送?此处的亭不仅仅指邮亭,也包括田亭、都亭、水亭等等其他各类亭,邮与亭的区别在于分发处理邮书的机关不同,邮与亭所传送的邮书可能在内容上也有差异。

二、地方行政制度中的亭制

1. 以尹湾汉简及文献史料为基础的考察

利用汉代边地出土简牍考察汉代各种制度之际,常常令人烦恼的是:根据边地汉简了解到的制度,是具有边郡特殊性的制度?还是通行于内地的具有普遍性的制度?

对于这一问题,我们很难找到判断方法。本章已经探讨了西北边地亭与邮亭的系统,接着应该在此成果上思考汉代一般亭制和邮制的状况。否则,前文考证出来的史实,难免会被看做是边郡地带特定情况下的一种殊相。

在乡、亭、里的研究方面,迄今学界已经取得了很多成果。近些年来还刊布了有关汉代内地亭制的考古新材料。1993 年,江苏省连云港出土了记有汉代东海郡行政组织的木牍,即所谓"尹湾汉简"[①]。下文再次引用尹湾"集簿"的部分内容。

[①] 连云港市博物馆、中国社会科学院简帛研究中心、东海县博物馆、中国文物研究所:《尹湾汉墓简牍》,中华书局,1997 年。

县邑侯国卅八,县十八,侯国十八,邑二,其廿四有城(堠)都官二　　　　　　　　　　　　　　　　集簿(A1)
　　乡百七十,□百六,里二千五百卅四,正二千五百卅二人,　　　　　　　　　　　　　　　　　　　　　　(A2)
　　亭六百八十八,卒二千九百七十二人,邮卅四,人四百八,如前　　　　　　　　　　　　　　　　　　　(A3)
　　界东西五百五十一里,南北四百八十八里,如前　(A4)
　　县三老卅八人,乡三老百七十人,孝弟力田各百廿人,凡五百六十八人　　　　　　　　　　　　　　　(A5)

关于"集簿"中记载的亭,西川利文、纪安诺等人已经做了考察①,笔者同意他们两人的观点。以下想就尹湾木牍中记载的有关亭和邮的信息做一阐述,其中或有与上文内容重复之处。

"集簿"分正反两面,正面12行,反面10行,记载了东海郡的行政组织、吏员、户口数以及谷物收获等情况,正如前章所言,这种记录与居延汉简 E. P. T51:306 相似。西川指出,第二行和第三行记载的有关乡和亭的内容,特意被分行书写,这证明"乡——聚——里——里正"和"亭——亭卒——邮——邮人"是两个不同的系统。关于县-乡-亭-里构成纵向序列的推想是错误的。

乡里系统和亭系统的差异在于,乡里是以民户为根本建构、组织起来的,而亭是以管辖领域和面积为基础,依靠行政的、人为的手段创设的。亭并非自然产生的,而是一种纯粹人为地划定行政区域和监督范围的机关,前章论及的亭的字义、亭的机构性质

---

① 西川利文:《漢代における郡県の構造について—尹湾漢墓漢牘を手がかりとして》,佛教大学文学部《文学部論集》81号,1997年;纪安诺:《尹湾新出土行政文书的性质与汉代地方制度》,《大陆杂志》95—3,1997年。

以及亭字不见于儒经等等的内容都能帮助我们理解这一点。①

回到尹湾汉简内容。与亭的数目——688形成对照,邮的数目是34,这与"十里一亭、五里一邮"所说的亭与邮数量比不相符合。不过,正如纪安诺所说的②,此处的亭不只是邮亭。本书也已考证过,以都亭为首,亭的种类林林总总,这样,东海郡亭数的总和远远超过邮的数量,也就是自然而然的事了。

尹湾"集簿"是关于郡级行政单位——东海郡的情况档案,说到各县制作的关于乡、聚、亭户口、吏员的统计簿,我们会想到,E. P. T50:3即是居延县的统计簿,由此也可推知,亭是县的下属机关。

关于亭和亭长由县管辖这一点,堀敏一已经论证得非常清楚。③ 在此,补充一条堀氏未曾引用的资料:根据《汉书·薛宣传》记载,薛惠就任彭城县令之际,其父薛宣从县中经过,看到桥梁、邮、亭等设施破旧失修,认为其子薛惠缺乏做县令的才干。

> 始惠为彭城令,宣临淮迁至陈留,过其县,桥梁邮亭不修。宣心知惠不能。
>
> 《汉书·薛宣传》

这条记载是专就邮亭而言的,或许我们可以推测:只有邮亭由县来管辖,其他各类亭直属于郡或其他上级机关,但是,从居延

---

① 这里强调亭的"纯粹人为"性质,是因为亭与亭部毕竟是一种管辖区域的划分,其间完全没有自然生成的要素。与此相对,以民户为依托构成的聚落(里·乡),即便不是自然形成的,即便经过了某种程度的行政调整,也不可能脱离原初聚落的基础凭空建立。
② 纪安诺:《尹湾新出土行政文书的性质与汉代地方制度》,《大陆杂志》95—3,1997年。
③ 堀敏一:《中国古代の亭をめぐる諸問題》,《布目潮渢博士古稀記念論集》,汲古书店,1990年。

县的实例来看,这种推想与史实不符。亭的管理以及人员任命等等都取决于县的指令。

在此,想针对前节遗留的问题做一回答。前节已经提到过关于"居延收降亭"一词的疑问:既然收降燧直属甲渠候官,那么为何居延收降亭要冠以"居延"二字?其原因在于,亭不归候官、都尉府、郡管辖,而是县的下属机构,"居延收降亭"意为居延县所辖收降亭。

关于都亭、乡亭、田亭的详细情况,文献史料语焉不详,相比之下,还是关于邮亭的问题最多。下节首先探讨最令学者困惑的"十里一亭,五里一邮"之语,然后在此基础上对乡、亭、里、邮的制度进行考证。

2. 乡、亭、里制度再考——以"十里一亭"为中心

关于亭制,目前常常引用的文献史料有如下几则:

> ① 大率十里一亭,亭有长,十亭一乡,乡有三老、有秩、啬夫、游徼。三老掌教化,啬夫职听讼、收赋税,游徼徼循禁贼盗。县大率方百里,其民稠则减,稀则旷,乡、亭亦如之。
> 《汉书·百官公卿表》

> ② 设十里一亭,亭长、亭候。五里一邮,邮间相去二里半,司奸盗。亭长持三尺板以劾贼,索绳以收执盗。
> 《汉官旧仪》

> ③ 设十里一亭,亭长、亭候。五里一邮,邮人居间,司奸盗,亭长持三尺板以劾贼,索绳以收执盗。 《汉旧仪》

④ 谨案:春秋国语:"疆有寓望。"谓今之亭也,民所安定也。亭有楼,从高省,丁声也。汉家因秦,大率十里一亭,亭,留也,今县有亭长。又语有亭待,盖行旅宿食所馆也。亭亦平也,民有争讼,吏留平处,勿失其正也。亭吏旧名负弩,改为亭长,亭长者,一亭之长率也。陈、楚、宋、魏谓之亭父,齐谓之师。
　　　　　　　　　　　　　　　　《风俗通》佚文

⑤ 国家制度,大率十里一乡。
　　　　　　　　　《续汉书·百官志》注所引《风俗通义》

⑥ 至平帝元始二年,民户千二百二十三万三千六十二,口五千九百五十九万四千九百七十八,其地东西九千三百二里,南北万三千三百六十八里。大率十里一亭,亭有长。十亭一乡,乡有三老,有秩啬夫、游徼各一人。县大率方百里,民稠则减,稀则旷,乡亭亦如之。皆秦制也。
　　　　　　　　　　　　　　　　　《晋书·地理志》

如何逐个解释上述文献中出现的"十里一亭"、"十里一乡"、"十亭一乡"等各种说法?或者将三者整合在一起加以把握?学界对于这些问题都已探讨了很久,笔者不打算结合新出材料就当前诸说逐一介绍和评论。然而,目前关于"里"的字义有不同的见解,"十里一亭"的"里"究竟是表示里程?还是表示聚落?而"方十里"指的是面积吗?另外,"十里一乡"和"十亭一乡"两个说法都成立的话,就会得出"一里一亭"的推论,这与"十里一亭"的说法不相符合。如何对此做出合理解释?以上两个疑问依然未能得到圆满解答。

刚才所谓"新出材料",毋庸赘言,首先是尹湾汉简"集簿",此外还包括1983年12月湖北省江陵县张家山247号汉墓所出竹简。张家山汉简之中题为"二年律令"的526支简札是吕后二年(前186年)撰成的法令集,其中包含关于邮书传递的"行书律"14条。关于本书探讨的邮亭制度,"行书律"中有极为引人注目的内容,重要条文引用如下:

十里置一邮,南郡江水以南,至索南界,廿里一邮

二年律令264

一邮十二室,长安广邮廿四室,敬事邮十八室,有物故,去,辄代者有其田宅。有息户勿减。令邮人行制书,急

二年律令265

书,复勿令为他事。畏害及近边不可置邮者,令门亭卒、捕盗行之。北地、上、陇西,卅里一邮,地险陕不可置邮者

二年律令266

得进退就便处。邮各具席,设井磨。吏有县官事而无仆者,邮为炊。有仆者,假器,皆给水浆。　　二年律令267

结合上述新出材料,可以肯定地说,《汉旧仪》和《汉官仪》所谓"设十里一亭……五里一邮,邮人居间"中的"十里"表示里程,十里四方即便不表示面积,也绝对不会是十个里的聚落的意思。

"十里一亭"表示间隔一定距离设置一亭,类似的表述也见于更晚的史料,例如:"十里一亭,三十里一置"(《后汉书·西域传》)、"二十里一亭,四十里一驿"(《晋书·苻坚载记》)、"十里一亭,三亭一置"(《新唐书·西域传》)等等。

从安息陆道绕海北行出海西至大秦,人庶连属,十里一

亭,三十里一置,终无盗贼寇警。而道多猛虎、师子,遮害行旅,不百余人赍兵器,辄为所食。　　《后汉书·西域传》

(大秦国)其制度……邮驿亭置如中国,从安息绕海北到其国,人民相属,十里一亭,三十里一置,终无盗贼。

《三国志·魏书》卷三〇所引《魏略》

自长安至于诸州,皆夹路树槐柳,二十里一亭,四十里一驿,旅行者取给于途,工商贸贩于道。

《晋书·符坚载记》

拂菻,古大秦也,居西海上,一曰海西国。去京师四万里,在苫西,北直突厥可萨部,西濒海,有迟散城,东南接波斯。地方万里,城四百,胜兵百万。十里一亭,三亭一置。

《新唐书·西域传》

这些史料中的"里"显然都是指道路里程距离,它们实际上就是从汉代里程"十里一亭"的规定沿循下来的。①

《二年律令》简 264 中,有"十里置一邮"、"廿里一邮"的记载。这里并不写"十里一邮",而写"十里置一邮",十分明确地说明了"十里"、"廿里"指的是空间距离。以《汉书》为首,之后的史书都将此作为法制用语加以引用。

不过,还应该思考的是,"二年律令·行书律"记载的"十里一邮",与《汉旧仪》等文献的"十里一亭,五里一邮"两者之间的抵牾之处。

---

① 《魏略》有关大秦国的记载,曾被松本善海《中国村落制度の研究》(岩波书店,1977年)第 222 页引用,它可以说是当时中国情况的投影。

行书律所说的邮和《汉旧仪》所说的亭,同样间隔十里。一种观点认为,其缘由在于时代、地域以及地理条件的差异。

另外,也有人认为,在某种场合,史书并未对"邮"、"邮亭"、"亭"做出严格的区分,它们名词的语义有狭义和广义之分,而史书取的当是其广义。

的确,前节探讨了"以亭行"、"以邮行"中"亭"和"邮"的语义区别。另外,"十里一亭,五里一邮"中"邮"和"亭"也是不同的机关,这一点自不待言。但是,"邮"有时也写作"邮亭",邮之中兼具亭功能的机关就是邮亭,如果将邮亭视为一种特殊的邮,广义上的亭(邮亭)也可以叫做邮,进而就可以说"十里一邮"与"十里一邮亭"是同义的。笔者认为,行书律"十里一邮"与《汉旧仪》"十里一亭"语义都是"十里一邮亭"。

至此,我们已经阐明:"十里一亭"的"里"意指距离,表示一种固定状态。接下来再从其他的视角对此做进一步探讨。

根据前面史料①—⑥中"十里一亭,五里一邮,邮人居间"的条文,可以推导出亭→邮→邮间这一邮书传递序列,它既与"集簿"A3显示的亭(卒)→邮→(邮人)吻合,也与居延甲渠候官邮书传递系统中亭(邮亭)→邮(部)→驿(燧)三个环节可以对应起来。邮之下驻有邮人的间(邮间)即是驿,这种设施只负责邮书的接收和传送。

东汉永平九年(66年),为纪念褒斜道开通而凿刻的摩崖石刻"开通褒斜道石刻"目前珍藏在汉中市博物馆。

  永平六年汉中郡以
  诏书受广汉
  蜀郡巴郡徒

二千六百九十人

开通襃斜道

（中略）

始作桥格六百卅三间

大桥五为道二百五十

八里邮亭驿置徒司空

襃中县官寺并六十四所

最凡用功七十六万六千八百

余人瓦卅六万九千八百四

其大意为：永平六年，汉中郡以诏书从广汉、蜀郡、巴郡募集民夫2690人，开通襃斜道。最初营造桥阁633间、大桥5座、道路258里，又建成邮亭、驿置、徒司空以及襃中县的官寺合计64所。总计耗费人工766800余人，用瓦369804（花费钱、物1499400余斛粟，九年四月竣工。自此，益州东至京师往返便利）。

258里的路程中设置着64所邮亭、驿置等设施，邮亭→驿的传送系列与居延的邮送系列是相同的，襃斜道石刻也证明了邮亭并非自然产生，而是人为设立的机关。①

"十里一亭"，是关于邮亭设置的规定。但是，在考证居延、尹湾等地邮亭的过程中，我们会发现：未必间隔十里设置一亭，这与

---

① 襃斜道是穿越秦岭联结长安和四川的道路之一，此外还有子午道和故道。关于襃斜道的开通，《后汉书·顺帝纪》有"延光四年乙亥，诏益州刺史，罢子午道通襃斜道"的记载。另外，汉中还有一处有名的摩崖石刻——"杨孟文石门颂"（148年），其内容是颂扬汉顺帝延光年间襃斜道开通的。在此，需要补充指出的是，"开通襃斜道刻石"明确记载了襃斜道的开通，所谓道路的开通并不仅指道路建成可供通行。从制度的观点来看，"交通干线的认定"主要取决于邮书是否利用该条道路。因此，"延光四年罢子午道，通襃斜道"应该被解释为：国道（干线道路、邮传路线）由子午道变成了襃斜道。正因为如此，邮亭的设置是需要着重探讨的问题。

《汉官仪》的相关规定有矛盾之处。不过,这一问题可以从"二年律令"的行书律中找到解释。行书律明确记载:根据所处地域和地理条件的差别,"十里一亭"的原则可以调整变通为"廿里一亭"或"卅里一亭",而且到了边郡地带,其间隔还可以进一步拉长。那么,"十里一亭"和"十亭一乡"两条规定如何嵌合?如何解释"十里一亭"、"十里一乡"之间的矛盾?

"十里一亭,十亭一乡"是《汉书·百官公卿表》的记载。其中,"十里一亭"实质上是关于邮亭距离的律文,这是班固引用的条文,不应是无视其他法条而特意载录的。另外,关于地方行政机构的管辖面积,百官公卿表中个别地方写有"县方百里","十里一亭"显然不是"方十里"。但是,我们也无法否定,"十亭一乡"指的是亭与乡的数量关系。这样,只能得出一种推论:《汉书·百官公卿表》记载,是将有关邮亭(作为邮书传送机关的亭)的规定与其他有关县、乡等基层行政组织的规定混合在了一起。换言之,"十里一亭"的亭是指邮亭,"十亭一乡"的亭则包括乡亭、田亭、水亭、仓亭等等所有的亭。一乡之中平均包含了十个亭,或者说一个乡的土地分由十个亭部管辖。

上文列举的史料④《风俗通义》的章句是实际上就邮亭而言的,但史料⑤"大率十里一乡"之语令人困惑,它是应劭《续汉书》刘昭注引用的文献,《太平御览》卷194所引《风俗通义》的记载则为:"大率十里一亭,十亭一乡",这说明《续汉书》刘昭注或许存在漏文或误引的可能性,至少可以说,如果仅凭《续汉书》刘昭注引用的《风俗通》这条记载来展开探讨的话,极可能得出错误的论断。

小　结

本章第一节根据汉代边地出土木简资料探讨了"亭"、"邮亭"以及相关的邮书传送系统，第二节在现有成果的基础上考察了汉代内地亭制的一般状况。

这里不欲再对细节进行重复论述，只想再次强调两点结论：其一，县下的乡-里行政机构和亭-邮-邮间（驿）邮传机关，虽然都归县管，但分属不同的系统。其二，"十里一亭"这一令人困惑的条文，实际上是就邮传系统而言，应当将其解释为邮亭来加以理解。

在第二节的开篇，笔者谈到了汉代边地制度的特殊性和普遍性的问题。仅就汉代的亭制和邮传系统而言，由于地理环境、政治军事条件不同，内郡和边地未必实行统一的法令制度，但可以推断，亭制的基本架构、邮书传送的方法以及驿站的设置与功能大体一致。不过，在亭制研究上，仍有一个需要探明的重要问题没有得到解决：即亭吏的主要职责以及亭应履行的基本职能等等，上文对此未做正面论述。在本章结尾，笔者想谈谈自己的解释。

李均明所列举的亭的职能包括：(1) 盗贼、犯罪者的缉拿；(2) 旅行者的宿泊；(3) 文书的传送；(4) 道路的补修和通行者安全的保障，等等。[①] "十里一亭"中的亭的职责当然包含文书的传送，然而，这应是邮亭的特殊职能，而其他各种亭未必承担。就邮亭而言，文书传送的任务由邮来承担，亭则是附设于该邮的机关，

---

① 李均明：《关于汉代亭制的几个问题》，《中国史研究》1988 年第 3 期。

那么，邮亭除了邮书传送就不履行别的职责吗？事实上，它与其他被称做"某亭"的各种亭一样，首先应履行"某"所指示的职责，另外还需完成亭本身的任务。

那么，亭本身的职责是什么？通过对亭长、亭卒、求盗等亭吏职务的考察已经弄清，亭的固有职能就是治安、警备等工作。①

亭长、亭候。五里一邮，邮间相去二里半，司奸盗。亭长持三尺板以劾贼，索绳以收执盗。

《汉官旧仪》

高祖为亭长，乃以竹皮为冠，令求盗之薛治之。（集解注应劭曰："旧时亭有两卒，其一为亭父，掌开闭埽除，一为求盗，掌逐捕盗贼。"索隐注应劭曰："旧亭卒名弩父，陈楚谓之亭父，或云亭部，淮泗谓之求盗也。"）　《史记·高祖本纪》

上面这条史料常常被引用，由此可以确认，亭吏即是地方警察，负责治安巡查。新出的张家山汉简·行书律也反映出这一事实。

畏害及近边不可置邮者，令门亭卒、捕盗行之。

行书律 266

行书律中的这条史料言及邮书传送路线上的治安维持，从一个侧面显示出邮与亭之间的密切关系。邮亭、田亭、水亭、仓亭等等所

---

① 参见堀敏一《中国古代の亭をめぐる諸問題》(《布目潮渢博士古稀記念論集》，汲古書院，1990 年)。近年有关亭的研究成果中，小嶋茂稔《州の機構の在地社會への浸透》(《漢代国家統治の構造と展開——後漢国家論研究序説》，汲古書院，2009 年)值得关注。小嶋在整理亭制研究既有成果的基础上，对西汉与东汉亭制的时代变迁进行了考察。其研究指出，亭拥有保安、警备的职能，与郡都尉彼此联系，东汉时期由州掌控。

谓的"某亭",可以视为附设于地方警署的某部门、某机关或某设施。联想到亭的原义——用于监视、警戒的高楼,我们就更容易理解亭的基本职能了。

由此,我们的认识可以得到新的拓展。作为治安、警察机构的亭,与其他各类官署、机构并设在一起,在汉代全国形成网络。汉帝国全境被划分为诸多亭部,而亭部由亭管辖。东海郡下分688亭,居延县则有24亭。汉帝国在编织起庞大的通信网络的同时,也通过各种基层职能机构的相互结合,建立起井然有序的治安警备系统。

第二章　交通行政
——通行证和关卡

引　言

"传"、"传舍"、"传马"、"传食"等用语,初见于《史记》、《汉书》等文献史料,近年也发现于出土简牍资料之中。另外,秦汉法律中有"传食律",尽管出土秦律和汉律中有关该律的条文并不完整,但其基本内容已经得到了解。

关于"传",正史的注释已对其做过解释,先前学者也做过相关研究。可以肯定的是,"传"与通信传达、运输、传递、旅行、宿泊设施等等有关,无疑是拥有其中某种功能的物品或设施,但更为详细的情况就不得而知了。例如:有人将"传"解释为旅行通关之际所持证明文书,这一观点并无错误,但"符"也是通行证,两者区别何在?另外,与通行有关的文书还有"致","致"与"传"之间又有什么差异?"传食"的语义也不明确,应该释为"凭借通行证——传领取的食物"?还是应该释为"'传'这种宿泊设施供给的食物"?

下文将首先考察居延、敦煌汉简中与"传"有关的资料,进而分析以"传食律"为首的涉及"传"的法律条文,同时在此基础上对既有相关论点做出评述,并提出笔者自己的见解。

传是与道路通行有关的某种公文,这一点没有疑问,那么,它在何地出示?如何查验?用途何在?说到通行,必定联系到关卡。笔者曾发表过一篇名为《汉代边境的关所》的论文,对额济纳河和疏勒河流域设置的关卡进行了考证,进而论及西域门户——玉门关的位置。① 撰写这篇论文之际,新居延汉简尚未发表,敦煌马圈湾出土简也只公布了一部分(30余支),笔者仅想通过论文提出一些大胆的推论。其后,西北地区新居延汉简、马圈湾简等珍贵的简牍资料公诸于世,中国内地也出土了涉及汉代关卡的法令——津关令的简牍资料。这些资料发表之后,拙稿遭到诟病,已经失去了学术价值,必须撤回、废弃。鉴此,笔者希望重新整理相关论点,在本章加以阐明。

　　下文首先分析一下文献史料所见"传"的相关注释。然后,列举居延、敦煌汉简中涉及"传"、"传舍"、"传食"、"传马"等用语的简文,在此基础上,考证"传"的固有语义,思考通行证的内容、用途。最后对汉代边地关卡进行探讨。

一、文献史料中的"传"及其注释

就传而言,颜师古在《汉书》中做了以下解释:

　　① 传者,若今之驿,古者以车,谓之传车,其后又单置马,谓之驿骑。

　　　　　　　　　　　　　　　　　《汉书·高帝纪下》师古注
　　② 传,置驿之舍也。　　　　《汉书·王莽传中》师古注

---

① 冨谷至:《漢代辺境の関所》,《東洋史研究》48—4,1990年。

③ 传，所以出关之符也。

《汉书·酷吏传·宁成》师古注

同样是颜师古的注释，传却被赋予了"驿"、"车"、"舍"、"符"等等不同的语义。

"传者，若今之驿"，意为"传相当于唐代的驿"。但是，必须先弄清"驿"的准确含义，然后才能判断这种解释正确与否，另外，唐代所谓驿传制与汉代的相应制度应有差异，简单地划出传＝驿的等式，会使问题更加复杂。不过，恐怕颜师古并未比较两者的严格定义，只是考虑到两者都是"运输、旅行之际可以利用的沿途设施"，才得出传＝驿的结论。在文献①中，颜师古又将传和交通工具结合起来，列出"传车"、"传马"等词汇。

以单字"传"来指车马的语例，见于《汉书·高帝纪》如淳注：

> 律，四马高足为置传，四马中足为驰传，四马下足为乘传，一马二马为轺传。急者乘一乘传。

"置传"、"驰传"、"乘传"、"轺传"，是根据马匹速度划分出的四个不同等级的车辆，这里统称为"传车"，下章将以居延汉简资料进行详细说明。《史记索隐》引如淳注对于《史记·文帝本纪》"皆以给传置"的解释，与《汉书·高帝纪》如淳注基本相同：

> 如淳云："律，四马高足为传置，四马中足为驰置，下足为乘置，一马二马为轺置。如置急者乘一马曰乘也。"

这里，"传置"、"驰置"、"乘置"、"轺置"的词尾并非"传"，而是变成了"置"。与注相对应的《史记》原文内容是："太仆现有的马匹，只留下必需的，余皆以给传置"，将此处的"传置"注解为"四马高足"的"传置"，显得很不自然，"给传置"应该理解为"交出用做传的配置"。因此,该句注释所引用的律文即便是"传置",也是不恰当的注释。然而,就注释中所引的律文而言,笔者认为,"置传"才是准确的说法,《史记·文帝本纪》的注解为了与"给传置"对应,有意将"置传"倒置成了"传置"。

之所以将"置传"看做准确说法,第一个重要理由是:《汉书·平帝纪》中也有"轺传"一语,附注引用如淳律注对其加以解释,注文也出现了"置传"、"驰传"、"乘传"、"轺传"等等"○传"的说法。

> 征天下通知逸经、古记、天文、历算、钟律、小学、史篇、方术、本草及以五经、论语、孝经、尔雅教授者,在所为驾一封轺传,遣诣京师,至者数千人。　　《汉书·平帝纪》
>
> 如淳曰:"律,诸当乘传及发驾置传者,皆持尺五寸木传信,封以御史大夫印章。其乘传参封之。参,三也。有期会累封两端,端各两封,凡四封也。乘置、驰传,五封也。两端各二,中央一也。轺传,两马再封之。一马一封也。"

此处如淳注中引用的汉律,与上文的"四马高足为置传,四马中足为驰传,四马下足为乘传,一马二马为轺传。急者乘一乘传"在内容上关系密切。另外,师古还有"以一马驾轺车而乘传"的注解,因此,至少师古所见"汉书"以及如淳注一定是写做"轺传"的。"四马高足"对应的自然也是"○传"。

第二,在下文引用的出土汉律中,有"诸乘传"、"乘置乘传"等语句。它们与《汉书·平帝纪》所引的如淳注的律文有相似表述。它们证明了《平帝纪》所引律文"○传"的正确性,同时也证明《汉书·高帝纪》所引如淳注"律,四马高足……"之后并非"○置",而是"○传"。张家山247号墓出土的所谓"二年律令"汉律,其传食律和户律依次有如下条文。

> 诸乘传起长安之□"陵"□"阳","□"□"之
>
> 传食律 228

> 诸□□及乘置乘传者□□,皆毋得以传食焉。
>
> 传食律 231

> 食马如律。禾之比乘传者马。使者非有事,其县道界中也,(中略)以诏使及乘置传,不用此律。　　传食律 234、235

> 伏闭门,止行及作田者。其献酒及乘置乘传,以节使、救水火、追盗贼,皆得行。不从律,罚金二两。　　户律 306

如果将《平帝纪》注、传食律 231、户律 306 中的"乘置乘传"解释为"乘置和乘传",会让人对"乘置"和"乘传"的混合并列产生疑问,难以弄清其真正语义。传食律 235 则明确写做"乘置传",据此可以推定,"乘置乘传"应是"搭乘置传和乘传"。同样,平帝纪如淳注的"乘置驰传"也可以被解释为"搭乘置传和驰传",全体内容则可解读为:乘传→三封、置传·驰传→五封、轺传→二封、单马→一封。

第三,根据汉初"置"的语义及其后来演变,很难得出"传置"是汉律用语的结论。"置传"之所以会被反写为"传置",是因为"传"和"置"两者都是指与运输、移动相关的手段或施设,"邮"、"传"、"置"常被视为同义语。《孟子·公孙丑上》曰:"德之流行,速于置邮而传命",焦循《孟子正义》引用清朝及前代诸说,阐明"邮"、"传"、"置"都有传递的意思。

阎氏若璩释地续云:"颜师古汉书注云:'传,若今之驿。

古者以车,谓之传车。其后单置马,谓之驿骑。'字书曰:'马递曰置,步递曰邮。'马递指驾车之马,非徒马也……"王氏念孙广雅疏证云:"邮、置,驿也。方言:'驿,传也。'郭璞注云:'传,宣语也。'尔雅:'驲、遽,传也。'注云:'皆传车驿马之名。'玉篇:'驿,译也。'三者皆取传递之义,故皆谓之驿,置邮者。说文:'邮,竟上行书舍也,驿置骑也。'孟子:速于置邮而传命。"段氏玉裁说文解字注云:"释言,邮,过也。按:经过与过失,古不分平去,故经过曰邮,过失亦曰邮。"按:置、邮、传,三字同为传递之称。

焦循认为,"置"、"邮"、"传"都是与"驿传"有关的用语,而且其材料依据可以上溯至汉代。然而,《孟子·公孙丑》"速于置邮而传命"中的"置",应当解读为动词"设置",全句意为"因设邮传播宗旨而迅速(流衍)",而不能解释为"传递"。的确,作为邮、传同类设施的"置"也是存在的,近年,在河西走廊敦煌附近发现了一处文书传送设施遗迹,遗迹中出土了写有"悬泉置"的检,由此可知,这处遗迹就被称为"置"。另外,根据"汉改邮为置。置者,度其远近之间置之也"(《后汉书》传五八李贤注所引《风俗通义》)①一说,邮这一名称的确曾被改做置。不过,置作为设施名称代替邮出现,可能是在进入东汉以后,西汉之前"置"尚未用做设施名称。"置传"被误写为"传置","置"与"传"成为同义语,这些大概都是东汉以后的事。因此,可以推断,用来指交通工具的"传置"、"驰置"、"乘置"、"轺置"等词语不可能出现于西汉时期。

---

① 《后汉书》列传五八"识张孝仲刍牧之中,知范特祖邮置之役"。(说文曰:"邮,境上传书舍也。"广雅曰:"邮,驿也,置亦驿也。"风俗通曰:"汉改邮为置。置者,度其远近之间置之也。")

上文列举的颜师古关于传的注释②"传,置驿之舍也",指的是建筑物,具体而言,是可供旅行者利用的宿泊、休憩设施,文献史料中也常见"传舍"一词。

> 窦皇后兄窦长君,弟曰窦广国,字少君。少君年四五岁时,家贫,为人所略卖,其家不知其处。(中略)闻窦皇后新立,家在观津,姓窦氏。广国去时虽小,识其县名及姓,又常与其姊采桑堕,用为符信,上书自陈。窦皇后言之于文帝,召见,问之,具言其故,果是。又复问他何以为验?对曰:"姊去我西时,与我决于传舍中,丐沐沐我,请食饭我,乃去。"(索隐:决者,别也。传音转。传舍谓邮亭传置之舍。盖窦后初入宫时,别其弟于传舍之中也。)　《史记·外戚世家》

上文提到:汉文帝的皇后窦后,在传舍中用淘米水为其弟洗了头发,又给他喂了饭,然后与之告别前往都城。索隐注释中的"传舍谓邮亭传置之舍",应该解释为"附设于邮亭的传置房舍(邮亭的传置之舍)"? 还是应该解释为"邮、亭、传、置的房舍"? 索隐原文到底是什么意思? 我们很难对此立刻做出判断。不过,"传"和"传舍"是旅人歇脚、沐浴、获取膳食的设施,这一点可以肯定。需要补充说明的是,作为宿泊设施名词的"传",与"邮"、"亭"不同,亭、邮是一种行政机构,而传则非行政官署。邮、亭常常写做某邮、某亭,而我们尚未发现"某传"之类的名称。再来看以下《后汉书》中的记载:

> 建宁二年,遂大诛党人,诏下急捕滂等。督邮吴导至县,抱诏书,闭传舍,伏床而泣。滂闻之,曰:"必为我也。"即自诣狱。　《后汉书·党锢列传》

这条文献讲到督邮吴导到县衙,关闭传舍,这里所说的传舍

第二章 交通行政

是附设于县衙的宿泊设施。

在前文颜师古的注释③中,将"传"解释为通过关卡时出示的符。置传、乘传指交通工具;传舍指建筑物;"传"指的则是一种文书——符。

我们推测,传具有"通行证"的功能,这从下面的史料中可以得到印证。

> 初,军从济南当诣博士,步入关,关吏予军繻。军问:"以此何为?"吏曰:"为复传,还当以合符。"军曰:"大丈夫西游,终不复传还。"弃繻而去。　　　　　　《汉书·终军传》

"繻"、"符"以及"传",都应是通行证。但关于它们各自的严格定义,学者们意见不一。有学者认为,"传"、"棨"、"繻"都是过书,相当于一种符证①;另有学者认为,传是证明旅行者身份的文件的总称,包括长途旅行者携带的传信(棨),以及限于特定关口使用的符、繻,其中,相当于后世过书的是"棨"。②

要辨明上述名词的语义,首先要认识到,在汉代一系列有关通行证的用语之中,有着制度用语、一般用语以及普通名词的区别。后世注者的解说往往沿循"A与B同义,与C近义"的模式,实际上,A、B、C未必都是制度用语,即便都是,也需要注意语义的时代变化。其中,"繻"最为典型。首先,"繻"用来指通行证的语例仅见于《终军传》,它通常的语义是薄绢。根据出土文字资料来看,繻是一种布,并未发现将其作为通行证的实例。

　　　　□□□里蔡□　练袍一领、布绔一两、布繻一领、韦绔一

---

① 仁井田陞:《唐宋法律文書の研究》第六章,东京大学出版会,1983年,第843页。
② 大庭脩:《漢代の関所とパスポート》,《秦漢法制史の研究》,创文社,1982年,第597页;大庭脩:《漢代の符と致》,《漢簡研究》,同朋舍,1992年,第171页。

两、衣□□□□褐练　一

E. P. T51:387

"繻"究竟是不是一个用来指"证书"的、具有法律意义的用语？笔者对此持怀疑态度。《终军传》谈及的"繻"，很难被解释为制度用语，更明确地说，"通行证、过所被称为繻"、"往返特定关口者用繻"等说法，都是《终军传》带来的误解。

《终军传》中的"繻"，应是一种布片，以两片薄绢制成，两片合一就成为证书，仅在关守特别通关之际使用。后文还将详细论述，"符"是此类通关文书的法制用语。目前，我们尚未弄清，以薄绢——"繻"制符是否属于一种通常做法。《终军传》记载的关守以布片代符、终军弃之而去等情节显得比较夸张，富于戏剧色彩，据此考察现实中的通关制度未必妥当。至少在文献资料上，我们还未找到以繻代符的其他例证。尽管如此，张晏、苏林以及颜师古都给《终军传》的这条文献加了注释。

> 张晏曰："繻音须，繻，符也。书帛裂而分之，若券契矣。"
> 苏林曰："繻，帛边也。旧关出入皆以传，传烦，因裂繻头合以为符信也。"
> 师古曰："苏说是也。"

张晏所做的解释大意为："繻同符，在帛上写字，然后一分为二，像券、契那样。"在此需要弄清，张晏所要表达的究竟是"繻与符是同义用语"？还是"将繻当做符来使用……与券和契的用法相同"？无论如何，笔者并不认为"繻"是意指证件的法制用语。

关于"繻"的注释中所见的"符"，《说文解字》有如是解释："符，信。汉制以竹长六寸，分而相合。"居延出土的符上常见"六寸符券"的习惯用语，秦律、汉律的律文上也有关于"符"的规定，

第二章 交通行政

由此可以推断,"符"在汉代是一个制度用词。其长度大约为6寸(13 cm—14 cm),两片一组,分别刻齿,可以相互对合。关于其具体功能、用途,在下面涉及出土简牍的一节中将与传一同论述。

这里暂且搁置有关缥、符的考证,回到"传"的话题。

"传"是一种关系到通行的证书,这从文献中可以得到确证。据《汉书·文帝纪》记载,文帝前元十二年三月,关卡被废止,"传"被停用。又据《汉书·景帝纪》载,景帝前元四年春,再设关卡,恢复传的使用。

(十二年)三月,除关无用传。　　《汉书·文帝纪》

四年春,复置诸关,用传出入。　　《汉书·景帝纪》

张晏给《文帝纪》这条史料加了注解:"张晏曰:'传,信也,若今过所也'。"由此可见,传相当于张晏所处的时代——魏晋时代的过所。另外,如淳注曰:"两行书缯帛,分持其一,出入关,合之乃得过,谓之传也。"将两行书写的缯帛一分为二,旅行者执其一半,通关时若能与另一半拼对合一,就可以获准过关。

然而,如淳的注释应是考虑到了《终军传》中所说的缥,但是,由于木制传的存在已经被考古工作证明,以缯帛制作传的说法缺乏置信度。还有一个问题是,传真的是两件一组,在形制和功能上与所谓"符券"相同吗?大庭脩已经对该问题做过考证,笔者同意大庭的基本观点,关于"符"与"传"的具体差异,将在下节进行考察。

"传"是通行证,《汉书》的《文帝纪》和《景帝纪》都提到了"传"的使用,另外,"传"和"符"一样,都见于秦律和汉律的条文之中。毫无疑问,法律条文中的用语即笔者所说的制度用语。值得一提的是,大庭脩认为,《文帝纪》张晏注"传,信也,若今过所也"不应读做"传,信也",而应读做"传信也","传信"就是证明身份的护照,是与传舍、传马并列的惯用名词。①

汉代确有"传信"这一惯用语,它与意指旅行者身份证的"传"是同义的。后面还会谈到,悬泉置出土简牍中有关于丢失"传信"的记载,从"假一封传信"、"有得亡传信者"等简文中可知,"传信"的确是一个惯用语。同样,"符"在习惯上也被称为"符信",上文引用的《史记·外戚世家》中有"用为符信"的记载,另外,苏林曰:"繻,帛边也。旧关出入皆以传,传烦,因裂繻头合以为符信也。"可见,"符信"是一个惯用语。《说文解字》六编上云"棨,传信也",也印证了传信确属惯用名词。

然而,笔者并不认为《文帝纪》张晏注应该读做"传信也"。针对正文中出现的名词A,不采用"A,B也"的体例进行注释,而直接采用"B也"的体例,这种情况并非没有,但就张晏注而言,一般应该读做"传,信也","传信也"的读法显得十分不自然。另外,大庭脩指出,"律,诸当乘传及发驾置传者,皆持尺五寸木传信,封以御史大夫印章。其乘传参封之"(《汉书·平帝纪》如淳注)提到了"木传信",但是,笔者认为这个三字惯用词并不存在。如淳所引汉律的句子应该读做"皆持尺五寸木,传信",动宾结构的"传信——传示凭信"一词的典据是"春秋之义,信以传信,疑以传疑"(《春秋谷梁传》桓公五年),即便固定成为了惯用词语,传信的语义仍是"传示凭信"。"符信"也是"核照证据"的意思(《史记·外戚世家》中窦广国当做符信的,并非符券,而是幼年时与姐姐一起玩耍的记忆,这里的"符信"指的是证据或证明),同样是动宾结构

---

① 大庭脩:《漢代の関所とパスポート》,《秦漢法制史の研究》,創文社,1982年,第594—595页。

的词汇。因此,如果将如淳注中的"传信"看做"移动、旅行时所持的证件",那么它就无法和"传舍"、"传马"并置在一起。①

除了"符"、"繻"、"传",具有证件功能的还有"棨"。《说文解字》六编上云:"棨,传信也。"《汉书·文帝纪》李奇注曰:"传,棨也。"同颜师古注曰:"古者或用棨,或用缯帛。棨者,刻木为合符也。"由此可见,"棨"与"传"属于同类物品。

以上各种解释,大都与"传"有关。不过,我们还无从确证,"棨"也是颁发给旅行者(特别是长途旅行者)的证书。《释名·释书契》云:"启,诣也,以启语官司所至诣也。"《释名》中的"启",即便与"棨"同义,也不一定与通关的语义锁定在一起。另外,简牍资料中尚未发现"棨"与通关事务联系在一起的例证。

言及棨、棨信等用语,下述《后汉书·窦武传》中的记载值得注意:

> 使乳母赵娆等拥卫左右,取棨信,闭诸禁门。

李贤给"棨"加了如下注释:

> 棨,有衣戟也。汉官仪曰:"凡居官中,皆施籍于掖门,案姓名当入者,本官为封棨传,审印信,然后受之。"

根据以上文献,棨是以布帛装饰的戟(棨戟),出入宫殿大门之际使用。《后汉书·窦武传》相关记载证明,"棨信"被用做宫门

---

① 居延汉简中散见"以印为信"习惯用语,意思是"作为凭据的印"或"将印作为信用标识"。

臧翁卿钱六百臧□以付 翁卿以印为信	14·19A
十二月辛巳第十候 长辅敢言之负令史	
范卿钱千二百愿以十 二月奉偿以印为信敢言之	E. P. T51:225A

晋代的楼兰简中有"印信"("马厉印信"楼兰尼雅 308)一词。印信就是印,"以传为信"也可转化为"传信"。但是,其词语结构与"传舍"、"传马"完全不同。

关闭时的证件,李贤注所引《汉官仪》以及《续汉书·百官志》将"棨"和"棨传"与宫门守卫官联系到一起加以说明:

> 宫掖门,每门司马一人,比千石。本注曰:南宫南屯司马,主平城门;宫门苍龙司马,主东门;玄武司马,主玄武门;北屯司马,主北门;北宫朱爵司马,主南掖门;东明司马,主东门;朔平司马,主北门;凡七门。凡居宫中者,皆有口籍于门之所属。宫名两字,为铁印文符,案省符乃内之。若外人以事当入,本官长史为封棨传;其有官位,出入令御者言其官。
> 《后汉书·百官·卫尉》

那么,仪式用的棨戟和作为出入证件的棨信又是怎样联系到了一起呢?关于这一问题,虽然缺乏可资实证的资料,但我们可以从《集韵》等书中看到有关"棨"的解释:"形如戟,有幡书之,吏执为信。"

另外,可以推测,"棨"通"启",言指门的启闭,《周礼·地官司徒·司门》曰:"司门掌授管键,以启闭国门,几出入不物者,正其货贿。凡财物犯禁者举之。"有关大门启闭的证件——"启信"可能就是在此基础上产生的。"启信"一词见于楼兰晋简。

> 违会不还,或安别牧私行籴买,无过所启信,前各私从吏周。
> 楼兰尼雅 713

以上围绕"棨"展开了详细的论述。关于是否可以将"棨"视为言指旅行者所携证件的法制用语,笔者仍然有所踌躇。笔者更倾向于认为,"棨"是大门开闭,特别是宫门开闭之际使用的证件。如果是这样,就可以解释为什么尚未发现资料能够证明"棨"是旅行者(特别是长途旅行者)所携通行证,以及为什么出土简牍中有"传"一词却无"棨"一词。进而言之,《说文解字》"棨,传信也"的

"传",并非我们这里所说的旅行者证件这一特定语义,而应当解释为"传达信息"或"传达信息的物件"。

行文至此,有必要论述一下"传舍"、"传马"以及作为证件的"传"之间的共通语义。刘熙《释名》中有如下记载:

> 传,传也。人所止息而去,后人复来,转相传,无常主也。
>
> 《释名·释宫室》

这里,"传"被解释为移动、传递,刘熙的解释应该考虑到了一系列涉及通信传达的含有"传"字的惯用语。如果将词义表述为"通信、出行"的话,"传马"的意思就是"用于通信、出行的马","传舍"就是"用于通信、出行的宿舍","传食"则是"通信、出行之际利用的食品","传"指的是"旅行者(出行者)的身份证件"。不过,就作为身份证件的"传"的语义而言,我们或许还可以从另一个角度对其进行理解,上文提到的"传信"(传示凭信)的"传",其意为"传示"、"告知",而作为旅行者身份证件的"传"也是一种"传示凭信的物品"。如果将"传舍"、"传食"等词语中的"传"视为人或物的物理移动,"传信"则可以说是信用讯息的传达。

二、简牍资料中的"传"——以汉代边地木简为中心

上节对文献史料中的"传"进行了语义分析。下文将在此基础上,考察简牍资料,特别是居延和敦煌木简中出现的"传"、"传舍"、"传食"等词语。

"传"有"移动"、"传递"的意思,这一语义在居延汉简和敦煌简也可以得到确认。

【传诣(传达、传送)】

    左后部小畜狗一白传诣官急   74·6A

    左后部小畜狗一白传诣官急   74·6B

    百传诣官勿留   126·6

    敢言之以亭次传诣狱   148·44

    尊作记愿诣

    卿掾幸传诣

    官属长宣所   564·8B

    第廿三候长□□行传诣

    官毋留   E. P. T48∶119A

    竹相传诣官以辛亥日平旦起燧者走□□□□

                                        E. P. T57∶64

    "诣"转变为惯用语"诣官",频繁出现于居延汉简,主要指前往候官等官署。关于以上126·6、E. P. T48∶119A等简文中的"传诣",假若把"传"看做通行证件,"传诣"可以解释为"以传赴官(候官)"。但是,如果将148·44读做"以亭次传,诣狱"的话,"传诣官"宜理解为"传送诣官"。下面的简206·29中有"传送诣官"的句子,其省略式应是"传诣官"。另外,传送、传行等词语见于以下诸简。

【传送】

    万年部卒,传送诣官,务以毕写欲言,不毕,遣敞诣官,如律令,会月十五日   206·29

□通都水长常乐,知火再举逢未下,吏收葆不得行,而使
卒传送客许翁卿　　　　　　　　　　　　　　　　D1363

　　□等当休守,皆传送,□古齿作　　　　　　　　D2239

【传行】
　　　　昕宼燧繩十丈札五十櫾二
　　蓬火治所
　　　　以亭次传行世留　　　　　　　　　273·1

　　广田以次传行至望远燧止　　　　　　　273·29A
　　以次传行至望远止　　　　　　　　　　278·1A
　　广田传行至望远止　　　　　　　　　　557·1A
　　广田燧以次传行至望远止　　　　　　　563·1A
　　□半以平起万岁燧候长士吏传行各尽界,毋得迟时,必
坐之　　　　　　　　　　　　　　　　E.P.T57:40
　　尺竟传行付鉼庭　　　　　　　　　E.P.T59:267
　　凌胡以次写传,至广昌县,便处令都尉,到□可得
　　　　　　　　　　　　　　　　　　　　D1684B
　　广　武写传至步昌陵胡以次行　　　　　　D1809

　　A10(瓦因托尼)出土的检,检面内容是"以次传行至望远燧止","传行"就是"传递"的意思。
　　以上谈到的都是意指"传达"、"传递"的"传"的用法,下面来考察一下作为通信、传达设施的"传"及其与之相关的"传舍"、"传马"、"传食"的例证。

【传舍】

　　显美传舍斗食啬夫莫君里公乘谢
横　中功一劳二岁二月　今肩水候官
士吏代郑昌成　　　　　　10·17

　　山蘮得二人,迭囚昭武　□四月旦
见徒复作,三百七十九人
　　卅八人署厨传舍狱城郭官府□六
十人,付肩水部,〃遣吏迎受
　　　　　　　　　34·9、34·8A

　　居延传舍啬夫,始至里公乘薛
　　　　　　　　　77·16

　　永始三年三月辛亥,居延城司马
谭,以秩次行都尉事
　　当舍传舍从者,如律令/□□□□
　　　　　　　　　140·2

　　元延二年七月乙酉,居延令尚、丞
忠,移过所县道河津关,遣亭长王丰,以
诏书买骑马酒泉、敦煌、张掖郡中,当舍
传舍从者。如律令/守令史诩、佐襃
七月丁亥出　　　170·3A(图1)

图1

二匹,当舍传舍从者,如律令/☑　　　　293·10A

　　元凤三年十月戊子朔戊子,酒泉库令安国,以近次兼行大守事,丞步迁谓过所县河津请
　　遣□官持□□□钱去□□取丞从事金城、张掖、酒泉、敦煌郡,乘家所占畜马二匹,当传舍从者。如律令/掾胜胡、卒史广

　　　　　　　　　　　　　　　　　　　303·12A

【传马】

　　　　出茭卅束食传马八匹
丙辰
　　　　出茭八束食牛　　　　　　　　32·15

　　传马名籍　　　　　　　　　　　　203·39

　　传马十二匹
　　传车二乘　　　　　　　　　　　　212·69

　　七月尽九月传马四　　　　　　　　249·2

　　入传马食卅石八斗　　　　　　　　303·22

　　二月庚戌,食传马六匹,尽戊午积九日,率二升　503·19

　　□传马五匹
　　　　始建国五年二　　　　　　E.P.T59:585

　　　　河平四年十月庚辰朔丁酉,肩水候丹敢言之,谨移传驿马名籍

　　　　□□敢言之　　　　　　　　　　　　　　284·2A

【传食】

　　　□东部五威率言,厨传食者众,费用多,诸以法食者,皆自斋费,不可许　　　　　　　　　　　　　E. P. F22:304

　　　□尉须省卒亭一人会月十五日毋失会日
　　　毋得使吏卒责署相从饮食命从传食　　　D979A

以上汇集了涉及传舍、传马、传食的简牍资料。

上节提到,"传马"是用于"通信、移动"的马,"传舍"就是"用于通信、移动的屋舍","传食"则是"通信、移动时利用的食物"。在这种语境下,我们会联想到拥有一定空间的设施,特别是官方设施。上面列举的简10·17和简77·16之中,可以看到传舍啬夫这一官职名的存在,据此推定,传舍就是一种官方设施的名称。那么,"传"的物理场所在哪儿?它与"邮"、"置"、"驿"又有什么区别?

假设传马由传来管理,那么我们就可以从与传马有关的一系列木简找到一些研究线索。这些资料包括:"传马名籍"(简203·39),传马统计单(简212·69、简E. P. T59:585)以及传马的食料供给账簿(简32·15、简249·69、简303·22)。它们分别出自肩水金关(A32)、肩水候官(A33)、肩水都尉(A35)、甲渠候官(A8),这证明了传马备置于候官、都尉或者它们的下辖官署。简284·2A是肩水候官呈送给肩水都尉府的传马名籍和驿马名籍(传驿马名籍)的誊本。

那么,候官之下设置着传这种机构存在吗?但是,从出土简牍资料中,找不到传这种专门机构存在的依据。鉴此,一个自然的推测是,传舍、传马直接附设于候官、部等等机构,那里供给的伙食就是传食。换言之,设置于候官、部(关于最小单位的燧是否设有传舍、传马,目前还无法确定)乃至都尉府、县等官署和军事基地的旅行者用的住宿设施、交通工具、伙食,即传舍、传马、传车、传食。

简284·2A中有"驿马名籍"和"传马名籍"两个不同的用语。"驿马"这一用语,也屡见于居延汉简,下面有必要论述一下"传马"和"驿马"、"传"与"驿"之间的概念区别。

笔者将简牍资料中的"驿"看做邮书传达设施,烽燧之中,既存在着具有邮的功能——检查邮书内容、传递时间、所需时间的机关,也存在着配有驿马和邮书发送者——驿卒并且单纯执行邮书接受与传递任务的驿。① "驿"是邮书传送活动相关的机构,与此相对,含"传"的名词则指与旅行者有关的各种设施。旅行者所携证件上注明了提供"传舍"的条款,因公旅行者使用的交通工具是传车、传马。

旅行者必须携带的证件——"传",具体状况如何?② 下文我们将从申请手续、文书格式、发送以及它与符、致的区别等方面,

---

① 参看本书第三编第一章"汉代的地方行政"。
② 关于汉简中言及的旅行者携带的传,相关成果包括:大庭脩的《漢代の関所とパスポート》(《秦漢法制史の研究》,創文社,1982年)、大庭脩的《漢代の符と致》(《漢簡研究》,同朋舍,1992年)、李均明的《汉简所见出入符、传与出入名籍》(《初学录》,兰台出版社,1999年)。最近,藤田胜久也着力推进了汉代通信、信息传递等方面的研究,其代表论文有:《古代東アジアの情報傳達》(汲古書院,2008年)、《張家山漢簡〈津関令〉と漢墓簡牘——傳と致の情報傳達》(《愛媛大学法文学部論集》22号,2007年)、《漢代の交通と傳信の機能——敦煌懸泉置漢簡を中心として》(《愛媛大学法文学部論集》26号,2009年)。

来对作为旅行证件的"传"进行一番考证。

1. 申请程序

在一些简文中,经常可以看到"为传"、"取传"等用语。其相关语境大多是:旅行者出于某种目的申请旅行证件,责任机关照章向申请者发放传("为传"),申请者从责任机关取得传("取传"),传上写有请求所经关卡、县署等准予通过的内容。旅行证件,并非出自接受申请的机关,而是在旅行者所经关卡或候官的遗址被发现的。考虑到旅行证件需要在多个沿途路过的机关出示,相关实物却在其中的某个机关出土,最为合理的解释是,该机关查验了旅行者携带证件之后誊写了副本,出土的实物实际上是证件的副本,此类证件正是所谓的"传"。①

与"取传"、"为传"有关的简牍列举如下。按照申请手续的不同区分为【A】、【B】两组。

【取传】【为传】

【A】

□□□□□□谨移□过□侯国邑□

当为传,敢言之。八月戊子,匽师丞憙移县邑 334·40A

当为传,移过县邑

577·8

---

① 大庭脩《漢代の関所とパスポート》(《秦漢法制史の研究》,创文社,1982年,607—618页)一书对此已有论述,然而,大庭将这种证件看做"荣"。笔者认为,旅行证件的制度名称是"传",简文中不见"取荣"、"为荣"之语,统一记做"取传"、"为传",这也印证了旅行证件的正式名称的确是"传"。

第二章　交通行政

　　永始五年闰月己巳朔
丙子,北乡啬夫忠敢言之。
义成里崔自当自言为家私
市居延。谨案,自当毋官狱
征事,当得取传。谒移肩水
金关、居延县索关。敢
言之。
　　闰月丙子,鱳得丞彭移
肩水金关、居延县索关。书
到,如律令。　掾晏、令
史建
　　　　15·19(图2)

　　□□□年六月丁巳朔
庚申,阳翟邑狱守丞就兼行
丞事。移函里男子李立第
临自言
　　取传之居延,过所县邑
侯国,勿苛留。如律令。候
自发　　140·1A(图3)

　　年十六□□□阳里男
子□□自言□
　　□昌将□当得取传乏
□相证□□

图2

图3

212·29

元康二年正月辛未朔癸酉,都乡啬夫☐
当以令取传,谒移过所县道河☐
正月癸酉,居延令胜之,丞延年☐　　213·28A、213·44A

☐充光,谨案户籍在官者弟年五十九,毋官狱征事,愿以令取传乘所占用马
八月癸酉,居延丞奉光移过所河津金关,毋苛留止,如律令/掾承☐　　218·2

【B】

元延二年七月乙酉,居延令尚、丞忠,移过所县道河津关,遣亭长王丰,以诏书买骑马酒泉、敦煌、张掖郡中,当舍传舍从者。如律令/守令史诩、佐襃　七月丁亥出　　170·3A

永始三年三月辛亥,居延城司马谭以秩次行都尉事☐
当舍传舍从者,如律令/☐☐☐☐　　140·2

☐官
☐当舍传舍,如律令。敢言之
☐☐籴得令　　183·16B

二匹,当舍传舍从者,如律令/　　293·10A

元凤三年十月戊子朔戊子,酒泉库令安国,以近次兼行大守事,丞步迁谓过所县河津请
遣☐官持☐☐☐钱去☐☐取丞从事金城、张掖、酒泉、敦

煌郡,乘家所占畜马二匹,当传舍从者。如律令/掾胜胡、卒
史广

303·12A

长　酒泉玉门都尉护众、候畸兼行丞事
　　谓天□以次马驾当舍传舍,诣行在所
　　夜以传行,从事如律令　　　　　D2438

从上述有关通行证件——"传"可以得出以下推论。

首先,"传"的誊本并不仅仅出自关卡遗址,也有从候官(A33、肩水候官遗址)、都尉府(A35、肩水都尉府遗址)出土的。这表明,旅行者不仅要向所经关卡出示"传",也要向其他官署出示,这些官署对其进行确认之后誊写副本。"过所县邑侯国"(140·1A)、"过所县道河"(213·28A)等简文都涉及这种情况。

第二,"传"的文面大体可以区分为两类,即上述【A】、【B】两类。【A】类是由旅行者自己提出申请——"自言"来获得旅行许可。【B】类则主要言指根据上级指令(譬如"以诏书"的情况)所做的旅行。在【B】类情况下,可以使用"传舍"。另外,根据具体需要,还可以使用传马、获得传食,这在下节列举的汉律条文中可以得到明证。由于【B】类情况是因公出行,故而可以取得传马、传食以及传舍的使用权,据此也可以看到传与"传舍"、"传马"之间的关联性。

第三,就传的交付而言,因私旅行的【A】类场合,首先,旅行者要向自己所属的乡提出申请(自言),乡的长官(乡啬夫)在对旅行目的、旅行者有无前科等情况进行调查的基础上,确定旅行可否取得旅行资格,若无问题,则向县级机关提出申请,证件最终由

277

县级机关交付给旅行者。因公旅行的【B】类场合,无疑是由发令官署的长官发给旅行证件,发令官署长官,实际上就是出行官吏所属机关的负责人。

2."传"的书式

根据上文列举的【A】、【B】两类出土简牍中比较完整的简札来看,传上记载的内容包括:下发年月日、申请者(A类)、申请理由(A类)、下发者、事务(B类)、向沿途机关的照会辞令。

> 永始五年闰月己巳朔丙子,北乡啬夫忠敢言之。义成里崔自当自言为家私市居延。谨案,自当毋官狱征事,当得取传。谒移肩水金关、居延县索关。敢言之。
> 闰月丙子,䚎得丞彭移肩水金关、居延县索关。书到,如律令。 掾晏、令史建
>
> 15·19

> □□□年六月丁巳朔庚申,阳翟邑狱守丞就兼行丞事。移函里男子李立第临自言
> 取传之居延,过所县邑侯国,勿苛留。如律令。 候自发
>
> 140·1A

> 元延二年七月乙酉,居延令尚、丞忠,移过所县道河津关,遣亭长王丰,以诏书买骑马酒泉、敦煌、张掖郡中,当舍传舍从者。如律令/守令史诩、佐褒 七月丁亥出 170·3A

首先需要指出的是,作为旅行证件的传,实际上就是下发的文书。就因私旅行者而言,"传"是一通由申请文书和批复文书缀

合而成的复合文书,内容包括"申请者自言"、"乡长官审核上报"、"接受申请的县长官(丞)照会沿途机关"。论及这种申请文书是否可以直接充当旅行证件之际,藤田胜久提出另外一种可能性——凭借申请文书取得另行制作的'传'(可以推断,这种特别发放的证件"传"的书式或形制并不是上文所举例证所体现的)。① 我认为,藤田所说的这个可能性并不成立。事实上,在汉代的文书中,上奏文可以转变为诏书,上行文书的语句也可直接成为下行文书的内容,如果传需要根据申请书另外拟制,那么其他文书的书式都需要重新探讨。假设传是另行起草的,那么此传的誊本应该是什么样的?但是,这种另行起拟的传的誊本至今尚未发现。难道这是因为各个关卡不誊写副本吗?回答必然是否定的,因为汉代文书行政的基本原则是:所有行政文书必须留存誊本。另外,简 15·19、170·3A 等誊本为何出自肩水金关、居延县索关?这说明它们并不单单是来自县署的下发文书的誊本。笔者认为,以上简 15·19 等简札,都是所经关卡留下的传的誊本。

最近,从悬泉置遗址出土了汉元帝永光五年(公元前 39 年)有关御史大夫传信遗失的册书简(图 4)。②

---

① 藤田勝久:《張家山漢簡〈津関令〉と漢墓簡牘——傳と致の情報傳達》,《愛媛大学法文学部論集》22 号,2007 年,第 10 页。藤田论文提出两种可能性,其一是将申请书直接充当传,其二是另行发放单独的传,但藤田并未明言哪一种可能性符合历史真实。
② 胡平生、张德芳:《敦煌悬泉汉简释粹》,上海古籍出版社,2001 年,第 29 页;张德芳:《悬泉汉简中的"传信简"考述》,中国文物研究所《出土文献研究》第 7 辑,2005 年;马怡:《悬泉汉简"失亡传信册"补考》,中国文物研究所《出土文献研究》第 8 辑,2006 年;藤田勝久:《漢代の交通と傳信の機能——敦煌懸泉漢簡を中心として》,《愛媛大学法文学部論集》26 号,2009 年。

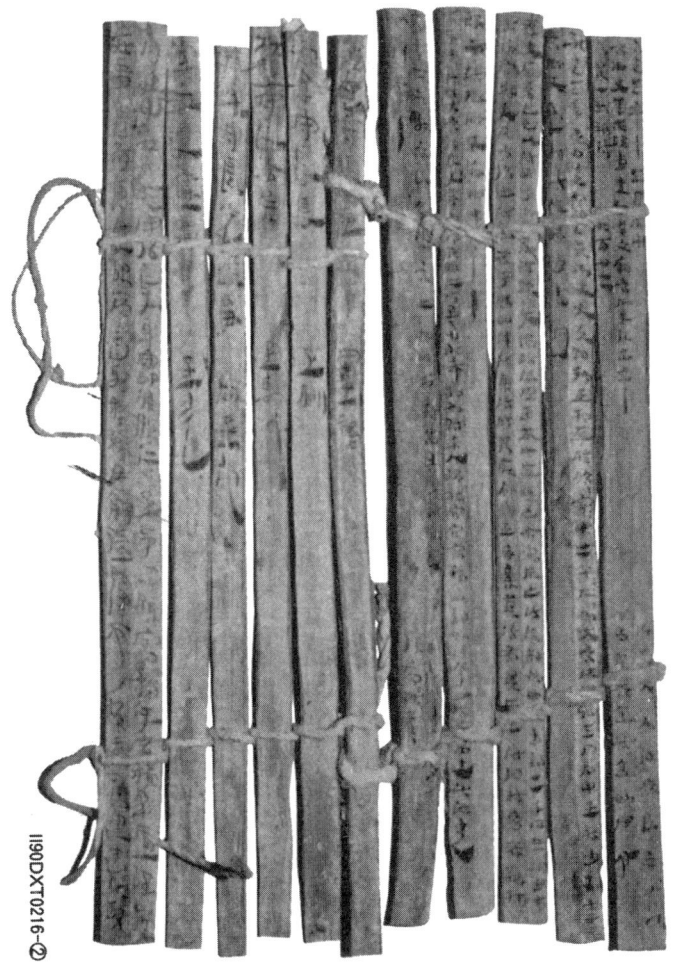

图 4

册书简由 11 支简札组成,出土时保持着编缀状态,最初应是 5 支简札,其他 6 支是用另外的编绳追系上去的,两部分简札字体不同。

最初的 5 支简是一份发向全国的指令,内容提到:御史大夫郑弘派遣丞相少史守御史李忠监督尝麦岁典、祭祀孝文庙,并发给他传信。李忠不慎遗失传信,于是通知各地参照副本搜寻丢失的传,并且宣布非法使用该传者必须受到法律惩罚。

　　永光五年五月庚申　　　　　　御史大夫弘谓长安以次
　　　守御史李忠监尝麦祠孝文庙,守御史任昌年　为驾,当
　　　　　　　　　　　　　　　　　　　　　　舍传舍,
　　　　　　　　　　　　　　　　　　　　　　如律令。
　　为驾一封韶传　　　　外百卌二
　　　　　　　　　　　　　Ⅱ90DXT0216-2:866

　　永光五年六月癸卯朔乙亥,御史大夫弘移丞相车骑将〃军〃中〃二〃千〃石〃郡太守诸侯相。五月庚申,丞相少史李忠
　　　守御史假一封传信,监尝麦祠　Ⅱ90DXT0216-2:867

　　孝文庙事,已巳,以传信予御史属泽钦。〃受忠传信,置车笭中,道随亡。今写所亡传信副,移如牒。书到,二千石各明白布
　　　告属官县吏民,有得亡传信者,予购如律。诸乘传、驿驾、厩令、长、丞,亟案□传,有与所亡传同封弟者,辄捕
　　　　　　　　　　　　　　　Ⅱ90DXT0216-2:868

　　毂上传信御史府。如律令。
　　　七月庚申,敦煌太守弘长史章守部候修仁行丞事,敢告部都尉卒人,谓县官,官写移书到。如律令/掾登、属建、佐政光
　　　　　　　　　　　　　　　Ⅱ90DXT0216-2:869

281

七月辛酉,效谷守长余永守丞敦煌左尉忠,告尉谓乡置,写移书到

如律令　　　　　　　掾禹佐尊ⅡT90DXT0216-2:870

敦煌守长圣　守丞福　　　ⅡT90DXT0216-2:871

渊泉守长长　丞驯　　　　ⅡT90DXT0216-2:872

效谷守长合宗　丞敢　　　ⅡT90DXT0216-2:873

广至守长光　遂事　守丞觉　ⅡT90DXT0216-2:874

冥安长遂昌　丞光　　　　ⅡT90DXT0216-2:875

七月庚申敦煌太守弘长史章守部候修仁行丞事,谓县写移使者称县置谨敬

庄事甚有意,毋以谒劳书到,务称毋解随。如律令/掾登、守属建、书佐政

ⅡT90DXT0216-2:876

马怡推断,以上册书简涉及到前后两个关联的事件。笔者认为,正如藤田所指出的那样,从编缀方法、简文字体来看,前后两部分内容分属两个不同的事件。将两件文书编在一起,就成了这部11支简的册书。上面第一简(2:866)分为上下两段,上段记载着年月日、受传者姓名、身份、事务、所用车驾等内容,下段则写有御史大夫所致言辞。有人认为,这种书式正是中央下发的传信的

本来面貌。①

果真如此吗？首先，这一束简札是被作为档案保管起来的悬泉置所受文书的誊本。② 第一简上的确记录了中央下发的传的内容，但是没有证据表明其书式最初就分为上下两段。在悬泉置誊写副本之际，为了将原来的传的内容集中抄录在一支简上，而采取分为上下两段书写的办法，这种可能性也是存在的。此外，我觉得不可思议的是，第一简的传文与居延出土传文（藤田将其视为地方官府下发的传）相比，不仅记载内容简约，而且文章并未完结，"守御史任昌年"五个字显得十分突兀。笔者推断，第一简应该是抄件或者类似表题的东西，不能以此作为依据来复原传的真实面貌。

我认为，无论发自中央，还是发自地方，传的内容框架都大致为：发放年月日、申请者（A类）、申请理由（A）、发放者、事务（B类）、向沿途机关的照会辞令。与其他下发文书形式相同，并未分作上下两段。

3. 传的递交

传是旅行者随身携带的东西，那么它是如何保存携带的呢？

这里要提到"过所"一词，它在后来的时代被用于指代通行证，汉代传文中的格式用语"移过所悬邑门亭河津关毋苛留敢言之"中的"过所"，意思是"经过之地"。检面写有"过所"二字的检也有出土，一般性文书，检面写有具体的发送目的地，过所则意指

---

① 藤田勝久：《漢代の交通と傳信の機能——敦煌懸泉漢簡を中心として》，《愛媛大学法文学部論集》26号，2009年，第30—36页。
② 张德芳认为这束简札是从效谷县发来的文书的原本，藤田对此提出疑问，笔者也怀疑它并非原本。正如正文所言，简的内容很可能是抄录的。

途经的机关——县、亭、津、关。①

　　　　　　　　　　　　　　过　　　　　所
　　新始建国地皇上戊二年十二月壬戌甲沟
　　守候长魏移过所……秦□□
　　部卒……　　　　　□□□　　E.P.T59:677（图5）

　　过所　　建武八年十月庚子,甲渠守候良遣临木候长刑博
　　　　　　　　　　　　　　　　　　E.P.F22:698A
　　过所　　便休十五日,门亭毋河留,如律令
　　　　　　　　　　　　　　　　　　E.P.F22:698B

　　过所　　　　　　　　　　　　　　39·2
　　过所　　　　　　　　　　　175·20（图6）
　　过所　　　　　　　　　　　　　267·29

封检附在写有"过所"二字的传上。"封传"、"发传"等词语见于汉简、秦律答问、汉律之中,这证明传是被封印起来的,而且,根据传食律的规定可知,传只能在指定机关开封。

　　发伪书,弗智,赀二甲。今咸阳发伪传,弗智,即复封传它县,它县亦传其县次,到关而得。今当独咸阳坐以赀,且它

---

① E.P.T59:677、E.P.F22:698A/B,传的文词写在检面封泥匣之下。这是一种将记载事项写在外面示众的露布形式的传？还是一种誊写了传的记载内容的使用过的检？我认为,露布形式无法防止传的伪造,故而应该是后者。根据图版文字,无法清楚地判断"过所"二字与其下的文书是否出自同一人之手。另外,257·13、39·2 没有封泥匣,是封泥匣的部分已经破损了？还是这两件文书与其他文书一起收入一个邮袋,然后再进行封印？或者是不用封泥匣,直接将封泥贴在绳子上？我们尚不清楚究竟哪种情况属实。

第二章 交通行政

图5　　　　　　图6

县当尽赍。咸阳及它县发弗智者当皆赍。

427—428

廿三，丞相上备塞都尉书，请为夹溪河置关。诸漕上下河中者，皆发传，及令河北县为亭，与夹溪关相直。●阑出入，越之，及吏

津关令　523

封传移过所
● 毋苛留　　　　　　　　　　　　　　E. P. T50:39

临封传即日遣诣府,敢言之☐　　　　　　E. P. T59:398

永光五年六月癸卯朔乙亥,御史大夫弘移丞相车骑将″军″中″二″千″石″郡太守、诸侯相。五月庚申,丞相少史李忠

守御史假一封传信,监当祀祠。　　Ⅱ90DXT0216-2:867

而以平贾责钱。非当发传所也,勿敢发传食焉。为传过员,及私使人而敢为食传者,皆坐食臧为盗。　　传食律230

根据作为身份证件的传、附在传上的封检以及传上的文词来看,旅行者可能是按照以下方式持传旅行、在相应机关接受检验的:

首先,官方将传下发给旅行者的时候,要给传加上封检,并在检上按印。旅行者带上封起来的传出行,其封检在相应官署、关卡以及提供传舍和传食的机关打开,确认记载事项之后誊写副本。之后,以开封官署的印章将传再次封印起来,交还给旅行者,旅行者持传前往下一个开封官署。回程途中,如果还要通过来路途中业已经过的检查机关,在那里可以根据留存的传的副本来确认旅行者移动路线,特别是回程路线。总之,旅行者必须携带官署、机关发给的传——身份证件旅行。证件被封印起来,以便保证其可信性,旅行者自己不能开封。直到返回出发地点,旅行者都要携带着传,返回之后,大概还应将传

交还给发传机关。

以上就是旅行证件(传)递交和携带的基本状况。

4. 传与符、致

把传的封印打开,誊写其记载内容之后,必须重新附上检,加上封印。本来,虽有以此为职责的机关,但在特定的关卡,为了省去这种繁杂手续,发行一种简易通行证来取代封印的传,另外,对于那些诸如巡逻之类日常定期的特定公务,有通关证件就足够了。这种情况下,使用的应该是省掉了封印手续的"符"。既有成果中列举的居延、敦煌出土的符有以下几例①:

> 始元七年闰月甲辰,居延与金关为出入六寸符券,齿百,从第一至千。左居
>
> 官,右移金关,符合以从事。　　●第八
>
> 　　　　　　　　　　　　　　　65·7(图7)

> 始元七年闰月甲辰,居延与金关为出入六寸符券,齿百,从第一至千,左居
>
> □□□□□合以从事。　　●第十八
>
> 　　　　　　　　　　　　　　65·9(图8)

> ■平望青堆隧警候符左券齿百　　D1393(图9)

---

① 学界关于"符"的既有成果包括:大庭脩《漢代の関所とパスポート》,《秦漢法制史の研究》,創文社,1982年;大庭脩《漢代の符と致》,《漢簡研究》,同朋舍,1992年;籾山明《刻齒簡牘初探——漢簡形態論のために》,《木簡研究》第17号,1995年。

文书行政的汉帝国

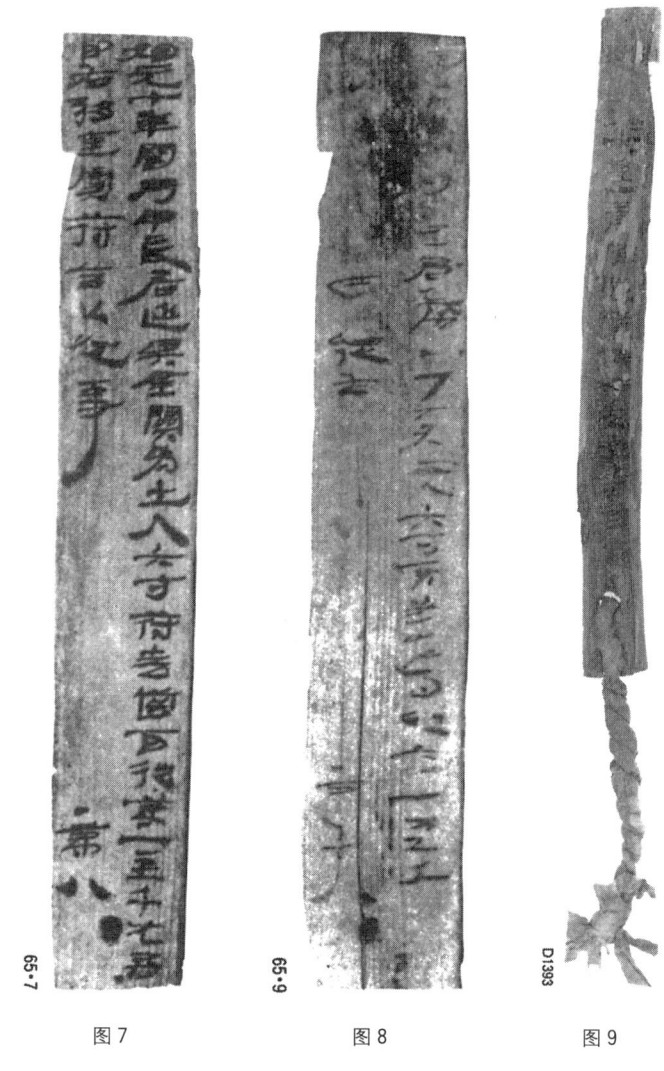

图7　　　　　图8　　　　图9

永光四年正月己酉　妻大女昭武万岁里孙第卿年廿一
橐佗延寿燧长孙时符　子小女王女年三岁
　　　　　　　　　　弟小女耳年九岁　　　皆黑色
　　　　　　　　　　　　　　　　　　　　29·1

第二章　交通行政

　　　　　　　　　　妻大女昭武万岁里□□年卅二
永光四年正月己酉　　子大男辅年十九岁
橐佗吞胡燧长张彭祖符　子小男广宗年十二岁
　　　　　　　　　　子小女女足年九岁
　　　　　　　　　　辅妻南来年十五岁　皆黑色

29·2

　　简 65·7 和 65·9，是始元七年闰月甲辰制作的符，简文意思是："制作居延县与肩水金关之间六寸出入符。刻齿表示百位数，从第一到第一千。左半符留于'官'，右半符交付肩水金关，如果能够对合在一起，就可以执行公务。"按照以前的解释，符在肩水金关和居延县之间传送，居延与金关各置一片。① 然而，这些简牍的出土地点并非肩水金关遗址 A32，而是肩水候官遗址 A33，它们本应在居延县或金关，为什么却在肩水候官遗址出土？另外，还有一个问题是："符合"与否的查验在何处做？

　　在此，首先需要弄清，符文所谓"左居官"的"官"是否指代居延县。居延汉简中所见"官"多指候官，这里也不应例外，符文中的"官"应当是候官或肩水候官。这样，就可以解释为什么上述符简出自肩水候官遗址了。这些简牍很可能就是留置于肩水候官的左符（左居官）。

　　关于符文的左右之别，一般是根据刻齿的位置加以判断。这种情况下，要考察符文的左右两侧或两符重合时的左右两侧。大庭脩对此曾有论述，他指出，由于酥油土出土的简 D1393（图9）上写有"左券"，刻齿朝向简文，位于右侧，故而可以"据此确定左右

---

① 大庭脩：《漢代の関所とパスポート》，《秦漢法制史の研究》，創文社，1982年，第620页。

之别"①。但是具体如何确定,我们并不清楚,可以推测,大庭脩将刻齿的位置视为断定"左右符"的依据。

然而,A33出土的编号65·10的符上写有"始元七年闰月甲辰居延与金关为出入六寸符券齿百从第一至千□",符文右侧有刻齿,为什么右符发往了金关,而此简却在候官遗址出土?

我认为,这里所谓的"左右"并非言指物理的位置,而是带有一种抽象的意义。出行者随身携带的符称为"左",留置在关卡的称为"右"。秦汉时代的左右券,"左券下,右券上"(《史记·田敬仲完世家》正义注),留置关卡作为查验依据的是"右符",随出行者移动接受查验的是左符。如果将酥油土出土的简D1393"左券"二字理解为"刻齿在'左'",就有些奇怪了(实际上刻齿在右),正解应当是"出行者使用的券"。

言归正传。上文提到的另一半符,送到了金关。1973年出土的居延新简当中,金关(A32)出土简内就有符。②

> 元凤二年二月癸卯,居延与金关出入六寸符券,齿百,
> 从第一至千,左居官,右移金关,符合以从事。
> 　　　　　　　　　　　　　　　　第九百五十九

关于以上"出入六寸"的符文内容,笔者解释为:"肩水都尉府或肩水候官所属人员,通过金关前往居延地区,然后返回肩水候官之际,必须携符出行,符通常放在肩水候官。携符往返金关的时候,与留置于金关的另一半彼此对合加以确认。"符并不是在居延县和金关之间对换的东西,而是在肩水候官与金关之间使用的证件。符上不写使用者的姓名,由此可知,符不发放给特定通行

---

① 大庭脩:《漢代の符と致》,《漢簡研究》,同朋舍,1992年,第164—168。
②《居延新出土的汉简》,《文物》1978-1,图版四-3。

者,而主要发放给执行公务的吏卒,所谓公务就是巡逻、通信等等。酥油土出土的简 D1393 是平望候官青堆燧使用的警候符,正是用于此类目的的符。

简 29·1 和 29·2 是与简 D1393、65·7、65·9 性质不同的符。后者存放在候官,供吏卒执行警备、传递文书等日常公务时使用的符。与此不同,前者简 29·1、29·2 则是特定个人的符,虽然无法确定它们涉及的事务是因公还是因私,可以想到的一种可能性是:燧长携带家属变更勤务地时使用。无论如何,简面写有"永光四年正月己酉"的日期,推测是这一天是该符的发放日,或是持符通过关卡日,这种符可能只能使用一次,或者不能无限次使用。①。

上文指出了有关符的功能的重要细节。符与传不同,并不记载旅行目的、传舍使用等事项。符的使用仅限于关卡的通过,而且仅能用于一处关卡。符由两片组成,旅行者携带一片,另一片存放在某处关卡,据此可知,它不可能在多处关卡使用。作为旅行者随身携带的身份证明和旅行证件,传上写有包括向接待方委嘱的事务等在内的旅行目的,如果是因公的情况,传也可作为官方旅行设施的使用许可证,其功能具有多样性。符仅是某个关卡的通行证,在性质和用途上与传大相径庭。如果将传定义为旅行之际必携的旅行许可证、身份证件,那么,符就是通过关卡之际出示的通行券。

原则上,旅行者必须携带旅行证件——传。传上记载的内容不仅限于通关照会,而且还有其他与旅行有关的许可、命令、委托等等,旅行者从启程到旅行结束一直要将传随身携带。与之形成

---

① 简 29·1、29·2 出自肩水金关遗址。这两件符是哪里发行的?为何出土于金关?大庭脩认为,它们是肩水金关回收的符(参见大庭脩《漢代の符と致》,《漢簡研究》,同朋舍,1992 年,第 167 页)。笔者则认为,这种符是燧长所属候官发给的,一半送往金关,另一半本人携带出行。出土的是存放在金关的那一半,后来可能被废弃不要。

对照,符仅用于某个特定关卡,其发放与使用分两种情况:一种情况是作为执行巡逻等短距离、特定区域公务之际使用的通行券,另一种情况是关卡为了免去确认旅行证件之繁、简省通关手续而发放的单一关卡的通行证。总之,符的使用范围仅限于某个特定关卡,对于其他关卡、旅行设施、查验机关都是无效的。

除了传、符,用于通关的官方文书中还有"致",包括笔者自己在内的不少学者对此已有论述。① 我曾经认为,作为通行证件的"传"、"传致"、"致"功能用途大致相同。然而现在必须对这一观点进行订正。"传"与"致"之间还是有区别的。

"致"本来的语义是传送、送达。文献史料中有"传"与"致"组成的"传致"一词,取传送之意。简牍资料中也可以找到作为动词的致、传致。

> 赐物及当禀鬻米者,长吏阅视,丞若尉致(师古注:致者,送至也)。 《汉书·文帝纪》
> 皆驿车载其尸传致云 《汉书·王莽传》
> 第十部吏一人 载谷三十斛致官 □ 95·12
> 甲渠●此书已发,传致官亭间,相付前 掾党令史循
> E. P. F22:56B

《汉书·王莽传》中"传致"有运送遗体的意思,不过"致"的语义一般倾向于文书、讯息的传递。"致书"意为"发送文书",另外

---

① 陈邦怀:《居延汉简考略》,《中华文史论丛》1980-2;裘锡圭:《汉简零拾》,《文史》第12辑,1981年;大庭脩:《漢代の符と致》,《漢简研究》,同朋舍,1992年;藤田勝久:《張家山漢簡〈津関令〉と漢墓簡牘——傳と致の情報傳達》,《愛媛大学法文学部論集》22号,2007年;冨谷至:《漢代辺境の関所》,《東洋史研究》48-4,1990年,第13—14页;冨谷至:《漢代の傳について》,《古シルクロードの軍事·行政シムテム——河西回廊を中心として》(シルクロード学研究)22号,2005年,第70—71页。

可表示"被发送的文书"。

> ……谨因子春致书,彭叩头单
> 记□□□不谒彭叩头　　　　　　　　　495・4B

> 子所致书,再拜　　　　　　　　　　　D669B

此处的"致"与通行证件"传"有关,另外,简牍资料中有"传致籍"、"取传致"、"为传致"等用语,言指关卡记录簿。

> 凡出入关传致籍　　　　　　　　　　50・26

> 居摄三年吏私牛出入关致籍　　　　　D534

> 转谷输塞外输食者出关致籍　　　　　D682

> ● 元始三年七月,玉门大煎都万世候长马阳所赍操妻
> 子从者奴婢,出关致籍　　　　　　　D795
> 甘露四年六月丁丑朔甲辰,西乡有秩□□
> 王武案毋官征事当为传致□
> □□□六月洛阳　　　　　　　　　334・20A

> 私市居延愿以令取致谨　　　　　　　243・34

简334・20A、243・34显然说的是通行证件,我曾经提到,"传"和"致"有同义的情况,但是,在后来发现的二年律令"津关令"中,"为传"和"传致"被区别开来,既有专用"传"的场合,也有专用"致"的场合,由此可以推断,"致"和"传"在功能上存在差异。

藤田胜久对此曾有论述,他列举津关令的简521和简522指

出,中大夫谒者在关中因私购马之际,需要鲁御史为"书"告津关;鲁郎中为了自备马骑而买马关中之际,需要鲁御史为"传"告津关。另外,简504讲到,因私在关中购马的时候,需要县官发给"致"。①

● 丞相上鲁御史书,请鲁中大夫谒者得私买马关中,鲁御史为书告津关,它如令。●丞相、御史以闻,制曰可。

津关令521

● 丞相上鲁御史书,请鲁郎中自给马骑,得买马关中,鲁御史为传,它如令。●丞相、御史以闻,制曰可。

津关令522

相国上中大夫书、请中大夫谒者,郎中、执盾、执戟家在关外者,得私置马关中。有县官致上中大夫、郎中、中大夫、郎中为书告津关,来,复传

津关令504

从简507、简509、简513的条文可以看到,的确存在必须有"致"方可通行的场合,在这种情况下,仅有传是不够的。

名匹数告买所内史、郡守,内史、郡守各以马所补名为久久马,为致告津关。津关谨以藉、久案阅,出。诸乘私马入而复以出,若出而当复入者

津关令507

十二 相国议:关外郡买计献马者,守各以匹数告买所

---

① 藤田勝久:《張家山漢簡〈津関令〉と漢墓簡牘——傳と致の情報傳達》,《愛媛大学法文学部論集》22号,2007年。

内史、郡守,内史、郡守谨籍马职(识)物、齿、高,移其守,及为致告津关,津关案阅　　　　　　　　　津关令509

十五　相国、御史请郎骑家在关外,骑马节死,得买马关中人一匹以补。郎中为致告买所县道,县道官听,为质〈致〉告居县,受数而籍书　　　津关令513

按照藤田的观点,相对于"传"和"符","致"是记载着出行者超过规定携带的人、车马、物品的文书,但他没有说明"超过规定"具体指的是什么。笔者认为,"致"是出行者携带的传之外的记录了额外说明及额外许可事项的文书。

"传"上记载了旅行者姓名、出行事务以及向沿途机关提出的放行照会,"致"则记载的是若干追加事项,例如,津关令中提到的致,实际上是详细记载马的标志、年龄、身高、购买场所、匹数等内容的证明文件,之所以需要此类证明,是因为汉王朝对于马的买卖和出关入关十分敏感。

简D534、简D682、简D795之类的致籍(致的登记簿),则记载着同行者、私牛、谷物以及向塞外运送物资者的食物等内容。可以断定,附加在传上的说明书就是与通行有关的"致"。

三、汉代的关卡——以汉代西北边地为焦点

1. 肩水金关出土木简的分析

肩水金关是额济纳河流域的关卡,其方位与名称都已得到确认,A32遗址即是肩水金关遗址。1930年A32遗址出土了大约

850 支简札,1973 年又发掘出约 1.2 万支简札。遗憾的是,1973 年出土的简札仅有极少部分被发表。

在此,首先从肩水金关出土简中列举与关卡有关的简札加以介绍(为了方便论述,各简简文之前都加有编号,数字前的 J 表示 A32 出土,X 则表示 A21 出土)。

  J1 昭武万岁里男子吕未央年卅四一 五月丙申入 用牛二   15·20

  J2 肩水左后候长樊襃诣府对功曹 二月戊午平旦入   15·25

  J3 王永年廿二 九月乙巳   15·16

  J4 居延鬼薪徒大男王武 闰月壬戌出 37·1

  J5 □史□非子长七尺黑色 十月辛亥出 卩37·3

  J6 河南郡荥阳桃邮里公乘庄盱年廿八长七尺二寸黑色 四月癸卯   43·16、43·18

  J7 月丁未入 十二月丁酉出 51·4(图 10)

  J8 送省卒□府 二月庚寅入   51·16

  J9 长安宜里阎常字中允 出 乘方相车驾桃华牡马一匹齿十八岁駹牡马一匹齿八齿

          皆十一月戊辰出   已

         62·13(图 11)

  J10 当阳里唐并年十九长七尺三寸黄黑色 八月辛酉出   62·34

  J11 居延城仓佐王禹鞬汗里 年廿七 ●问禹曰,之爨得视女病,十月乙酉入   62·55

J12　戍卒梁国睢阳新□里公乘孙□年廿六　九月丙寅出

癸巳入　　　140·3(图12)

图10　　　　图11　　　　图12

以上列举的12支简共同的特征是,依次记录人物出生地(所属机关)、姓名、年龄、某月某日出入等内容(个别简还记有出行目的和所携物品),而且人物信息与日期之间还留有一定间隔。此类简札,除了上述12例以外,还有简37·4、37·30、43·9、50·19、51·13、51·16、62·21、77·68、212·25、212·62、340·21、340·22、340·54等残简,遗址A32合计出土25支。它们是某月某日肩水金关通关者的名录,也可以说是出入关记录。在此,必须考虑的是,这些出入记录是在出入地点写下的?还是以原始记录为依据在别处重新整理书写的?抑或是原始记录的副本?J7、J9、J12三简为这一问题的解决提供了线索。简J9(图11)中的"出"和"皆十一月戊辰出"都是用小字靠右书写,日后将要靠左书写"入"的日期。有关"入"的记录的追加书写形式则在简J12上有充分体现。图12不是十分清楚,"九月丙寅出"与"癸巳入"两行字,不仅大小有别,而且应该出自不同人之手。

另外,就简J7(图10)而言,写在上端的"月丁未入"和写在下端的"十二月丁酉出",两者墨色有明显差异,后者较前者墨色更浓,这证明"十二月丁酉出"六个字是后来追加上去的。这些出入关记录大概是在简牍出土地点——肩水金关作成的原始记录。进一步来讲,虽是在同一支简上记录"出"与"入",但出入记录却存在时间差,那么这种记录只能完成于实际出入的场所——关卡,反言之,关卡也是最有可能出土这种出入记录的地点。

金关还发现有如下写着"出入籍"字样的楬。

J13　　阳朔元年六月吏民出入籍　　　　　29·3A

籍是主要记载人名的名籍①，J1—J12正是出入关卡者的名籍，可以称为"吏民出入籍"。J13实际上是一种附在按月收集起来的出入籍之上的附札。②

下文将在以上考察的基础上对额济纳河流域的其他关卡遗址进行一番探讨。

2. 居延县索关

北纬 41 度 30 分、东经 100 度 45 分，额济纳河分支的伊肯河东岸有一处被称为布肯托尼（Bukhen-torei）的地点。该地东北的高台上残存着一座汉代烽燧，西北科学考查团将其编号为遗址 A21。在 1930—1931 年的调查中，有 250 余支汉简出土，研究者推断，A21 也应是一座关卡。首先，出土简之中包含如下简札：

X13　士吏觻得高平理公乘范吉年卅七　迎司御钱居延　八月戊戌入

　□□甲辰出　170·7（图 13）

X14　徐党年廿七　轺车一乘八月庚子出

图 13　　图 14

---

① 永田英正：《居延漢簡の研究》，同朋舍，1989 年，第 327 页、328 页。
② 金关还出土了写有"出入传致籍"的楬。"出入籍"与"出入传致籍"是相同的东西吗？"出入传致籍"可以说是携带传、致通过关卡者的名籍。

凡出入关传致籍

　　　　用马一匹　　九月甲戌入

　　　　　　25·2（图14）

　从记述内容和书式来看，以上两简就是上节所说的出入关记录。X14 的"八月庚子出"和"九月甲戌入"笔迹有差异。

　就书式而言，还有一支残简，或许可以编为X15。

　　X15　　□□里公乘解宗年五十三　　　　　25·13

　这种出入关记录，是关卡常见的简札。另外，关卡遗址也会出土通行证件——传的誊本。A21 出土简牍中也有传。

　　X16　元延二年八月庚寅朔甲午，都乡啬夫武敢言☑
　　　　褎葆俱送证女子赵佳张掖郡中，谨案户☑
　　　　留如律令，敢言之。八月丁酉居延丞忠☑
　　　　　　　　　　　　　　　　　　181·2A

　　　　居延丞印
　　　　八月庚子以来　　　　　　　　　　181·2B
　　X17　朔　都乡啬夫长敢言☑
　　　　取传归敦煌敢　言☑　　　　　　　181·10

　　X18　元延二年七月乙酉，居延令尚、丞忠，移过所县道河津关，遣亭长王丰，以诏书买骑马酒泉、敦煌、张掖郡中，当舍传舍从者。如律令/守令史诩、佐襃　七月丁亥出
　　　　　　　　　　　　　　　　　　170·3A

　　　　居延令印
　　　　七月丁亥出　　　　　　　　　　　170·3B

传,更准确地说是传的誊本,不仅出土于关卡,也出土于候官和都尉府。然而,就 A21 遗址而言,它属于居延都尉府卅井候官的辖区,卅井候官位于 A21 之北的 P9(博罗松治 Borotonch)。居延都尉的位置虽然还不十分明确,但一般认为是在喀拉浩特一带。A21 出土了传,但它不可能是候官和都尉的治所,故而极有可能是关卡遗址。根据 A21 发现有出入关记录和传这两种简札的事实,将其推定为关卡遗址不会有误。

除了 A32 之外,A21 也是关卡遗址,这一点已经基本明确。接下来比较考察一下两个地点出土的简牍。首先再来看一下 J11 和 X13 两份出入关记录:

　　J11　居延城仓佐王禹鞮汗里　年廿七　●问禹曰,之
　　觻得视女病　十月乙酉入　　　　　　　　　62·55

　　X13　士吏觻得高平理公乘范吉年卅七　迎司御钱居
　　延　八月戊戌入
　　　　　　　　　　　　　□□甲辰出　170·7

J11 是住在居延城的王禹去觻得县探望生病的母亲途中,通过 A32 肩水金关的记录。X13(图 13)是觻得县出身的范吉到居延领取司御钱之际,通过 A21 的记录。问题在于这里记载的"出"和"入",在 J11 的记述中,将由北向南通过关卡称为"入",X13 则将由南向北表述为"入"。因此,A32 和 A21 的"出""入"方向是相反的。X18 的传也符合这一原则,由北侧的居延向南侧的酒泉、敦煌行进并且通过 A21,简札上记做"出"。为什么两个关卡的出入方向相反?其原因应该在于关卡的设置方式和具体功能。考虑这一问题的时候,还会引发另一个朴素的疑问:额济纳河流域究竟设有几处关卡?

根据居延汉简确认的关名包括肩水金关、卅井县索关(简

206·2)和居延县索关(简 15·19)三处。① 我认为,额济纳河流域只有两处关卡,即金关和居延县索关。理由之一是通行证件的简文,简文采用的是委托文书的形式,由发传机关照会沿途县、亭、津、关,允许持传旅行者顺利通过。这种场合下,既有写着"谒移过所县邑门亭河津关"的传,也有像以下 J19 那样列举了具体关名的传:

  J19 永始五年闰月己巳朔丙子,北乡啬夫忠敢言之。义成里崔自当自言为家私市居延。谨案,自当毋官狱征事,当得取传。谒移肩水金关、居延县索关。敢言之。

    闰月丙子,觻得丞彭移肩水金关、居延县索关。书到,如律令。 掾晏、令史建

                15·19

  J19 传是崔自当从觻得县前往居延县的通行证件。"谒移肩水金关居延县索关"这一行简文中只出现了金关和居延县索关这两个关名。由此来看,从觻得县到居延县(推定其县城在遗址 K710 一带)的行程中,只设置了两个关卡。

  第二个理由在于关卡的机构性质,即关卡究竟是作为何种行政或军事单位的附属物而设置的?就肩水金关而言,肩水金关所在地附近的遗址 A33 设有肩水候官,这显示出金关与候官之间的密切关系,另外,研究者还发现了记载着肩水关啬夫代行肩水候职务的简札。似乎可以据此推想,每个候官之下都设有一处关卡。然而,假如各候官都有关卡的话,为什么 J19 上没有记载其他候官下属关卡的关名?肩水候官北有橐佗候官,西有广地候官,却不见冠有这些候官名称的关名。

---

① 根据目前的释读,居延汉简中还有居延收关(56·37)、殄北始广关(421·8)两个关名,但实际上这是误读的结果,真正的书写内容分别是"居延收降"和"殄北始渡以"。

居延都尉府之下有珍北和甲渠两个候官,也不见相应的关名。传文中只能找到肩水金关、居延县索关两个关名,这表明每个候官置有一处关卡的推想可能与事实不符。另一种可能性是:关卡由都尉府管辖,每个都尉府设置一处关卡。肩水金关、居延县索关两个关卡之所以冠以"肩水"、"居延",其原因正在于它们是肩水都尉、居延都尉所设置的机关。额济纳河流域有居延和肩水两个都尉府,与之对应的关卡数目也是两个。

基于以上理由,我们推定额济纳河流域设有肩水金关和居延县索关两关。不过,上文讲到居延汉简中确认了三个关名:肩水金关、居延县索关、卅井县索关,这似乎与我们的结论相互抵牾。即便如此,笔者仍然认为额济纳河流域两都尉府之下分别各设一关。

关于关卡遗址,上文已经说过,除了 A32(肩水金关遗址)之外还有 A21。那么,A21 关名是什么?在此,我们会想到"卅井县索关"这一关名。A21 位于卅井候官管区之内,由此自然会产生 A21=卅井县索关的联想。然而,卅井候官属于居延都尉府,如果每个都尉府设置一处关卡的推断无误的话,关卡 A21 其实就是居延县索关。就 A21 的名称而言,我认为 A21 的正式名称是冠有所属都尉府名的居延县索关,但关卡所在的场所又处在候官的管辖区域,故而与辖区候官关系密切,A21 位于卅井候官辖区,推测卅井县索关应该是它的别名。

如果我们按照上文所述来理解额济纳河流域的关卡数目及其上辖机关,那么另外两个疑问也就不言自明了。其一是 A32、A21 两遗址出土的出入关记录中"出"、"入"的具体所指,前往各关卡所属都尉府的场合为"入",反之则为"出"。居延都尉府位于居延县索关(A21)之北,因此 A21 出土简札将北行称为"入"。肩水都尉府在肩水金关之南,故而南行为"入"。事实上,出入记录即是都尉府管区出入者的核查簿。

行文至此,我联想到本书第一编第三章"檄书考"列举的以下檄文。

> 甲渠鄣候以邮行　　府告居延甲渠鄣候,卅井关守丞匡十一月壬辰檄言,居延都田啬关丁宫、禄福男子王歆等入关檄,甲午日入到府,匡乙未复檄言。　　E. P. F22:151A

卅井关守丞在居延都尉府提交了关于入关情况的报告(入关檄),都尉府接收到报告并通告甲渠候官。这个场合的"入关",是从甲渠候官的管辖区域进入卅井候官、再到居延都尉府,途中通过 A21(卅井县索关,正式名称为居延县索关)向北前往居延都尉。檄文如实反映了居延县索关所做的查验。

那么,整理出入关记录,将其汇成出入籍,然后提交到什么地方呢?如果关卡向上级机关报告出入者,其上级机关就应是统辖关卡的都尉府。敦煌 T14 遗址出土了如下简牍:

> □适士吏张博　　闰月丁未持致籍诣尹府　　D1900

我认为此处的"尹府"即是都尉府。另外,被认为是肩水金关的上级机关——肩水都尉府所在地的大湾 A35,也出土了似乎与出入关相关的文书。① 以上探讨了额济纳河流域关卡的数目和配

---

① 敦煌效谷宜王里琼阳年廿八轺车一乘马一匹　　闰月丙午南入(简 505・12)。简 505・13,简 6・3 也与此类似。另外,A35 还出土了书式特殊的简 502・2:

> 长安假阳里阎丹年十一　　阎放复致北出
> 　　　　　　　　　　　　孙昌复致北出
> 三月己巳南啬夫入亭长出　五月壬申北守亭长当出　　502・2

大庭脩曾经指出,出入关记录要上交至都尉府(大庭脩:《漢代の関所とパスポート》,《秦漢法制史の研究》,創文社,1982 年,第 604 页)。但是,大庭将"□元年十一月壬辰朔甲午肩水关啬夫光以小官印兼行候事敢言之/出入簿一编敢言之"(199・1A)中的"出入簿"当做出入关记录,笔者不敢苟同。汉简中所谓的"簿"一般是指物品,例如:"阳朔元年十一月甲辰朔戊午第廿三候长赦之敢言之谨移钱出入簿一编敢言之"(28・4)、"甲渠候官甘露五月二月谷出入簿"(82・6)都属此类。与此相对,关于人的记录称做"籍","出入簿"与"出入籍"是不同的文书。

置,接下来考察一下汉代边地关卡的设置目的和职能。首先必须指出,额济纳河流域两个关卡的设置场所既非都尉府边界,也不是汉代边境的最前线。就都尉府边界而言,肩水都尉府下辖的橐佗候官位于肩水金关之北,金关在肩水都尉府正中。A21 居延县索关容易给人一种位于居延都尉府和肩水都尉府交界处的印象,然而,A21 之南还有遗址 A22,它是一座被称为卅井降虏燧的烽燧,处在居延都尉府下辖卅井候官的管区。另外,邮书传递记录中还有"卅井南界燧"的燧名,该燧地点在 A22 之南。可见,各关卡并未设在边界,这证明关卡的职能也未必是人们容易联想到的军事防备。那么,这里有必要重新审视额济纳河流域关卡的职能。

先来回顾一下汉简中所提到的金关、居延县索关所处理的事务。首先,关卡记录通关者的出身、年龄、携带物品、出入月日等等,誊写通关者携带的传,有必要的话还要检查致,并且誊写致的副本。出入关卡去履行日常职责的吏卒须携带左符,与关卡保管的右符进行核对。另外,关卡还要集中整理通行记录,将其报送上级机关。总之,汉简资料提及的关卡职责是对通关者的严格检查、严密掌控,其职责重点与其说是防备匈奴,不如说是管理汉人吏民。额济纳河流域的关卡,实际上是各都尉府内针对汉人的流动所设置的检查站,带有更强的内部行政色彩。

3. 玉门关的地望

汉代的玉门关设在何处?这一问题最初受到关注,缘起于斯坦因调查疏勒河流域汉代烽燧遗址。之后,沙畹、王国维、劳干、

305

向达、夏鼐、日比野丈夫等学者都对此有所论及①,并且提出了各种不同的观点。目前研讨的焦点是"玉门"、"玉门关"、"玉门候官"、"玉门都尉"、"玉门关都尉"、"玉门关候"等名称,研究者们试图解释这些名称,进而弄清官署的所在地。意见不一的各种说法,关于玉门关所在地的判断却是一致的,斯坦因编号为 T14 的遗址(小方盘城)被视为玉门关遗址,这或许是迄今为止认可度最高的说法。事实上,小方盘城已经成了观光地点,并立起了"玉门关遗址"的标识,日本有关丝绸之路的概说书也都将小方盘城作为玉门关。

将 T14 遗址定为玉门关遗址的根据有二:其一是斯坦因和夏鼐两人在该遗址发现了一支写有"玉门都尉护众"的简牍;其二是诸如敦煌石室发现的《沙州图经》、《寿昌县地镜》等唐代地理书中记载的汉代玉门关的位置大致就在小方盘城一带。② 后来,关于后者出现质疑:地理书中记载的里程数据究竟细化到什么程度?实际上,概数里程内存在的遗址不只 T14 一处,故而还无法断言那里的确就是玉门关遗址。另外,前者所举的以

---

① E. Chavennes:Les Documents Chinois Decouverts par Aurel Stein dans les Sables du Turkestan Oruental,OXFORD 1913;王国维:《流沙坠简》;劳干:《两关遗址考》,《历史语言研究所集刊》11,1947 年再版;向达:《两关杂考》,《唐代长安与西域文明》,生活・读书・新知三联书店,1957 年;夏鼐:《新获之敦煌汉简》,《历史语言研究所集刊》19,1948 年;日比野丈夫:《河西四郡の成立について》,《中國歷史地理研究》,同朋舍,1977 年。
② 关于《沙州图经》,参见池田温《沙州圖經略考》(《榎博士還暦記念東洋史論叢》,山川出版社,1975 年)。关于《寿昌县地镜》,参见向达《记敦煌石室出晋天福十年写本寿昌县地境》(《唐代長安與西域文明》,生活・读书・新知三联书店,1957 年)、森鹿三《新出敦煌石室遺書特に壽昌縣地鏡について》(《東洋學研究——歷史地理篇》,东洋史研究会,1970 年)。

"玉门都尉护众"简为代表的 T14 遗址出土木简,的确可以证明 T14 遗址有可能是玉门都尉的治所,但却无法证明那里也是玉门关。① 可见,将小方盘城视为玉门关遗址的观点是非常缺乏依据的。

陈梦家、马雍分别提出了有别于主流意见的观点。② 陈梦家的论文《玉门关与玉门县》,分析了"玉门都尉"、"玉门关候"等名词,将 T14 推定为玉门都尉的治所,同时指出那里并非玉门关的位置,玉门关的关卡位于 T14 之西,即斯坦因所编遗址 T11 和 T12 之间,或者 T13 和 T14a 之间。马雍认为,将小方盘城看做玉门关的观点可以追溯至唐代,唐人把当时已经成为遗迹的这一地点当成了汉代玉门关,而汉代玉门关很可能位于小方盘城以西。关于两人论说的细节,笔者虽有若干异议,但认为两人有关玉门关位置的意见不容忽视。因为陈、马两说提出十余年后,T11 和 T12a 之间发现了足以证明他们两人独具慧眼的汉代烽燧遗址——1979 年发现的敦煌马圈湾遗址。

1979 年,甘肃省博物馆和敦煌文化馆联合调查敦煌一带的汉代烽燧遗址之际,发现了被称为马圈湾遗址的烽燧遗址,该遗址位于敦煌县西北 95 公里、小方盘城之西 11 公里,处在斯坦因编号为遗址 T11 和 T12a 之间。该遗址在斯坦因的调查中被遗

---

① 冨谷至:《玉門都尉と玉門候官——スタイン遺址 T14・T15a 出土木簡の分析》,《中國邊境社會の歷史的研究》,昭和 63 年度综合研究(A)成果報告書,1989 年。
② 陈梦家:《玉门关与玉门县》,《汉简缀述》,中华书局,1980 年。此文原载《考古》1965 年第 9 期;马雍:《西汉时期的玉门关和敦煌郡的西境》,《中国史研究》1981 年第 1 期。

漏，甘肃省博物馆将之编号为 D21。① 烽燧及其东侧的堡垒已经塌毁，被流沙所覆盖，宛若一座圆形的沙山，遗址中出土的木简（一部分为竹简）多达 1217 支。

马圈湾出土简牍之中，包含了大量上节考察的出入关记录类简札。

  二月戊申入东门　　　　　　　　　　　　D17
  候史马庆燧长霜普等诣官请奉事已　　　正月甲午
出东门　　　　　　　　　　　　　　　　　D523
  大煎都候长王习私从者持牛车一两　　三月戊申出
东门　　　　　　　　　　　　　　　　　　D526
  □□□妻子持牛车一两　　十月乙巳出东门　D527
  癸卯出东门　　　　　　　　　　　　　　D528
  一月己酉出东门　　　　　　　　　　　　D529
  九月戊戌入东门　　　　　　　　　　　　D530
  大福候长张武推贤候史高护诣官　　二月壬戌入东门
　　　　　　　　　　　　　　　　　　　　D684
  　　　　　　　　　　　　　　二月丙午出东门
　　　　　　　　　　　　　　　　　　　　D799
  □长翟奉徼逮龙勒　　二月申乙卯东门　D800
  未出东门　　　　　　　　　　　　　　　D853
  十月丙辰入东门　　　　　　　　　　　　D1120

---

① 《敦煌汉简》上·下，中华书局，1991 年；藤田高夫、杉村伸二：《デジタル写真による馬圈湾遺址 3D 解析——辺境遺址調査における画像情報活用の試み》，《古シルクロードの軍事·行政システム——河西回廊を中心として》，《シルクロード学研究》22，2005 年。

另外，居延、敦煌一带的汉代烽燧调查报告还包括近年吴礽骧的《河西汉塞调查与研究》（文物出版社，2005 年），书中附有详细的地图。

第二章 交通行政

记录旅行者姓名、随行人员、携行物品、出入日期，这就是名籍的内容，与肩水金关、居延县索关出土的出入关名籍相同。①

马圈湾简包含有出入籍和致籍的表题简，这与金关出土简具有共通性。

  居摄三年吏私牛出入关致籍　　　　　　　　　　　D534
  转谷输塞外输食者出关致籍　　　　　　　　　　　D682

基于以上状况，我在先前发表的论文中指出，尽管马圈湾与玉门关极其接近，但应慎重考虑两者之间的关联，理由如下：

1. 马圈湾出土简牍的全貌已经清楚，但是从中没有发现写有决定性内容的简札。

2. 马圈湾出土简牍多为王莽时期，时代倾向明显。

3. 西汉至东汉末，玉门关位置可能有过变动，特别是王莽时期至东汉初期对西域交往活动的减少应该给玉门关带来了影响。

---

① 佐藤胜晴《疏勒河下流部漢代亭障線の復原》(《日本秦漢史学学会報》第 8 号，2007年)一文中提出，肩水金关的出入记录与马圈湾简不同，马圈湾简并非所谓关卡名籍。其论据是：居延汉简中写做"入"、"出"，马圈湾简却写为"入东门"，所指的应当是若干坞门的出入，"入东门"不过是指进入东面的"门"罢了。以障壁围合的空间——"坞"的确有门，不过，这里需要重视的是简的书式。佐藤并未论述清楚这些书式相同的记录究竟是什么，事实上，它们就是名籍，拥有相同书式的名籍上所写的"东门"并不单纯是指"东边的门"或"从东边的门出(入)"，而是具有特别的、抽象的意味。我认为，居延简中的"入"和"出"，在敦煌简中表记为"入(出)东门"。马圈湾简中有"西门"一词，但其拥有固定书式的名籍中却无"出(入)西门"之语，这可以算作一个有力的傍证吧。

      其五人累西门外
  庚申卒六人　一人埊　　　　　　　　　　　　　　D811

      其一人实虚
  壬寅卒四人　三人涂西门外垣下足　　　　　　　　D813

  □剑大刀　西门●右西门六人　　　　　　　　　　D942
  二人累西门外　　　　　　　　　　　　　　　　　D943

尤其是第三个问题，还包含了玉门都尉府、关都尉的废止的关吏问题，以及从小方盘城向南延伸的长城和烽燧（它们是否确实存在过？它们是什么时代的建筑？），这些问题都不容忽视。

在上节考察额济纳河流域两个关卡职能之际，我曾指出，每个都尉府之下设置一个关卡，关卡的职能是：记录出入都尉府境的人与物的情况，检查其动态。关卡军事防卫的色彩比较淡薄，主要是作为行政监视机关存在，玉门关也拥有同样的属性。关于玉门关的位置，无论如何，马圈湾简中发现了出入关记录、致籍等等。出入记录上写有"入东门"、"出东门"等固定用语（不存在"出（入）西门"的出入记录），由东向西为"入"，由西向东为"出"，这与居延的情况一致，是玉门都尉府管区的出入查验。① 一般而言，玉门关被视为通往西域的门户，是设置在要地的关卡，向西行进应为"出"。但是，简牍资料反映的情况却恰恰相反，这大概如实地反映出玉门关实质上是玉门都尉府的关卡。事实上，玉门关辖域内的玉门候官之西有大煎都候官，据推测，该候官的治所即斯坦因编号为T6b的遗址（凌胡燧），位于玉门关之西更为遥远的地方。故此，疏勒河流域的玉门关，与额济纳河流域的金关、居延县索关拥有同样的职能，都是汉代边地的检查站（Checking Station），并非军事防卫要塞（Barrier）。

太初三年（前102年），为获得汗血马而远征大宛的李广利，因粮食和兵力不足无功而返。李广利退至敦煌后上书汉武帝，武帝暴怒之下，命令关闭玉门关，李军兵卒入关即斩。李广利无奈之下只好滞留敦煌：

---

① 关于玉门都尉府的位置，本文已经有所言及，推测是T14遗址。然而，假如将前往都尉府治所看做"入"，那么就必须重新考虑玉门都尉府治所的位置。这与马圈湾遗址的性质密切相关，在此也会涉及关卡的时代性移动的可能性。

> 还至敦煌,士不过什一二。使使上书言。(中略)天子闻是大怒,而使使遮玉门,曰军有敢入者辄斩之。贰师恐,因留敦煌。

根据《史记·大宛列传》的这条记载,太初三年,玉门关位于敦煌(暂且不论敦煌是县还是郡)之东,沙畹认为,数年之后玉门关移至T14(小方盘城)。沙畹说得到了王国维的支持,与此相对,向达、夏鼐以及日比野丈夫等人提出反论,他们认为玉门关设置之初即在T14。这一反论中有若干要点,其中,对于沙畹说的基本质疑是:玉门关若在敦煌之东,它就失去了作为关门的意义。关于玉门关随着时代发生位移的可能性,确有很大的探讨余地。然而,笔者并不同意将李广利事件作为论述玉门关位置移动的史料。

与前辈学者不同,马雍提出了一种很有意思的观点。首先,他将所谓李广利"留敦煌"解释为"留于敦煌郡内"(马氏认为,敦煌郡成立于太初元年),而且玉门关并不在敦煌西界,玉门关外也属敦煌郡境,被摒拒于玉门关外的李广利不得不驻屯于玉门关以西的敦煌郡境内,因此文献不存在矛盾。

以玉门关为首的汉代边地关卡并不设置在边界,这在本书中已经反复论述过。马雍的论述,从人们对于玉门关的一般印象中脱却出来,的确富于启发意义。就马雍说的支柱——敦煌郡成立年代而言,或许尚有商榷的余地,但还找不到论定的资料。接下来,笔者想从其他角度来论述一下这条有关李广利的史料。

汉武帝被无功而返的李广利激怒,紧闭玉门关,禁止李军士卒进入关内。在此,需要考虑的是,李广利军是由于关门闭锁而无法东进的吗?至少沙畹确定敦煌与玉门关相对位置,是以闭门在物理上阻止了李军东进为前提的。但是，考虑到沙漠地带的地理条件，玉门关的开闭果真能够阻止军队的行进吗？"遮玉门关"究竟具有怎样的实际效果？在沙畹等前辈学者的头脑中，玉门关的形象就是关塞——barrier，事实上，关卡的第一要务在于检查并且记录吏民的通行情况。通过关卡者必须办理通关手续，在关卡记录上进行备案。我们无法确知，大宛远征军是否要与一般通行者一样持传办理出入手续，但武帝下令关闭玉门关，实际上意味着拒绝受理李广利及其兵卒本应办理的某种手续，换言之，它是一种拒绝入国的行政示意，这样，李广利及其下属即便身处内地，在行政意义上也未归国。被拒绝"归国"的李广利，无奈之下只能滞留敦煌。这就是我对《史记·大宛列传》这段史实的解释。

小　结

本章考证了关系到通行的文书行政。这里不再对细节内容进行重复论述，总之，旅行证件——传、传的申请手续、传的提交、传的誊写，所有环节都在细致周到的文书管理之下顺利运转。这些并非为了管制通行、交通，也不是出于保障交通的需要①，其目的在于管理和监察旅行者，掌控吏民的行动。

汉代边地关卡的职能相同，准确掌握都尉府境出入者的目的和行动，然后将之上报都尉府。这从卅井县索关的报告（入关檄）

---

① 藤田胜久将通行证件的用途分为交通的管制和保证两部分，以通行证执行公务之际，它能发挥很强的保证交通手段和宿泊条件的功能。参见：藤田胜久《漢代の交通と傳信の機能》，《愛媛大学法文学部論集》26号，2009年。我认为，通行证的重点功能并不在于这两个方面，管制与监察、管理属于不同的功能，根据对于传的分析，我们看到，传的目的不在于管制、限制人民的往来交通，而其保证的功能则是附属于管理功能的。

以及居延都尉府的文书传递调查可以得到反映。文书记录着人们的行动，也规定着人们的行动。

我曾说过，边地关卡不具有较强的军事防卫功能。然而，换个角度来看，管理吏民的移动，也会在军事防卫和治安行政层面产生效果。边地出土的汉简的年代主要相当于武帝期以后、西汉后半期至东汉中期。这一时期，汉帝国在军事上压倒了北方匈奴，两国之间不再有大规模的军事冲突，不过，长城的延长与修复却未曾间歇。这的确是充实边防的活动，但实际上对于汉帝国而言，即便匈奴的势力变得衰弱也需要加倍警惕的是：汉人投奔匈奴。汉朝建国之初，叛逃匈奴的汉人已经让汉王朝吃到了苦果，汉初的对匈劣势，不仅因为军事力量的强弱差距，而且因为汉人的叛变、机密情报的泄漏。长城也是防止逃亡和监视内部的有效障壁。《汉书·匈奴传》曾如是讲述到长城及其沿线烽燧具有的外敌防备之外的功能：

元帝竟宁元年（前33），王昭君外嫁匈奴单于。呼韩邪单于承诺保证上谷至敦煌一带的安全之外，向汉元帝建议废弃这一线的烽燧。郎中侯虑对此列举了10条反对意见。前半部分陈述了警惕匈奴的必要性，后半部分有三条理由的内容为：理由六——以前从军被俘后不还者人数众多，其子孙如果因贫困流亡的话，将会投奔他们；理由七——边民的奴婢们生活愁苦，很多人想要逃亡，他们当中流传着"闻匈奴中乐，无奈候望急何！"的说法，尽管如此，一直都有逃亡塞外者；理由八——盗贼、恶徒结伙犯法，如果他们穷急之下向北逃亡，就没办法捕获了。……

第三章　粮食供给及其管理
——汉代谷仓制度考

引　言

额济纳河流域——即所谓居延一带设置的汉代烽燧,作为军事及行政机构,其层级关系为都尉府—候官—燧,若干个燧组成一个部,就这一点而言,居延汉简研究者的意见是一致的。

都尉府之下,有兵卒和吏员执行日常公务,原则上,他们按月领取谷物(以粟为主,也有麦、糜、黍、梁米等等,概称为"谷")。这些谷物首先是每日的口粮,居延出土汉简之中写作"廪"的口粮的配给对象,不仅包括吏员,也包括戍卒以及他们的家属。另外,这些谷物还包括官吏的俸禄。众所周知,汉代的俸禄是所谓"半钱半谷",用钱和谷物两种形式支付,这一原则既适用于内地,也适用于边郡地带,官吏除了能够得到作为口粮的谷物,还能得到作为俸禄的谷物。①

---

① 米田贤次郎:《漢代辺境兵士の給与について》,《東方学报》25,1954年;米田贤次郎:《居延漢簡とその研究成果》(1)、(2),《古代学》2-3、3-2,1953年、1954年。米田认为,汉代边地的官吏与内地官吏不同,领取的是货币俸禄。新居延简的发现促使人们重新思考这一问题,参见:初师宾、任步云《建武三年居延都尉吏奉例略考》,《敦煌学辑刊》3,1984年。

第三章　粮食供给及其管理

谷物当然是保管于谷物仓之中,居延汉简之中,有些简札上写有"某々仓"之类的仓名,同时,负责仓务的仓官的称谓也被确认出来。

关于额济纳河流域汉代烽燧的谷物供给、谷仓和仓官,目前虽有一些研究成果,但其实态并未完全被探明,现有的相关见解当中,尚存若干疑点。既有研究主要是基于1930年出土的居延旧简所做的工作,1973—1974年居延新简发现以降,以谷仓制度为中心的考察极其匮乏。因此,本章打算进一步考察额济纳河流域的谷仓、仓官以及食粮供给的实态。

以本课题研究为基础,还可探明汉代边郡和内地的接点。居延、敦煌等汉代边地烽燧出土的简牍,包含着汉代史研究,特别是汉代制度史研究的宝贵信息,但是,也常常让人有所疑虑,以至于急于弄清的是:这些简牍反映了汉代西北边地特殊的状况?还是反映了亦见于汉代内地的普遍史像?这一问题三言两语难以道明,也不是本章所能够解决的,不过,笔者还是打算将内地的谷仓制度也纳入考察的视野。

就内地的谷物仓库而论,睡虎地秦简提供了不少秦代的相关信息,睡虎地秦简"秦律十八种"之中的"仓律"及"效律"集中反映了秦代谷物仓库的情况。本章将根据居延汉简对汉代谷仓展开分析,然后将分析结果与秦简仓律、效律的材料进行比较。在此基础上,希望解明秦汉谷仓制度的演变,同时就内地与边地的问题展开若干探讨。

带着上述目的,本章首先考察额济纳河流域的谷仓种类和位置,接下来探讨仓吏及其管理情况,这些内容均收纳于第一节"居延地区的谷仓"之中。

第二节分析食粮供给的具体样态。关于历来聚讼不一的"大石与小石"问题,本节也将提出笔者自己的论见。另外,本章原计划专设一节论述谷物供给的文书账簿种类及其移送情况,但是,作为本书考察对象的谷物供给,限定于口粮配给,即上文所说的口粮和俸给两种之中的"廪",故而不再另外设节。汉代的俸给是半钱半谷,其中的谷物供给存在若干问题,必须另行考证,而且笔者自己的见解也尚未成熟,因此,本节暂不论述作为俸给的谷物供给。

第三节将以居延汉简和云梦睡虎地秦简为中心进行论述。围绕睡虎地秦简的仓律以及秦代谷仓制度,日本研究者展开过诸多争论。在汉简分析的基础上解读秦简是否能够奏效?本节将对此做出分析,另外,本节还希望考察秦国的谷仓制度以及当时内地的相关制度。

一、居延地区的谷仓

1. 仓的种类及其设置

新旧居延汉简中确认的仓名和相关简牍编号罗列如下:

城仓(62·55、84·27、88·14、112·21、139·13、142·34、170·1、175·13、210·13、278·7A、317·22、395·16A、448·3、E.P.F4:48A、E.P.T27·11、E.P.T48:137、E.P.T51:40、E.P.T51:82B、E.P.T51:467、E.P.T52:16A、E.P.T52:16B、E.P.T56:393、E.P.T57:15、E.P.T59:96、E.P.T59:178、E.P.T59:565、E.P.T59:936、E.P.T65:23A、E.P.T65:55A、E.P.T65:66、E.P.T65:316、E.P.T65:427、E.P.F22:462A、E.P.F22:625)

居延仓(62·47、136·43、204·5、505·1＝505·4、E. P. T4:48B、E. P. T51:140、E. P. T68:209、E. P. F22:68、E. P. F22:153A)

都仓(42·13、502·14B＝505·38B＝505·43B、失号[甲176])

肩水仓(10·32、15·18、62·47、75·25、155·14B、183·10、263·14C、317·1、433·3＝433·32、515·27)

甲渠仓(85·32)

吞远仓(133·112、136·49、176·34、198·3、279·17、317·1、E. P. T26:8、E. P. T43:30A、E. P. T43:30B、E. P. T51:157A、E. P. T51:157B、E. P. T58:14、E. P. T58:81、E. P. T65:412、甲付9A·B)

收虏仓(135·7)

万岁燧仓(214·128)

第廿三仓(176·38＝190·10＝193·7、206·7、286·7、317·13、E. P. T43:2、E. P. T52:198)

第廿五仓(101·1)

第廿六仓(101·1)

北仓(174·31)

北部仓(204·9)

代田仓(116·6、148·47、273·14、273·24、275·19、275·23、534·3、557·3、557·5A、557·5B、557·6)

斥胡仓(148·48、273·8、308·45、563·6)

禄福仓(15·18)

另外,还有郡仓(E. P. T25:25A)、府仓(Y49)、部仓(183·10)等仓名,但是,这些并非单个仓的特殊名称,而是表示仓的从属关系的普通名词,意为"郡之仓"、"都尉府之仓"。①

以上列举的从城仓到禄福仓的仓库,不能说是额济纳河流域设置的全部仓库,但上述 16 个谷仓也不属于同一级别。

最引人注目的是数量最多的城仓。以下列举几支涉及城仓的简牍:

> 九十九石　卅三卷　建平二年十月癸未,甲渠令史宗,受城仓令史谭　　　　　　　　　　　　84·27

> 入粟十二石增廪五千二百廿五石,今五千二百卅七石,受城仓　　　　　　　　　　　　112·21

> 入谷五千五百二斛　受城仓　吏　　E. P. T27:11

> 入谷受城仓　　　　　　　　　　　E. P. T48:137

以上都是破城子(A8),即甲渠候官遗址出土的简札,属于谷物受领记录。因为出土地点是甲渠候官,故而可以推知谷物是从城仓搬运到甲渠候官的,而其数量相当庞大。下文还要详述,吏卒每人一个月的粮食供给约三石多一点,五千余石大致相当于 1700 人的分量。

---

① 关于郡仓有如下简牍资料:
> □□元年十二月甲申蜀郡仓啬夫浚移　厨书□到
> □告益恩候长夫子亡取多□□益恩故为　书到□令史移益
> 　　　　　　　　　　　　　　　　　　　　E. P. T25:25A

上面简牍提到的是"蜀郡仓"。还有言及府仓的简牍:
> 事敢言之府记□遣主官诣府仓□府记□　　　乙附　49

简文所谓"府记"是太守府或都尉府的印记,府仓的概念也与此相同。太守府的仓称为郡仓,故而府仓就是都尉府之仓。

第三章 粮食供给及其管理

从城仓到甲渠候官大量谷物的流动可以在简牍中得到确认，与此相对，从甲渠候官到城仓谷物的逆向流通则在资料中没有反映。根据谷物的流通方向以及谷物的贮备量来看，城仓可能并不是甲渠候官专属的谷物仓，而是为若干个候官供应粮食的谷物仓。

就机构等级而言，城仓应与候官相同，或者甚至位居其上，这从以下简牍可以得到证明。

□城仓居延农延水卅井甲渠殄北塞候，写移书到
遗脱有移名籍遣吏将属居延，毋有以书言，会月廿日，如
律令/掾仁、属宁
175·13

□丞事谓库城仓居〃延〃农延水卅井甲渠殄北塞候，写
移书到，令□
□□□书如律令 /掾仁、守卒史□卿，从事佐忠
E.P.T51:40

建武四年□□壬子朔壬申，守张掖□□□□旷、丞崇，谓
城仓、居延、甲渠、卅井、殄北，言吏当食者，先得三月食，调给
有书，为调如牒。书到，付受与校计同月出入，毋令缪，如
律令。
E.P.F22:462A

这些是甲渠候官接到的下行文书，上面写着"城仓、居延农、延水、卅井、甲渠、殄北"等等文书的送达机关，就简文书写原则而言，一般是先写上级官署，城仓写在比延水、卅井、甲渠、殄北等居延都尉府下辖各候官还要靠前的位置，由此可见，城仓很可能与

这些候官处在同一级别或更高级别。

进一步而言，以上列举的下行文书，可能是居延都尉府下发的。E. P. F22·462A 上写有文书发送官的名字"旷、丞崇"，"旷"、"崇"两人的名字也见于 E. P. F22·71A：

> 六月壬申，守张掖居延都尉旷、丞崇，告司马千人官，谓官县，写移书到。如大将军莫府律令

旷是居延都尉府的都尉，崇是其副官（丞）（据此推测，E. P. F22·462A"张掖"之后不明了的部分，应是"居延都尉"四字），可以推定，E. P. F22·462A 是居延都尉府发往城仓的文书。城仓与甲渠候官、卅井候官等各候官一样，是居延都尉府直辖的官署。①

写有"城仓"的简牍中，有一支编号为 62·55 的简，则可能是王禹这一人物的关卡通行记录，其文面如下：

> 居延城仓佐王禹鞮汗里　年廿七　●问禹曰，之𩵋得视女病，十月乙酉入
> 　　　　　　　　　　　　　　　　　　　　　　62·55

根据这里的"居延城仓"之名，城仓的正式名称应是居延城仓，可以想象，其名称的意思是"居延都尉府管辖下的城仓"，上文所列仓名中的"居延仓"，即指城仓，它大概是"居延城仓"的一个略称。这从以下简牍可以得到证明：

> 始建国二年十月癸巳朔乙卯，城仓丞□移甲沟候官令史
> 鄣卒周仁等卅一人，省作府，以府
>
> 记廪城仓用粟百卅六石，令史□日卒冯喜等十四人，廪
> 五月尽八月，皆遣不当

---

① 陈公柔、徐苹芳的论文《瓦因托尼出土廪食简的整理与研究》（《文史》第 13 辑，1982 年）指出，城仓就是"甲渠候官之城仓"（第 50 页）。笔者不敢苟同。

E. P. T4:48A

此简是始建国二年十月二十三日发至甲渠(沟)候官的文书或者是其誊本。内容讲到:兵卒周仁等41人前往都尉府劳作,应从城仓供给口粮粟合计136石,其中14人的份额需要进行调整等等。发信人是城仓丞某。另外,此简背面写有文书接收记录,甲渠候官在接信三天后的十月二十六日进行了办理。

居延仓丞

尉史崇发行事□□　E. P. T4:48B

十月戊午卒同以来

所谓"尉史崇发"意为:尉史崇打开封泥。"居延仓丞"就是捺印在封泥上的印文。由此可知,从城仓发来的文书上有"居延仓丞"封印文字。

我认为,简62·55的"居延城仓"以及E. P. T4:48AB的"居延仓"和"城仓",都是指的同一谷仓。

居延城仓与其他若干候官并置于居延都尉府之下,那么,它的位置在哪里?① 对这一问题,很难提出明确答案。即便断定甲渠候官的所在地是破城子(A8)遗址,居延都尉府的位置仍然无法最终确定,目前认可度最高的说法:居延都尉府位于甲渠候官之北、西北科学考查团编号为K710的遗址一带,也缺乏确凿的论据。在居延都尉府位置尚不明了的情况下,下文想就城仓的位

---

① 陈梦家认为,城仓与居延都尉府设置在同一地点(《汉简所见居延边塞与防御组织》,《汉简缀述》所收,中华书局,1980年)。他的根据是:简278·7可以证明居延城仓长兼任居延都尉丞。但是,另有简E. P. T52:16证明殄北候兼任城仓长,因此,简278·7不能成为论定城仓与居延都尉府之间场所关系的关键资料。此外,本文列举的E. P. F22:462A,是由居延都尉府丞发往城仓以及各候官的下行文书,由此可见,认为城仓与居延都尉府同处一地的推断值得怀疑。

置进行一些探讨。

首先需要指出的是,根据 E. P. T4:48A·B 的交书受信记录,以及前文提及的从城仓到甲渠候官移送谷物的事实,城仓不应设在甲渠候官(A8)之内。不过,既然城仓直属居延都尉府,那么所在场所就可能位于都尉府附近。以下是从城仓送往甲渠候官的邮书简:

  六月丙午,殄北鄣守候城仓守☐
  书相报,不报者,重追之☐   E. P. T52:16A

  城仓长印殄北守候
  六月己酉,第八卒众以来   E. P. T52:16B

以上邮书简是殄北守候按城仓长印之后提交给甲渠候官的,如果认为殄北候官的所在地是 A1 遗址,那么城仓就应接近北侧的殄北候官(A1)、居延都尉府(K710)。甲渠候官(A8)以北有一处值得注目的遗址,西北科学考查团将其编号为 A10,即被称为瓦因托尼的遗址。这里自 1930 年至 1931 年出土了大约 300 多支简牍,陈梦家、森鹿三、永田英正等人都认为它是通泽第二亭、殄北第二燧的所在地。① A10 的出土简札大多与谷物出纳有关,陈公柔、徐苹芳的《瓦因托尼出土廪食简的整理与研究》对相关简牍的实态进行过分析。根据陈、徐两人的分析,随着代田法的推行,始元二年以降代田仓和斥胡仓两仓的谷物都转移到了 A10,而 A10 则成为谷物囤积和分发的基地。

---

① 森鹿三:《居延漢簡の集成——とくに第二亭食簿について》,《東洋学研究》(居延漢簡篇),同朋舎,1975 年;永田英正:《居延漢簡の集成》,《居延漢簡の研究》,同朋舎,1989 年。

第三章　粮食供给及其管理

城仓可能位于居延都尉府（推定为 K710）附近、㽺北候官（A1）一带，而 A1 与 K710 之间大约相距 50 公里，据此推测，城仓与同样可能是谷仓的 A10 在位置上极为接近。城仓与 A10 都发挥着储存谷物的功能，恐怕规模上也没有大的差异，人们大概会很自然地想到两者是同一仓库的可能性。在此，笔者提出这样的推论：A10 作为亭名，可能是通泽第二亭，同时附置㽺北候官下辖的第二燧，除此之外，该地点又可能是居延都尉府下谷仓——居延城仓的所在地。以下简札可以支持这一推论：

　　　　城仓　赵广之印　　第八　　　88·14
　　　　卒廪致

以上是 A10（图 1）出土的一支简牍，可能是检的残片，从书写内容上看，它是一通第八燧卒的谷物受领文书（廪致）①，抬头的城仓即文书送达地。中间的"赵广之印"四字，实际上是检上封泥印文的誊写，事实上，"城仓"与"赵广之印"两者墨色互

图 1

---

① "廪致"一词还见于以下简牍：
　　　　元始二年二月吏
　　　　卒廪致　　　　　　　　　　　　　E. P. T59：330A
在睡虎地秦简的"田律"也有这一用语：
　　　　乘马服牛廪过二月弗廪弗致者皆止勿廪致廪大田而毋恒籍者以其致到日
　　　　廪之勿深致　田律　　　　　　　　　　　　　　　　　　　　　　78
这些都被看做是谷物受领书。参见裘锡圭《汉简零拾》，《文史》第 12 辑，1981 年。

323

不相同①,"城仓"两字是简牍送至城仓打开封印之后补写上去的。那么,如果该简的出土地是 A10,A10 就应该是城仓。遗憾的是,将 A10 与城仓联系在一起的简牍仅此一支,再考虑到时间的跨度,目前只能说,A10＝城仓仅仅是一个推论。②

上文曾经提到,居延城仓是居延都尉府直辖的谷仓,其行政级别与候官相同。下面看看其他诸仓的等级序列,就吞远仓、收房仓、万岁燧仓、第廿三仓、北仓等谷仓而论,前三个仓名有一个共同的特征:都冠有甲渠候官下辖部的部名,它们应是吞远部、收房部、万岁部等下设的谷仓,即简文所谓的"部仓"。

  二月癸亥,除为肩水临渠燧长。至十二月庚子,遣谊之
部仓,为   183·10

以吞远部为例,吞远部是由若干个燧组成的集合体,其长官称为吞远候长,部的治所——候长驻屯在吞远燧(一般候长驻屯的烽

---

① 从书中所附照片也能看出,字迹墨色浓淡有差异。1995 年 5 月下旬,笔者赴台北"中央研究院历史语言研究所"对居延汉简实物进行了为期一周的考察。当时也看到简 88,"赵广之印"四字的确是另笔书写,正如照片所显示的那样墨色较淡。

② 对于将居延城仓位置定在 A10 这一推论,也有意见认为,作为谷仓的所在地,这一地点可能过于偏北了。的确,将谷仓设在匈奴前线附近,存在安全防卫的隐患。但是另一方面,如果从发动进攻的角度考虑,粮食供给基地接近前线反而是有利的。另外,笔者认为,A10 地理条件优越,其地点位于当时居延海的岸线,具有水上输送的便利。今天的居延泽已经干涸,但在汉代,它不仅面积广而且水量大。《汉书·霍去病传》有"济居延"向西方进军的记载,根据张晏、师古的注解,此处"济"的语义是以舟船渡过水深之处。以下简牍也值得注意:

  城仓粟输海东吏卒食   395·16A
  海东凡六石十二 五石弩三
        三石弩一   445·6

以上两简都出土于 P9(卅井候官址),内容提到城仓的谷物运往"海东",推测向"海东"运粮借助了其水上路线。"海东"意指居延海东岸,大致在 P9(boro-tsonch)一带。因此,我认为,城仓之所以被设在较为偏北的地点,是为了充分利用水上输送之便。

燧以部名命名),部也附设谷仓。

> 吏卅七人
> 吞远燧仓一所　卒八十六人　　　　　E. P. T58:81
> 候长候史

上面这支简反映出吞远燧的规模和构成。

那么,级别在部之下的烽燧也设有仓吗?迄今为止,简牍中尚未发现冠以各烽燧名的仓名。谷物是以部为单位进行配给的,有关账簿也是在部中完成的,后文还将对此进行详细论述。笔者认为,部中配置的谷仓已经属于仓廪系统的终端了。

如果我们证明了都尉府直辖的规模较大的谷仓以及处于终端的最小规模的部仓的确存在,那么处在都尉府与部之间的候官也应拥有谷仓。事实上,诣官簿(前往候官领取谷物之际留下的登记记录)、候官制作的谷出入簿①以及下节"仓的管理"列举的有关"直符仓库"的文书,都牵涉到候官下设的谷仓。为什么与候官名相同的谷仓名称,只见于一支居延都尉府辖域的一支断简?

> 卅井
> 渠仓至甲渠
> □□　　　　　　　　　　　　　　　　　85·32

可以推定,居延都尉府下的谷仓为居延城仓,各候官及其下辖诸部分别都设有谷仓。上文列举的仓名中,甲渠仓属于候官所辖谷仓,吞远、收虏、万岁、第廿三、北仓则是部仓。

南方肩水都尉府谷仓的情况,应与额济纳河下游居延都尉

---

① 关于这些账簿,永田英正《居延漢簡の研究》(同朋舍,1989年)各章有详细的分析和说明,本章第二节(4)也将论及。

府的谷仓相似。目前可以确认属于肩水都尉府内的谷仓,有肩水仓和北部仓(见于A32肩水金关址出土的简204·9)两处。两都尉府在制度上应该不会有大的区别,如果允许我们提出推论的话,名为肩水仓的谷仓应该是肩水都尉府直属的大规模仓廪,那么,其正式名称是肩水都仓吗?以下列举三例写有"都仓"的简牍:

  □案都仓下又□母   42·13

  毋状,愿高赏卿到自爱努力,加意慎官事。叩头幸甚。
  宣在骊喜燧,去都仓四十余里。独第六燧卒杜程、李侯
  常得奏都仓,二卿时〃数寄记书相问音,声意中快也,实
 中兄

            502·14B,505·38B,505·43B

  乙巳都仓   失号

三简都是断简,语意也有不明之处,并不能证明肩水仓＝都仓。不过,502·14B简(该简是逗留于卅井候官下辖骊喜燧的曹宣寄给董房、冯孝二人的信件)提到骊喜燧"去都仓四十余里",表明都仓可能是某个谷仓的专有名称,而且它也不是候官、部、燧的名称。我们似乎可以做出这样的假定:都仓应即肩水都仓的简称,正如城仓是居延城仓的简称。

  上文列举的仓名中,还有代田仓和斥胡仓。写有这两个仓名的简牍都出自A10,即通泽第二亭遗址,简文内容是关于A10收到从代田、斥胡两仓运送来的谷物的事情。正如前文已经说过的,这两个仓是随着代田的实施而设置的,它们不属于部都尉系

列管辖,而应隶属农都尉。① 部都尉系列的仓,是指居延仓和肩水仓下属的各候官仓、部仓;农都尉系列之下有斥胡、代田两仓,其谷物可能运往部仓。另外,还有禄福仓,它无疑是禄福县下辖的县仓。

以上探讨了谷仓的层级序列,可以做如下归纳:

部都尉系列的谷仓:

居延都尉府

居延城仓—各候官仓(甲渠仓等)—各部仓(吞远仓、收虏仓、万岁仓、第廿三仓、北仓等)

肩水都尉府

肩水都仓—各候官仓(肩水仓等)—各部仓(北部仓等)

农都尉系列的谷仓:斥胡仓　代田仓

2. 仓官

关于负责仓廪事务的仓官,早期汉简研究者藤枝晃曾做过列举②,在此参照居延新简资料修订如下:

仓长(10・32、236・43、204・5、278・7A、317・1、E. P. T51:140、E. P. T52:16B、E. P. T65:316、E. P. T68:209、E. P. F22:68、E. P. F22:70、E. P. F22:78、E. P. F22:153A)

仓宰(505・4、505・1)

仓丞(12・1A、15・18、E. P. T4:48A、E. P. T:48B、E. P. T59:145)

---

① 森鹿三:《居延漢簡の集成—とくに第二亭食簿について》,《東洋学研究》(居延漢簡篇),同朋舍,1975 年。
② 藤枝晃:《漢簡職官表》,《東方学報》25,1954 年。

仓掾（62・47）

仓啬夫（515・17、E. P. T43:65、E. P. T25:25A）

仓令史（84・27、110・28、142・34）

仓佐（62・55、E. P. T59:565）

仓监（148・47、273・8、273・14、273・24、275・19、275・32、308・45、534・3、534・8、557・3、557・5A、557・5B、563・6）

此外还有仓卒，仓卒并不是吏员，而是仓内戍卒，这从 E. P. T65:66 等简牍的简文中可以得到证明。

以上列举的仓官的官秩序列，应与其他系统的官吏相同，拥有一个与长—丞—掾・令史・啬夫・佐平行的层级体系，那么，以仓长为首的仓官的具体级别又是如何呢？

  建武三年四月丁巳朔辛巳，领河西五郡大将军张掖属国都尉融，移张掖居延都尉。今为

  都尉以下奉各如差。司马、千人、候、仓长、丞、塞尉，职间都尉以便宜财予以从史、田吏。如律令   E. P. F22:70

以上是居延新简中被称为"建武三年奉例"册书简的一支，册书简由 10 支简札编成，其内容是关于居延都尉以下官吏的俸禄规定，已经引起学界极大关注。上面这支简札中列举的司马、千人、候、仓长、丞、塞尉，应该是依照官阶高低排列的，现在比较明确的是：司马（六百石）、千人（六百石）、候（比六百石）、丞（三百石或二百石）、塞尉（二百石），由此可以推定，仓长的级别在比六百石至三百石之间。笔者认为，仓长的级别应为比六百石，因为要考虑到仓长以下的一系列仓官都仅配置于谷仓系统。

正如上一小节已经阐明的，额济纳河流域的谷仓分属部都尉和农都尉两个大的系列。暂且搁置后者不提，就部都尉管辖的仓而言，每个都尉府各设一仓，候官、部两级也有各自的仓。在阶序化的谷仓系统中，我认为，仓长这一官职只能设在都尉府直属仓，具体而言，就是居延城仓和肩水都仓两仓。新旧居延汉简之中，写有"仓长"二字的简牍只有极少，除了上面列举的 E.P.F22·70 一简，其他简上出现的则是某某仓长等专有名词（由于 E.P.F22：70 记载的是一般规定，故而写的是一般名词"仓长"）。事实上，相关专有名词只有居延（城仓）长和肩水仓长两个。据此，候官和部所设谷仓应无仓长官职。

事实上，不仅是仓长，包括仓丞、仓掾、仓令史、仓佐在内的所有仓官，没有一例前面冠以城仓、肩水仓以外的候官名和部名，这一点已经从简牍资料中得到了证实。据此可以推断，拥有以仓长为首、由仓丞—仓掾—仓令史—仓佐等一系列职官构成的谷仓官署，只有居延城仓和肩水都仓两所，以下的候官仓和部仓都只是谷物贮藏仓而已，例如："吞远仓"这一仓名意指设置在吞远部的仓，与作为官署名的"居延城仓"含义大不相同。

城仓是一个独立的官署，与候官平行（故而在居延都尉府下发的文书中与候官名并列）。城仓长—仓长的级别，应与候官长—候相同。因此，我认为，仓长与候的官秩都是比六百石，仓长以下从仓丞到仓佐的级差，参照其他官署的属官级差可以推定如下：

仓长（比六百石）—仓丞（三百石）—仓掾（百石）—仓啬夫·仓令史（斗食）—仓佐（月四百八十钱）

具有官署性质的谷仓仅有都尉府直辖的城仓和肩水都仓，上文我们指出，与职务名和仓名联系在一起的只有城仓和肩水两仓，并以此推断仓官只设在城仓和肩水都仓，但并不能说这一推论拥有足够的说服力。下一小节还要从谷仓管理的角度展开考察，从而对上述推断做进一步的论证。以下，首先就若干仓官做些补充说明。

其一是上文列举的仓官中的仓宰。这一官名仅见于一简：

> 居延仓宰张立侯　谨遣戍曹左史寻诣门下问起居，叩〃
> 头〃　　　　　　　　　　　　　　　505·4,505·1

我推测仓宰即是仓长，或许是王莽时期的名称。除了收藏谷物的谷仓之外，居延一带还有贮藏财货（或兵器）的"库"，库的长官可能就是被称为库宰的官吏：

> 三月己丑，张掖库宰崇，以近秩次行大尹文书事。长史
> 丞下部大尉、官县。承书从事，下当用者。有犯者，辄言如
> 诏。书到，言。　　兼掾义、兼史曲、书吏迁金
> 　　　　　　　　　　　　　　　　　E. P. T59:160

以"三"为"四"、以"大尹"为"大守"，上面这支简显然是王莽时期的简牍。据此推测，简中的"库宰"或许是王莽时期对于"库长"的称呼。① 根据《汉书·王莽传》记载，始建国元年下达了一系列官名变更的命令，其中提到"县令长曰宰"，笔者推想，当时将"仓长"、"库长"改称为了"仓宰"、"库宰"。

其二是仓监。居延地区有"代田仓监"、"斥胡仓监"，它们是农都尉系列的代田仓和斥胡仓的职官。部都尉下辖仓的长官称做仓长，农都尉所属仓的长官称为仓监，关于仓监，森鹿三曾经指

---

① 涉及库长的简牍，目前仅发现一支：□工卒史禹库长汤啬夫口　　248·25

出,代田仓监是由代田仓长这一名称在某个时期转变而来的。①目前尚无新的资料补证森氏观点,今后还需对此做进一步探讨。

3. 仓的管理

具有官署性质的谷仓,只有城仓和肩水仓,候官及部设置的谷仓不设单独的仓官。这一推论可以通过对于候官和部的谷仓管理状况的考察中得到进一步确证。首先,来看以下诸简。

    □□直符一日一夜,谨行视事,钱财物藏内户
    □敢言之   52·45

    酉,直符仓库户封,皆完   72·6

    直符一日一夜,谨行视钱财物
    言之   84·23

    □□敢言之,迺壬子直符,谨行视□   231·12

    迺壬申直符,仓库户封皆完,毋盗贼   257·22

    五月戊寅,尉史蒲敢言之,迺丁丑直符,仓库户,皆完,毋
  盗贼发者   264·9

    之迺乙酉直符一日

---

① 森鹿三:《居延漢簡の集成—とくに第二亭食簿について》,《東洋学研究》(居延漢簡篇),同朋舎,1975年。

义敢言之　　　　　　　　　　　　　　265·30

　　□□元年三月戊午朔己酉,尉史护敢言之,□□戊申直
府,谒府□□□
　　日□□燧长□□　坚付□□□□敢言之　E. P. T43:306

　　更始二年正月丙午朔庚申,令史□敢言之,迺己未直符,
谨行视诸藏内户封,皆完,时毋水火
　　盗贼发者,即日付令严,敢言之　　　E. P. T48:232

　　直符一日一夜,谨行视财物藏□
　　言之　　　　　　　　　　　　　　　E. P. T52:393

　　□酉,令史丰敢言之,迺壬申直符
　　敢言之　　　　　　　　　　　　　　E. P. T65:220

　　□敢言之,迺丁巳直符,一日一夜,谨行视钱财
　　敢言之　　　　　　　　　　　　　　E. P. T65:221

　　建平三年七月己酉朔甲戌,尉史宗敢言之,迺癸酉直符,
一日一夜,谨行视钱财物藏内户封,
　　皆完,毋盗贼发者,即日平旦,付令史宗,敢言之
　　　　　　　　　　　　　　　　　　　E. P. T65:398

　　辛亥朔庚午,令史义敢言之,迺己巳直符,□
　　者,即日平旦,付尉史宗,敢言之　　　E. P. T65:451

关于以上各简中出现的"直符"二字,正如裘锡圭、于豪亮所考证的,意为值宿、值班。① 上述一系列的简牍,就是值班者的报告文书。简E.P.T52·100保留了比较完整的文书格式:

　　建始二年十月乙卯朔丙子,令史弘敢言之。迺乙亥直
　　符。仓库户封皆完。毋盗
　　贼发者,敢言之。

另外,简 E.P.T65:398 等加上了固定用语"即日平旦付令史某",文书基本格式都是统一的。

如果将这种值班报告称为"直符文书"的话,我们可以注意到有关直符文书的一些特殊现象。

首先,相关简牍出土地都是破城子(A8),即甲渠候官的所在地,这说明,此类文书或者是在候官拟制的,或者是候官受理的。不过,其发信官是尉史、令史,比候官级别低的部、燧不太可能设置这两个官职,因此,直符文书拟制于候官的可能性更大。

候官拟成的直符文书向何处发送呢?根据"敢言之"这一上行文书的特有用语来看,文书接受方无疑是上级官署、上级官员。不过,还不能立刻断定文书接受方就是候官之上的都尉府。的确,简 E.P.T43:306 上写有"谒府",府可能就是都尉府,但这支简的简文与其他简相比若干用语有些差异,是否"直符文书"尚存疑问。从别的报告的时间经纬来看,内容均是在值宿翌日的早晨换班之际,报告值班当日无异常状况、顺利向某某交班云云。一般由候官发往都尉府的上行文书,都是按月报送或按季报送,几乎找不到其他每日提交勤务的例证。根据以上考察,令史、尉史

---

① 裘锡圭:《汉简零拾》,《文史》第 12 辑,1981 年;于豪亮:《居延汉简校释》,《考古》1964 年第 3 期。

的报告都提交给了候官的长官——候。

如果聚焦于谷仓进行考察,见于直符文书的"仓"当然是设在候官的仓。假设部仓也包含于其中,值班官吏仅有一人——令史或尉史,若值宿翌日要报告户封有无异常,就必须在短时间内巡查间隔数里的若干处部仓,然后与下一个值班者进行交接,事实上,这几乎是不可能的。故此,直符文书应该仅是候官直辖谷仓的报告。

令史这一下级官吏,除了候官令史之外,上文还提到了仓令史。作为一系列直符文书提交者的令史,究竟是候官令史?还是仓令史?这一问题不言自明,正解是候官令史,不可能是仓令史。因为尽管直符文书是仓务公文,从理论上来讲,其发文者有可能是仓令史,但是,文书还涉及"库"、"藏内"等其他贮藏设施,通常这些设施是由专门的官吏管理的,例如:"库"设有"库令史":

库令史一人　　　　　　　　　　　　E. P. T51:318

直符文书提及的仓、库、藏内,都是候官内设置的设施。对这些贮藏设施的户封一并进行检查的令史或尉史,只能是候官下属的令史、尉史,而非仓令史或库令史等专职吏员。

如果候官谷仓的户封并非仓令史的职责,而是候官令史的职责,那么,我们就可以对候官仓的管理以及仓官的有无做出如是推测:在候官仓里不存在的专职的仓官,以令史、尉史为首的候官内部吏员承担着仓的管理工作,候官的长官——候是最高责任人。不设专职仓官,意味着候官仓不具有独立官署的性质,只是候官内的一座设施而已。

根据前文关于仓官的论述,仓长以下的仓官均为城仓和肩水仓的吏员,没有发现冠以候官名和部名的仓官。将这一现象与直符文书所反映的候官仓的管理加以比照,可以看出两者之间不存在矛盾。仅仅都尉府直属的谷仓具有官署性质,它与候官仓在组织机构上是不同的。

不仅限于候官仓,候官所辖部的谷仓的管理也在候官令史的职责范围。尽管上文已经提到,部仓的值班和户封的确认并非候官令史的职掌,但是贮藏谷物量的确认是由候官令史负责的,下面这条简牍可以证明这一点:

　　　　令史弘校第廿三仓谷　　十月簿余谷榜楻大石六十一石
八斗三升大　　　　　　　　　　　　　　　　　　206·7

令史弘即甲渠候官的令史范弘①,与简 E. P. T52:100 直符文书的报告官令史弘应是同一人。第廿三仓是第廿三部所置部仓,第廿三部统辖着从第廿三到第廿九的七个燧,根据简 24·2 可知,七燧兵卒合计 20 余名。② 简牍抬头为:

　　　　第廿三卒十二月

　　　　　　廪名

　　　　　　　　廿二人

----

① 关于令史范弘,森鹿三《令史弘に関する文書》(《東洋学研究》(居延漢簡篇),同朋舍,1975年)指出,令史弘并非仓令史,而是候官令史。笔者也持相同意见。
② 简 24·2 反映出廿三部的组织结构,这是毫无疑问的。简文最下端写着"箕山燧"这一燧名(也有人将"箕山"读做"第卅",我认为读做"箕山"为宜)。米田贤二郎曾经指出,廿三部是由第廿三燧至第廿九燧组成的集群,归第廿三候长指挥(参见:米田贤二郎《漢代の辺境組織—燧の配置について》,《東洋史研究》12-13,1953年)。那么,如何解释这里混入的实名"箕山燧"? 一种解释是:箕山燧的两名兵卒该年十二月临时出差到第廿三部(省作),本来箕山燧卒并不只有两名(简52·26 写有"箕山燧卒三人")。但是,简 160·4 记有"告第廿三候长记到召箕山燧长明诣官以急疾为故急",这是一封让第廿三候长召箕山燧长明前往候官的通知。根据此简内容来看,箕山燧也应属于廿三部。

其下是兵卒名单：

　　　　第廿三卒李婴　　第廿四卒张猛

　　　第廿六卒寿安　　第廿八卒羊实

箕山卒锺昌

　　　　第廿三卒苏光　　第廿五卒曹逢

第廿六卒韩非人　第廿八卒马广　箕

山卒高关

　　　　第廿三卒郭长　　第廿五卒韩意

第廿七卒张愿　　第廿九卒□□

　　　　第廿四卒成定　　第廿五卒张肩

第廿七石赐　　　第廿九卒褒赣

　　　　第廿四卒石关　　第廿六卒张建

第廿八卒曾相熹　第廿九卒左貰　24.2

下文还将对简 24·2（图 2）进行详细论述，这里值得注意的是，简 206·7 所记剩余谷物大石六十余石这一数量，根据戍卒一人每月配给粮食大石二石来计算，大约相当于 30 人的谷物。另外，从简 24·2 来看，第廿三部兵卒 22 人，或许随着时期变化有所增减，但每燧平均配置 3—5 名戍卒，廿三部戍卒 20 余人是一个合理人数，如果加上燧长，总数大约为 30 人左右。总之，24·2、206·7 两简表明，部仓里储备着该部所辖诸燧至少一个月的谷物。候官的令史通过核查账簿对其实施管理。

24·2

图 2

二、粮食供给的实态

1. 供给量

汉代边地吏卒由官府提供口粮,吏与卒的配给额度都是每月"三石三斗三升少",一般是前月领取当月的食粮。这一史实已经被先前的研究者探明,新旧居延汉简有很多相关例证,以下根据行文需要列举三四例:

> 第十一燧长□十二月□□食三石三斗三升少卒王利取
> 卒□□月食三石三斗三升少自取
> 　　卒王利月食三石三斗三升少自取　　　206·19

> 　令史田忠　十二月食三石三斗三升少　十一月庚申自取　　　　　　　　　　　　　　　　133·7

> 　第四燧长陈不识粟三石三斗三升少张归取卩　卒宁横粟三石三斗三升少张帰取卩
> 　　卒张归粟三石三斗三升少自取卩
> 　　　　　　　　　　　　E.P.T52:1(图3)

> 　第三燧卒王谭　十月食三石三斗三升少　九月己卯自取卩　　　　　　　　　　　　　　E.P.T5:2

所谓"少"是1/3升(少半升),与此相对,"大"这一用语表示2/3升。那么,计算3又1/3升的量器是否存在?这一问题可以

337

文书行政的汉帝国

E.P.T52:1

图 3

图 4　铜制椭圆形枡

从天津市文物管理所藏传世铜枡上得到解答,该铜枡表面刻有"平都"铭,铭文如下①:

> 元年十月甲午
>
> 平都戍丞紀仓
>
> 亥佐葵釋斛
>
> 容三升少半升重二斤十五两

关于铭文全文,将在第三节进行分析。在此,首先应该关注的是铭文左侧镌刻的字体略小的一行字:"容三升少半升",这表明此铜枡正是 3 又 1/3 升的量器(图 4)。

然而,记录每月食粮供给的简,有的写有三石二斗二升少或三石二斗二升,或许可以将三石二斗二升少和三石二斗二升的其中之一解释为例外,但是两者相关简牍的数量相当,这种解释也说不通。

永田英正认为,三石二斗二升少是小月(29 天)的配给量。②三石三斗三升少的 29/30 大约为三石二斗二升余,因此三石二斗二升少这一数值的确可以与小月联系起来。不过,如果对以下简牍进行考察,我们就会发现,将三石二斗二升简单地断定为小月供给量这一论见还是存有疑点的。

> 执胡燧长吴宗粟三石三斗三升少自取卩　卒柳世三石二斗二升少自取卩
>
> 候史刑延寿粟三石三斗三升少,口取卩　卒杨汤三石二

---

① 云希正:《西汉平都犁斛》,《文物》1977 年第 3 期;云希正:《中国古代度量衡图集》,文物出版社,1981 年。
② 永田英正:《居延漢簡の研究》,同朋舍,1989 年,第 157 页。

斗二升少世取𠃊

　　　　　　　卒李何伤三石二斗二升少世取𠃊

　　　　候史延寿马食粟五石八斗，卒汤取𠃊　157·2

　　第五燧长董非子粟三石三斗三升少自取𠃊　卒张奴粟三石二升吏非子取𠃊

　　　　　　　卒庄忠粟三石二升吏非子取𠃊

　　　　　　　　　　　　　　　E. P. T51:61

　　第廿七燧长德食三石三斗三升少　卒池信食三石二斗二升少

　　　　卒忠食三石二斗二升少　卒暴便食三石二斗二升少

　　　　　　　　　　　　　　　E. P. T51:247

　　第廿三燧长李忠八月食三石三斗三升少自取　卒孙寿八月食三石二斗二升自取

　　　　　　卒周雅八月食三石二斗二升孙寿取

　　　　　　　　　　　　　　　E. P. T51:303

以上随意列举了四例，事实上，这种简面上同时出现"三石三斗三升少"和"三石二斗二升少"的简牍还有很多。而且，E. P. T51:303表明，上述额度都是同月支付的。如果我们将三石二斗二升少视为小月供给数额，那么，就必须说明为何同月还有领取三石三斗三升少者。

暂且搁置"三石三斗三升少"和"三石二斗二升少"两个数额。根据以上四例简牍可知，看似月粮的小月供给量有三石二斗二升少、三石二斗二升两种。首先来看一下这两个数值的意味。

如果将大月供给量定为三石三斗三升少，小月量为大月供给量的 29/30，算式为：333 又 1/3 升×29/30＝322.2…升，小数点后是 2 的循环值。由此可以推测，三石二斗二升、三石二斗二升少两个数值，实际上可能是三石二斗二升二…这一精确数值的简化处理，即将循环小数进到个位。三石二斗二升少，进位之后就是三石二斗二升。

计测 1/3 升的量器确实存在。然而，计测 0.2 升的量器在现实生活中却是找不到的。这样，29 天的供给量可以是三石二斗二升，也可以是三石二斗二升少，这应该就是小月粮食供给的实际状态。

另外，使用计测 1/3 升的量器，就可以实现三升少的谷物量的供给，但是另一方面，供给量受到计测量器的准确控制。

上面解释了三石二斗二升少和三石二斗二升这两个数值见于同一简文的原因。但是，三石三斗三升少、三石二斗二升少、三石二斗二升，为何作为同月的供给量同时出现于简文？这一问题尚未得到解答。下文打算先从散见于简文的大石和小石的含义着手探讨。

2. 大石和小石

记录着谷物量的简牍中，有时以"大石○○石"、"小石○○石"的形式来表现具体数值。

出稟大石三石六斗　始元二年六月庚午朔，以食蜀校士
二人尽己亥卅日，积六十人〃六升　　　　　　　　275・12

> 入廪小石十四石五斗　始元三年正月丁酉朔丁酉,第二
> 亭长舒受代田仓监光　　　　　　　　　　148·47

"大石"、"小石"意味着什么? 先前学界对此聚讼不一。这里不想逐一列举各种说法加以论评,仅介绍三种不同见解:

(1) 小石是国家指定的计量方式,大石则是民间常用的计量方式。边郡地区民间的计量中,往往遵照战国时代以来的旧习,以大石(大斗)为基准。配给食粮支给之际,有时加以明示,并且设定大小换算比率。①

(2) 大石是用于计量不去壳的粟的大枡,小石是用于计量脱壳小米的小枡。②

(3) 大石和小石都是计算单位,与大小枡无关,所谓大、小只是针对不同对象的名称区别,大石针对脱壳小米,小石针对带壳粟。③

简言之,诸说均着眼于容器种类、民间与官用的区分、带壳粟与小米的差别来自圆其说。可以确定的一点是,大石与小石的比例为6比10,以下各简可以证明:

> 凡出谷小石十五石,为大石九石　　　　　　148·15

> 入糜小石十二石,为大石七石二斗　　　　　148·41

> 入糜小石十二石为大石七石二斗,征和五年正月庚申朔

---

① 陈公柔、徐苹芳:《瓦因托尼出土廪食简的整理与研究》,《文史》第13辑,1982年;劳干:《大石与小石》,《大陆杂志》1—11,1950年。
② 永田英正:《居延漢簡の研究》,同朋舍,1989年,第148页。
③ 杨联陞:《汉代丁中、廪给、米粟、大小石之制》,《国学季刊》7-1,1950年。

庚,通泽第二亭长舒受部农第四长朱　　　　273・9

　出糜小石三石为大石一石八斗,以食卒三人,十二月辛
卯尽庚子十日,积卅人〃六　　　　　　　　275・2

　入糜大石八石七斗为小石十四石五斗,二年八月辛亥朔
辛亥,第二亭长舒受第六长延寿,以食吏卒五人〃六升,辛亥
尽己卯廿九日,积百卌五人　　　　　　　　275・21

　大石六石
　为小石十石　征和四年十月壬辰朔癸巳,第二亭长舒受
将军从吏德　　　　　　　　　　　　　　　275・22

　入糜小石十四石五斗为大石八石七斗,三年正月己卯朔
辛巳,第二亭长舒受第六长延寿　　　　　　278・9

以上简牍都出土于瓦因托尼(A10)——即上文推定的居延城仓所在地。为什么记载着大石小石换算值的简牍仅出土于A10?这里暂且搁置其原因不论,先来看一下与大石、小石对应的另一对量词——大斗、小斗。

　大斗三斗三斗一升二分　　　　　　　　148・17
　斗五斗二升为大斗　　　　　　　　　　308・11
　大斗五斗二升　　　　　　　　　　　　534・7

以上五斗二升和三斗一升二分,也是十比六的比例,可见大斗和小斗的比例与大石・小石之间的比例相同。

大石・小石与大斗・小斗两种计量方式,不论它们是用来计量带壳粟的还是小米的,也不论它们是官用还是民间常用。如果仅将其视为两个不同的量器种类,例如若是"平都铜枓",那么它

343

们就应分别是大枡・小枡。如果铭文刻作官名,器物当然是官方通用的。但除了此类特殊情况之外,如何判别民间器物和官用器物?民用量器刻着怎样的铭文?现存的汉代量器上,一般都不标明小石或大石。

就现存量器而论,其容量一升大约相当于 200 毫升,"平都铜枡"一升也是 194 毫升,大致在此数值范围之内。如果小升为 200 毫升,大升就是 333 又 1/3 毫升;如果大升为 200 毫升,小升则是 120 毫升。然而,拥有 330 毫升或 120 毫升容量的量器实际上并不存在,所以大小两种量器并存也是不可能的。暂且不论战国时代,至少目前还没有证据表明,秦统一以后量器和计量单位同时存在民用和官用两种。

但是,这里必须要回答的一个问题是,大石和小石 6 比 10 的换算比,是基于什么法则制定出来的?睡虎地秦简仓律中的以下条文可供参考①:

> □□石六斗大半斗,舂之为粝米一石,粝米一石为凿米九斗,〃为毇米八斗,稻禾一石,有米委赐,廪禾稼公,尽九月
>
> 108
>
> 其人弗取之,勿鼠　　　　　　　　　　　　　　仓　109

简 108 上端的缺失文字应为"粟一"。上述仓律的条文讲述了对谷物(粟)进行脱谷加工处理之际粝米→凿米→毇米各个环节容量的法定比率。将粟加工为粝米的第一道环节,即除去谷壳的脱谷处理环节,这应该是使谷物可供食用的最起码的加工。粟一石六斗大半转换为粝米一石,正是 10 比 6 的比例。

---

① 本书引用云梦睡虎地秦简之际所标出的简牍编号,均采用《云梦睡虎地秦墓》(文物出版社,1981 年)的图版编号,这些编号贯穿全部简牍。

带壳的谷子(粟)与去掉谷皮的小米之间的比率大约为 10 比 6,这从出土资料和文献史料中都能得到证实。《史记·太史公自序》"粝梁之食"的臣瓒注:

> 瓒曰:"五斗粟,三斗米,为粝。"

此处所谓"粝"也与睡虎地秦简相同,是指经过脱谷的粟。

> 正义曰:"粝、麤米也。脱粟也。"

在《九章算术·粟米》中,粟与粝米的比例也是 10 比 6。

> 今有粟一斗,欲为粝米,问得几何? 答曰:"为粝米六升。"术曰:"以粟求粝米,三之,五而一。"

其大意是:有粟一斗,能得到多少粝米? 答案是能得到粝米 6 升。由特定数量的粟求粝米数量的算法:将粟的数量乘 3 再除 5。

居延汉简中也发现如下简牍:

> 粟一斗得米六升　　　　　　　　　　　　　110·4

小石与大石的比例——10 比 6,应该是带壳粟和小米的比例。

本来,有人反对将这一比例与脱谷与否联系到一起。正如《九章算术》中讲到的,脱谷分为若干道工序,而且这些工序并不固定,而且谷物种类不同,脱谷前后的比例也有差异,因此,将这一比例一律定为 10 比 6 是有问题的。① 此外,汉简当中涉及容量的记录,不一定写明大石还是小石。如果仅记录容量值的话,大石、小石如何分辨?

首先,需要说明的是,10 比 6 只是官方换算带壳粟和小米容

---

① 高自强:《汉代大小斜(石)问题》,《考古》1962 年第 2 期,第 93 页。

积的法定比例，并不准确显示现实的带壳粟和小米之间的容量比，根据谷物具体状况的差异，带壳粟和小米之间的比例会产生偏差。官方忽略偏差不计，以脱谷工序为界线将谷物分为带谷皮和除去谷皮两种形态，以 10 比 6 为法定换算率。

我认为，大石、小石并不是两种量器，计量带壳谷物之际以小石为单位，计量脱谷谷物之际以大石为单位，两者之间的比例为 10 比 6。换言之，带壳粟的计量结果表示为小石〇石〇斗〇升，脱谷米的计量结果表示为大石〇石〇斗〇升。另外，相关规定并不单单取决于谷物名称，即便写为"出谷〇〇石"、"入粟〇〇石"，"谷"和"粟"也不能决定大石和小石。"入粟大石廿五石"(E.P.T6:103)应该解释为：领到粟的分量，在脱谷状态下是 25 石。

结合以上结论，再来考虑一下不言大小只记载数量的场合。

大小石，是基于脱谷有无而产生的计量单位的区别，因此，指示与脱谷无关的物品（例如盐）的数量之际，本来就与大石、小石无关。那么，对于不言明大小石的谷物，如何判断其具体所指？例如以下简牍：

第十一燧长□十二月食三石三斗三升少卒王利取　卒
□□月食三石三斗三升少自取

卒王利月食三石三斗三升少自取

206・19

关于这里的"三石三斗三升少"，后文还会详细论述，应该是小石的数值。如果将三石三斗三升少换算为大石为两石。我推测，之所以设定带有"大"(2/3)、"少"(1/3)之类循环小数的计量值，大概是为了使脱谷后的量值成为整数。

简 206・19 中"石"指的是小石，但是，并不能由此得出结论：

不标明大、小的都可以视做小石。

  出粟二石 廪候长杨禹六月食   177·13

此简是候长杨禹 6 月份的粮食账簿,写明供给二石,此处的"粟二石"应该是大石,相当于小石三石三斗三升少的量。据此可知,简文中记载的量是小石、大石并存的。同一支简中不做具体标注而大小石混在的情况,原本是不应该有的。然而,就各简不标明大小石的谷物数值而言,有的实指大石值,有的实指小石值,那么,如何判断大石、小石呢?

  再来看一下简 177·13。这是一份记录粟米供给的账簿,账簿本来可能是由四片简札连缀而成的。简 177·13 的出土地是 A33(肩水候官遗址),同出的简牍如下①(图 5):

  出粟二石 廪夷胡燧长朱处六月食 177·10

  出粟二石 廪候长杨禹六月食   177·13

  出粟二石   250·5

  右吏八人 用粟十六石   177·11

  A33 还出有以下四支格式、笔迹相同的简牍(图 6):

  出粟一石九斗三升少   125·13

---

① 这里所附图版转载于《居延汉简》图版之部、《居延汉简甲编》,不甚清晰,历史语言研究所所藏实物字迹更易识辨。另外,根据赤外线测定器,我推测这四支简属于同笔简。

文书行政的汉帝国

图5 图6

出粟一石九斗三升少　　　　　　　　　177·9

　　　三升少　廪并山燧卒贾延六月食　　　177·15

　　　一石九斗三升少　廪广谷燧卒秦讼尹六月食
　　　　　　　　　　　　　　　　　　　　177·18、20

　　前四简177·13、177·10、250·5、177·11记录的粮食供给数量是每人每月二石,应是大石的数值。后四简125·13、177·9、177·15、177·18、177·20的"一石九斗三升少"是3又1/3石×29/30×6/10的值,可能是小月的大石供给量。总之,以上两组连缀简的谷物供给账簿都是以大石为单位的。简文中有"粟"的简牍有小石、大石两种情况,不能仅凭"粟"一字来区别大、小石。

　　然而,如果将以下简头带"出"字的简牍(所谓"谷出纳簿")集中起来看,就会发现这些简牍都标明了大石、小石。

　　　出粟小石卌一石六斗六升大　□□阳朔三年　8·5B

　　　出粟小石一石五斗　阳朔四年十一月丁丑□　178·5

　　　出粟大石一石八斗　以食吏一人十一月己卯朔己卯
　　　　　　　　　　　　　　　　　　　　488·5

　　　出粟小石九石六斗——鸿嘉二年六月辛卯甲渠候官令
　　史　传柱马食　　　　　　　　　　　E.P.T4:91

　　　　出粟小石八斗　　　　　　　　　　E. P. T4:108

　　　　　出粟大石廿五石　　□□两　……八年□月庚午官□守
士吏立　　　　　　　　　　　　　　E. P. T31:15

　　　　出粟大石廿五石　　一　　　　　E. P. T43:78

以上简牍中还包含着断简,值得注意的是,注明大石、小石的简札,其后还写着年月日。可以推断,编缀成册的写有"出○○石、某○月食"的谷出纳簿的开头,编有写着出入年月日并且注明"出小石○石"、"出大石○石"的简札,后面接续的简札则省略了这些具体内容。尽管一些出土简札是零散的,但原先编缀成册的账簿上标明了大石、小石,故而所记量值不会混淆大石和小石。

以上是简札开头写有"出粟"的谷出纳簿,其他书式的简牍未必如此。

　　　○○燧长(姓名)三石三斗三升少　　卒(姓名)三石三斗
　　　　　　　　　　　　　　　　　　　三升少自取
　　　　　　　　　　　　　　　　　　　卒(姓名)三石三斗
　　　　　　　　　　　　　　　　　　　三升少自取

以上简牍的书式,是先在简的开头写明机关名称和责任者的官职姓名,接着罗列吏卒姓名和一个月的谷物配给量,写有"自取"、"取"的简牍屡屡出现,具体数量无外乎"三石三斗三升少"、"三石二斗二升少"、"三石二斗二升",应该都是小石。这种书式的简不写大石值,而且应该不会在简册的开头注明大石和小石。

总之,统一用小石,抑或以前简说明大小石而后简省略,这两种情况可能都是按照账簿书式事先决定的。①

下面还要进行有关谷物账簿的分析,我认为,账簿种类不同,大小石的表记方式也随之不同,此外,大小石的运用还遵循另一个原则,这就是根据供给对象来决定采用带谷皮的粟还是脱谷粟。

3. 供给对象

大石和小石是基于谷物脱谷与否来区分的,确定比率的目的首先在于表明官府供给的谷物分为脱谷和未脱谷两种情况。以下各简记录的都是供给脱谷米的情况(图7):

居延都尉　奉谷月六十石	E. P. F22:72
居延都尉丞　奉谷月卅石	E. P. F12:73
居延令　奉谷月卅石	E. P. F22:74
居延丞　奉谷月十五石	E. P. F22:75
居延左右尉　奉谷月十五石	E. P. F22:76
● 右以祖脱谷给岁竟壹移计	E. P. F22:77

---

① 根据永田英正的簿籍样式分类(永田英正《居延漢簡の研究》,同朋舍,1989年,309页—324页),Ⅴ—イ·a·b(简头写有出入,记有数量,然后记录领取和支出状况)样式的簿籍,其开头标明了大小石。Ⅴ—ロ—c(简头写有机关名或责任者官职、姓名,然后罗列下属吏卒的姓名及一个月的谷物配给量)样式一般以小石为单位。

图7

以上六支简，是向居延都尉及其下属官吏支付俸禄的记录。简 E.P.F22：77 所谓"祖脱谷"是指粝米，即脱谷的谷物，表明官府提供脱谷米。

另一方面，官府也提供未脱谷的谷物。3 又 1/3 的量器、三石二斗二升二的小月供给量（通过循环小数进位这种实用性处理而得来的数值），这些都证明官府以小石为单位、用专门的量器来计算并发放带皮谷物。那么，官方在什么场合提供脱谷粟？在什

第三章 粮食供给及其管理

么场合发放未脱谷的带皮谷物呢？我认为，原则上官吏应该领取脱谷谷物，戍卒领取未脱谷的粮食。

上文列举的简 177·10、简 177·13、简 250·5 上记载的"出粟二石"，二石是大石的量值。合计官吏领粟量的简 177·2 写到：

右吏八人　用粟十六石　　　　　　　　　　177·2

平均吏一人二石。以下诸简表明，发放粮食之际，吏和卒各立名册编制账簿：

第廿三卒李婴　第廿四卒张猛
第廿六卒寿安　第廿八卒羊实　箕山卒锺昌
第廿三卒十二月　第廿三卒苏光　第廿五卒曹逢　第廿六卒韩非人　第廿八卒马广　箕山卒高关
廪名　　　第廿三卒郭长　第廿五卒韩意　第廿七卒张愿　第廿九卒□□
廿二人　　第廿四卒成定　第廿五卒张肩　第廿七石赐　　第廿九卒襃赣
第廿四卒石关　第廿六卒张建　第廿八卒曾相熹　第廿九卒左蕢　　　24.2

□　　第十八卒陈隐　　第廿卒张
□　　第十九卒成仪　　第廿卒母
　　　第十九卒华直　　第廿一卒翟□
　　　第十九卒张寿　　第廿一卒夏
　　　第廿卒□弘　　　第廿一卒　　　168·19

```
                □□燧卒王博    当曲燧卒王安世
斗一升      止害燧卒王宪    驷望燧卒□□
            止北燧卒□□    □□□□□□    133·25
```

这些都被认为是所谓"廪名籍"粮食领取人的台账,上面列举了全部相关戍卒的姓名。简 24·2 上是第廿三部所辖戍卒,每燧三名戍卒,简上大概包含了各燧所有戍卒。然而,简上未出现包括燧长在内的任何吏员,这是因为吏员的廪名籍是另外做成的。

一般情况下,官吏和戍卒分别各有一部台账,其原因在于两者粮食发放的形态有区别。除了一些特殊场合,通常官吏领取脱谷谷物,戍卒领取未脱谷粮食。

下简反映了吏卒一个月领取粮食的状况

```
第三燧长李忠八月食三石三斗三升少自取
            卒孙寿八月食三石二斗二升自取
            卒周雅八月食三石二斗二升孙寿取
                                E. P. T51:303
```

这里有一个疑问:尽管是同月,燧长领取三石三斗三升少,戍卒却仅领三石二斗二升。卒与吏的领取量写在同一支简上,这证明该简是燧燧吏卒全员的台账。在这种形式的简札上,吏始终得到三石三斗三升少,而卒则随着大小月的变化,其领取量有三石三斗三升少和三石三斗二升的区别,迄今我们没有发现吏员领取三石二斗二升的例证。据此可以推定,吏不分大小月,均得到脱谷谷物二石,卒则于大月得到未脱谷粮食三石三斗三升少。假如将吏应领的二石换算为小月量,就应该是一石九斗三升少,与二石之间仅有些微差异,因此,领取脱谷谷物的官吏一律以二石为量。①

以上探讨了大小石的内涵,以及简文中量值的具体所指。后者,特别是未标明大石和小石的简札,一种情况是连缀简账簿,由开头简可判明大小石;另一种情况是根据发放对象按照既有原则决定。事实上两种情况都不会发生混乱。② 换言之,基于谷物发放与领取账簿的种类差异,大石和小石的区分很大程度上应该是不言自明的。下文来考察一下供给账簿。

4. 簿籍

有关吏卒的粮食发放与领取的簿籍包括:"廪名籍"、"谷出入簿"、"食名籍"、"当食者案"等名目的簿和籍,这从表题简可以得到明证。

关于各种簿籍的内容与特点,永田英正已经做过分析。③ 各种簿籍的特点曾得到学者们的详细论述,一些意见与永田不尽相同,而且居延新简又出有若干补充材料,以下将逐一再做

---

① 我认为,吏领取脱谷米,而卒领取未脱谷的粮食。但是,这毕竟只是一种通常做法、一种发放原则,我们必须承认,例外情况也是存在的。在居延简中曾发现有偏离了笔者假说的实例。例如:

出粟一石九斗三升少	付殄北候官 以食驷望卒趣	6·18
出麦一石九斗三升少	以食斥胡燧卒周奉世九月食	10·3
出粟一石九斗三升		125·13
□一石九斗三升少	廉广谷燧卒秦讼尹六月食	177·18,20

上简是与大石二石相对的小月发放量,是以大石为单位进行发放的。在这种情况下,脱谷米也向兵卒发放(不过,上简出土于 A8、A33,故而这些兵卒也有可能是临时出差到甲渠候官、肩水候官的所谓省卒)。具体情况目前尚不清楚,有待今后进一步探讨。

② 大石和小石两者并记的情况,集中见于 A10 出土简。如果 A10 是居延城仓,那么,作为谷物出入的枢纽,那里的账簿注明大石和小石,以便准确记录谷物出入数量。

③ 永田英正:《居延漢簡的古文書学的研究》,《居延漢簡的研究》第一部,同朋舍,1989年)。本文以下引用的永田观点均出自该书。

探讨。

廪名籍

廪名籍见于如下表题简上：

- 万岁部建平五年五月吏卒廪名籍　　55·24,137·20
- 肩水候官元康元年五月鄣卒廪名籍　　109·1
- 第廿三燧仓河平七月吏卒廪名籍　第廿二候长

　　176·38,190·10,193·7
- 北部永光三年六月卒廪名籍　　177·14
- 建□□年十二月吏卒廪名籍　　203·25
- 甲渠官居摄三年三月吏卒廪名籍　　287·9
- 第四部建始五年正月吏卒廪名籍　　E.P.T53:2

由上述表题简来看,廪名籍以部为单位编制（候官下属戍卒则由候官编制）,部再将廪名籍上交候官。

永光三年六月乙卯朔☐

廪名籍一编敢言之　　　　　　　　　　177·4

建平三年八月己卯朔乙☐

廪名籍一编敢言之　　　　　　　　　　E.P.T65:410

以上二简是廪名籍的送状,简177·4出于肩水候官址（A33）,简E.P.T65:410出于甲渠候官址（A8）,出土地点都是候官。另外,A33还出有如下检:

廪名籍

肩水候官　谷簿

岁留　　　　　　　　　　　　　　5·16

这些简如实反映出部编制成的廪名籍被上交候官的史实。

廪名籍是口食预定领取者的名簿，仅仅写有所属机构和姓名，并无受领签名。永田将其书式总结为：

  戍卒某(姓名)   戍卒某

  机关名、某月廪名 戍卒某   戍卒某

          戍卒某   戍卒某

上文已经列举的简24·2、168·19、133·25等简牍都是此类书式的具体实例。以上论述均与永田观点无异。

食名籍

如下四简上出现有食名籍之名：

  元延三年四月丙戌朔甲寅南部囗

  五月食名籍一编一编，敢言之   75·9

  吏卒囗言之谨移省卒囗大入囗

  十二月食名籍一编敢言之   536·14

  建平三年六月庚辰朔戊申，万岁候长宗敢言之，谨移部卒

  廪七月食名籍一编，敢言之   E.P.T43:6

  建平三年二月壬子朔辛巳，第十五燧长囗

  囗廪三月食名籍一编，敢言之   E.P.T65:213

永田英正将"食名籍"与"廪名籍"视为同类簿籍，但根据居延新简，其观点必须略做修正。

首先，由E.P.T43:6、E.P.T65:132两简来看，"食名籍"这

一名称的正式称法应为"廪某月食名籍"。此类名籍与上文的"廪名籍"("某月吏卒廪名籍")种类有别。"廪名籍"是口粮预定领取者的名籍，即发放粮食之前由部事先报送候官的簿籍，"廪某月食名籍"则非如此。

让我们来仔细分析一下上述四简。其交付日期分别是四月二九日(75·9)、六月二九日(E.P.T43:6)、二月三〇日(E.P.T65:123)，均为每月晦日，无一例外。普通情况下，前月发放当月粮食，而且不会是在晦日。另一方面，"廪名籍"不在晦日编制，断简E.P.T65:410可以证明这一点：

建平三年八月己卯朔乙☐
廪名籍一编，敢言之　　　　　　　　　　E.P.T65:410

该简日期为八月七日、一七日、二七日中的某一天，至少不是晦日送交的。由此可见，每月最终日提交的"食名籍"("廪某月食名籍")，与月中提交的"廪名籍"("某月吏卒廪名籍")属性应该不同。

那么，两者之间差异何在？粮食通常提前一月发放，在某月最终日编制完成的发粮簿籍，不可能是粮食预定领取者的名籍，而应该是已经领取者的名单。"廪某月食名籍"实际上就是某月口粮领取者的领收籍。

"廪某月食名籍"与"廪名籍"一样，应由各部编制完成之后交付给候官。简E.P.T43:6是万岁部上交甲渠候官的名籍，简75·9则是南部提交给肩水候官的。候官根据申请向各部分配粮食，各部再将其发放到所属各燧，另外，各部还须在月末向候官提交受领书。这种"廪某月食名籍"的具体内容如何？以下利用上文大小石考察之际已经列举的简牍做一说明：

〇〇燧长(三石三斗三升少)　卒(姓名)三石三斗三升

少自取卩

　　　　　　　卒（姓名）三石三斗三升少
自取卩

以上应该就是"廪某月食名籍"的书式（永田英正分类体系中的Ⅴ—ロ—c类）。

值得注意的是，这种书式的简牍以燧为单位编制，简上写明了领取者的所得谷物量，在"自取"、"取"字样旁边还有核对标记——"卩"。另外，"自取"和"取"有别笔写成的，也有一律同笔写成的，虽然我们尚不清楚哪一种是通常做法，但"自取"和"取"同笔写成的实例比较多。

这种书式的简牍均出土于候官遗址，但这意味着两种可能：一是此类名籍在候官编制，二是此类名籍必须交至候官。找到最终结论的线索是"自取"和"取"的含义。

毫无疑问，"自取"、"取"意指受领，但其场所何在？假设在候官受领，那么各燧就要由燧长或吏卒中的某人前往候官领取。然而，作为口粮的谷物的流动路线，是由都尉府直属仓（城仓）到候官，在从候官到部仓，事实上，前来候官领取口粮的活动是以部为单位进行的。

　　　□悍将部卒诣官廪正月戊寅蚤食入　　244·4、244·6

　　　第二燧长襃将部卒诣官廪三月丙戌蚤食入　　133·16

　　　第一燧长翎将部卒诣官廪六月癸丑平旦入　　254·8

　　　第十四燧长凤将部卒诣官廪六月癸丑平旦入　　89·11

这些都是燧长率领部卒来部中领取粮食的诸官簿。

粮食运到各部，再由部发放给各燧。以燧为单位记录领取情况的"廪某月食名籍"是由部编制的，简中所谓"取"和"自取"意指在部中领取。"自取"和"取"一律同笔的简牍应该是在部中写下的。燧的吏卒依次到候官领粮并一一签名，这种情形既不自然也不可能。

总结上述内容，永田英正归为 V－ロ－c 类的简牍，即"廪某月食名籍"，此类名籍由部编制并报送候官。

谷出入簿

● 甲渠候官建昭三年十月当食案及谷出入簿 　　33·9

● 甲渠候官甘露五年二月谷出入簿 　　82·6

● 第廿六＞廿五仓五凤五年正月谷出入簿 　　101·1

九月谷出入簿 　　113·16A

● 收虏仓河平元年七月谷出入簿 　　135·7

● 吞远□□□三年十月谷出入簿 　　238·16

● 吞远仓建昭三年二月当食案□谷出入簿 　　136·48

远燧仓建平四年十二月谷出入簿 　　E.P.T43:612

- 甲渠候官神爵三年九月谷出入簿　　E. P. T52:203

- 甲渠候官初元二年六月谷出入簿　　E. P. T53:222

始建国三年尽五年
六月谷出入簿　　　　　　　　　　E. P. T59:319

以上列举的都是谷出入簿的表题简。这种记录谷物纳入和支出情况的账簿的书式如下：

入（粟）〇〇石　某年某月干支　吏某（名）受某
出（粟）〇〇石　以食〇人某月食

简头写有"出（入）粟（谷·糜·麦）"，接着记录谷物数量，在永田英正的分类体系中，这种简牍属于Ⅴ—イ—a·b类。不过，就年月日而言，如前所述，连缀简账簿一般只在开头简写明。

永田将其Ⅴ—イ—a·b类简定义为"谷出入簿"，另一方面，他还指出了表题简所谓"当食案及谷出入簿"这类账簿的存在。永田认为，粮食发放台账（当食案）由各仓编制，而基于"当食案"、"当食者案"形成的领取记录——加有"自取"、"取"字样，就进一步变成了"当食案及谷出入簿"。具体如下：

第四燧长张临五月食粟三石三斗三升少
　卒成□五月食粟三石三斗三升　卒□常五月食粟三石三斗三升
　卒魏羽五月食粟三石三斗三升

上简为当食案，加上受领字样之后，就成为了下面简180·2+3的"当食案及谷出入簿"：

361

> 　　第四燧长张临五月粟三石三斗三升少（四月壬戌自
> 取……）
> 　　卒成□五月食粟三石三斗三升　　四月癸未卒魏羽取
> 　卒张常五月食粟三石三斗三升　　四月癸未
> 　　卒魏羽五月食粟三石三斗三升　　四月癸未自取
>
> 180·2＋3

永田根据账簿的添笔、变化来解读粮食的发放模式，其观点颇具吸引力，但是笔者对之尚存若干疑问。

首先，"当食案及谷出入簿"或者"当食案·谷出入簿"是否可以被视为一种单个的簿籍？"A及B"形式的表题，不仅限于谷出入簿，例如：

> ●　神爵二年鉼庭部吏卒被兵及留兵簿●　E.P.T53:36
> 建武四年正月廿七日己酉白书及案庚主者吏名月言簿
> E.P.F22:338A

简 E.P.T53:36 简文所指的应该是"被兵簿"和"留兵簿"两种簿。至于 E.P.F22:338A，"正月廿七日白书"和"案庚主老吏名月言簿"也不可能是一个文档。另外，像简 136·48 那样，"当食案"和"谷出入簿"之间以"●"之类的符号联结起来，此类符号大概表示两者是各自独立的。

第二，永田所举的简 180·2 中，出现有第四燧长张临及其属下戍卒成□、魏羽等人姓名，这种书式本来应该归类为"籍"，经过添笔之后果真就能变成"簿"吗？"簿"和"籍"难道没有严格区别吗？

第三，如果关注简 180·2＋3 的"取"、"自取"的话，按照永田的说法，接收当食案的机关是候官仓，若此，这类书式的簿籍——

即永田所谓的 V—ロ—c 类簿籍,就要被看做是各燧前往候官领取粮食的文档,而这与史实不符,因为我们在上文已经论述了部仓的存在以及部整理粮食发领文书的状况。

鉴此,笔者不赞成永田说,"当食案"与"谷出入簿"是两种不同的文书,而简 180·2+3 则是上文所谓"廪某月食名籍"。[①]

正如上文所言,"谷出入簿"简头写有"出(入)粟○○石",首先言明"出"、"入"。毫无疑问,这种账簿是由管理谷物出入的机关记录完成的,并非由部提交给候官的簿籍,可能是候官编制并保管的账簿。另外,还有必要探讨一下"当食案"、"谷出入簿"被合并整理的原因。来看下一个专题。

当食案

居延汉简之中,除了"当食案",还有功劳案(157·9、E.P.T4:50、E.P.T51:9)、(E.P.T53:22、E.P.T53:139)、功案(228·31)、卒物故案(E.P.T58:38)等等。另外,"功劳墨将名籍(自占书功劳墨将名籍)"(282·7、E.P.T52)、"物故衣出入簿"(56·40A)、"物故名籍"(E.P.T53:37、E.P.T59:12)、"物故余见簿"(E.P.T59:684)等各种簿籍文书值得关注,案与簿、籍关联并不局限于粮食发放。关于"案",我曾做过不完整的考察,将其解释为"发放机关合算吏卒受领口粮的账簿,编制完成于发放之前,属于一种预案、草案性的文书"。之后,鹈饲昌男对我的观点进行了批评修正,同时指出:"当食案、当食者案不是粮食发放前的预案,

---

[①] 关于写有"自取"和"取"的简,从历史语言研究所藏实物来看,大部分都是同笔写成。永田所举的简 180·2+3 简的日月和"自取"两字的确是别笔写成,这应是一个例外。

而是发放后做成的出纳记录。"①

在此,我放弃自己的旧说,采用鹈饲的观点。"案"有案验、案行的语义,实际上是一种事后行为。鹈饲所举的《后汉书·党锢传》"当考实膺等。案经三府,太尉陈蕃却之,曰:今所考案……"中的"案",胡三省在《资治通鉴》卷五五解释为"案,文案也,以考验为义"。②

与案有关的册书简列举如下(图8-1、8-2):

> 始建国天凤三年六月甲申朔丁酉,卅井鄣候习敢言之,谨移三月尽六月当食
>
> 者案,敢言之　　　　　　　　　　　E. P. T68:194
>
> ● 三十井候官始建国天凤三年三月尽六月当食者案
> 　　　　　　　　　　　　　　　　　E. P. T68:195
>
> 三月余戍卒二十一人　三月尽六月积六十三月
> 　　　　　　　　　　　　　　　　　E. P. T68:196
>
> 出戍卒二十一人　三月二十日尽六月晦减积三十九月
> 　　　　　　　　　　　　　　　　　E. P. T68:197
>
> 入戍卒十九人　三月尽六月积五十叁月　E. P. T68:198
>
> 出戍卒十九人　三月尽五月三日减积二十月二十叁日
> 　　　　　　　　　　　　　　　　　E. P. T68:199
>
> 入戍卒三十一人　三月尽六月积百二十三月
> 　　　　　　　　　　　　　　　　　E. P. T68:200

---

① 鹈饲昌男:《"始建国天凤三年当食者案"册書の考察——漢代「案」の语义を中心に》,《東洋史研究》56—3,1997年。
② 李均明《秦汉简牍文书分类辑解》(文物出版社,2009年,第416页)一文,将"案"解释为检阅。

第三章　粮食供给及其管理

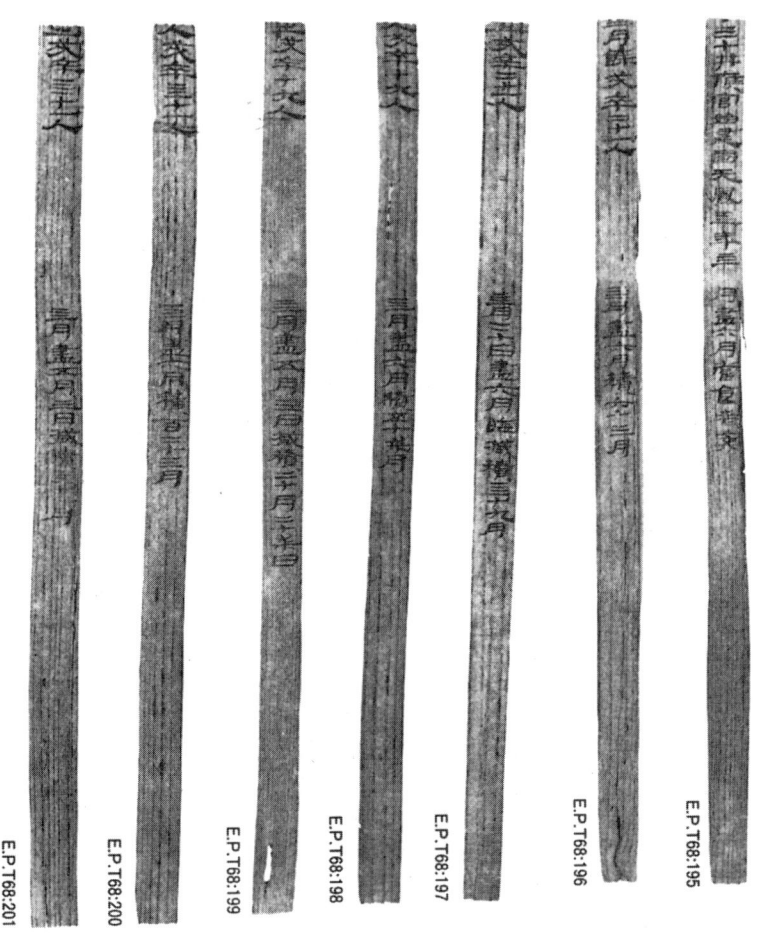

图 8-1

出戍卒三十一人　三月尽五月三日减积三十一月

E.P.T68:201

入戍卒㭋人　三月尽五月三日积二十一月

E.P.T68:202

出戍卒㭋人　三月尽五月三日减积㭋月□日

E.P.T68:203

文书行政的汉帝国

图8-2

入戍卒二十八人 三月尽六月积八十三月
E.P.T68:204
出戍卒二十八人 三月尽五月晦减积五十六月
E.P.T68:205
●凡戍卒百一十六人 三月尽六月定积百六十三月
五日 E.P.T68:206

● 卅井候官始建国天凤三年三月尽六月当食者案

E. P. T68:207

以上是卅井候官四月至六月的当食者案,然而,卅井候官三个月的当食(者)案为何出土于甲渠候官?

天凤三年四月至六月三个月间,卅井候官向116名戍卒发放了粮食,当时还剩余173个月5日的量,这套册书简是三个月分五次的粮食出入记录("入"为接受,"出"为支出,"减"为支出消费,减积是支出合计,这里换算为延续日数)。卅井候官的记录出土于甲渠候官,是因为来自甲渠候官的临时戍卒(省卒)带来了调整口粮支出额度的必要。

以上是鹈饲的观点,当食案被视为发放后的出纳调查书,笔者对此没有异议。但是,为什么会有当食案?其功能如何?关于"当食案"的意义,我与鹈饲的想法有若干差异。

鹈饲认为,当食案旨在"掌握因公跨辖区移动的吏卒的口粮供给情况"①。不过,此处似乎不必做这样的限定。的确,简 E. P. T68:194—207 或许是跨辖区送交的当食案,但是,以下两件 A8(破城子)出土的甲渠候官当食案,则应是在同一候官内完结的。

● 甲渠候官建昭三年十月当食案及谷出入簿　　33·9
● 吞远仓建昭三年二月当食案●谷出入簿　　136·48

以向省卒发放口粮为前提,鹈饲将"当食者"解释为"与原本隶属其他机关的官吏相区别,拥有在该地领取口食资格的人",这

---

① 鹈饲昌男:《"始建国天鳳三年当食者案"册書の考察——漢代"案"の語義を中心に》,《東洋史研究》56—3,1997 年。

里的"当"意指"预定领取口粮者"、"应当领取口粮者",与"定积"(E.P.T68:206)的"定"相互对应。根据汉简中"定作"、"定行"等词汇的词义,"定"表示"实际的"、"确定的"。邮书传递中,预定(规程)所要时间称为"当行",与此相对,实际花费时间称为"定行"。同样,实际的劳动为"定作",实际的人员数为"定员"。①

  吏卒的粮食,需要预先算定支给人数,并且提前发放。预定领取予定者即"当食者",这种概算发放最终必须根据领取者的移动、死亡以及其他情况进行精算调整。② 为此所做的调查及其调查书,就是"当食者案"——即有关预定领取粮食者实际领取量调查书。③

---

① 《九章算术·商功》记载:"春程人功七百六十六尺,并出土功五分之一,定功六百一十二尺,五分尺之四。问用徒几何。答曰七人,三千六十四分人之四百二十七。"

  十一月丁巳卒廿四人
  其一人作长　右解除七人　定作十七人伐苇五百□
  十一月丁巳卒廿四人/三人养/率人伐卅/
  一人病/与此五千五百廿束/
  二人积苇　　　　　　　　　　　　　　　　　　　133·21
  过半通府　二去降虏燧百五十九里当行一时六分定行五时留迟三时四分
解何　　　　　　　　　　　　　　　　　　　　　　　181·1A

鹈饲论文《"始建国天凤三年当食者案"册书の考察——汉代"案"の语义を中心に》所引

  ● 甲渠候官五凤四年戍卒定罢物故名籍　　　　E.P.T53:37

"定罢物故"指现阶段退役或死亡者的名籍。

② 例如,下简所记载的就是基于精算结果进行的返还活动:

  贫寒、燧长夏□等,罢休。当还入十五日食,石五斗各如牒,檄到□付
  　　　　　　　　　　　　　　　　　　　　　　　　E.P.F22:294
  第十队长田宏　　贫寒罢休　　当还九月十五日食　E.P.F22:296
  第十一队长张岑　贫寒罢休　　当还九月十五日食　E.P.F22:297

③ 当食案之外,还有功劳案、功案(228·31)、卒物故案等等。前两者同样是"基于功劳名簿实际所做功劳表彰的调查书",而"卒物故者案"究竟是"戍卒死亡者调查书",还是"戍卒死亡人数调查书"或"戍卒死亡抚恤品调查书",目前还无法断定。

关于发放和领取粮食的簿籍,其编制和提交的流程如下:

吏卒的粮食一般在前月概算并发放。首先,各部向候官提交预定粮食领取者名单。这类名籍被称为"廪名籍",上面仅仅写有姓名和所属机关,不记发放量。

候官可能是在每月中旬向各部发放谷物,由各部派遣若干人前往候官受领。谷物支出之际编制的账簿即是"谷出入簿"(严格意义上应当称为"谷出簿")。

从候官运到各部的粮食,由部发给各燧,最终发放到吏卒各人手中。另外,还有以燧为单位记录领取情况的领收簿,领收簿上写有燧长至兵卒所有领取者的姓名和领取量。它完成于由部向燧发放谷物的环节,由部编制整理并于每月晦日提交到候官。这类也可以称为受领证的名籍正是"廪某月食名籍"。

粮食要在月初概算发放,发放后还须根据吏卒的移动、出差、死亡等情况进行精算和调整,为此写成的调查文书即为"当食案"、"当食者案",这种文书须根据需要送交其他机关。

以上探讨了额济纳河流域的粮食配给实态,具体内容涉及仓的种类和配置、仓官和仓的管理、粮食发放量和分配情况,另外,还考察了分配粮食之际编制并提交的各种簿籍。本章以"粮食供给及其管理"为标题,旨在探明汉代边地的粮食供给制度。然而,正如引言已经讲到的,这里还留有尚未解答的问题:边地制度拥有边地的特殊性?抑或与内地郡县具有相同的样态?此外,这种制度是从何时起趋向体系化和制度化的?前者涉及空间,后者则涉及时间,上述问题即便无法得到完美的回答,但也决不能搁置不理。

本节的最后,以问题的形式提出以上两点,接下去结合秦律中仓律对其做进一步的考察。

三、睡虎地秦律中的谷仓

1. 仓律、效律中的二三条文

睡虎地秦简之中，与谷仓管理有关的规定主要见于《秦律十八种》的"仓律"和"效律"，以及单独整理而成的《效律》。

第二节论述脱谷的法定比例之际，引用了"仓律"简 108·109，藉此说明汉简所见小石与大石 10 对 6 的比例规定，在秦律中也可以得到确认。这一比例并非实际的容量比，只是法定的换算率，上节还指出，规定比例的原因在于官府以脱谷和未脱谷两种方式分配粮食。秦律就有脱谷率的规定，这说明基于大小石的两种粮食发放方式并不局限于边地，而且时代上也并非始于汉代。由于墓主喜曾做过县令史和县治狱，因此，睡虎地秦简内容很多都是有关县级行政、司法的条文。在汉代边地的行政体系中，候官相当于内地的县，睡虎地秦简和居延汉简的内容在行政层面上拥有相通之处。下面来看看秦简言及的谷物管理和簿籍样态。

> 县上食者籍及它费大仓，与计偕，都官以计时雠食者籍
> 仓　　　　　　　　　　　　　　　　　　　104

简文大意为："县须将食者籍和其他诸费报送大仓，与每年的上计一起来做。中央官府在决算时要对食者籍进行点检。"[①]这里所

[①] 关于睡虎地秦简中"都官"的语义，众说不一。此处的"都官"应指中央官府。详细参见江村治树《雲夢睡虎地出土秦律の性格をめぐって》，《東洋史研究》40—1，1981 年。

谓"食者籍"正是粮食领取者的领收簿,上面写有领取者姓名和领取额,而且留有逐个标出的确认记号,根据"雠"的语义,笔者推测"食者籍"最终要与大仓保管的发放台账逐一核对。

如果推测无误,"食者籍"相当于居延汉简"食名籍(禀某月食名籍)",不过,秦简的"食者籍"以年为单位,而"食名籍"以月为单位,两者并不完全相同。与食名籍对校的簿籍,即居延的"禀名籍"或"谷出入簿"、"当食案"之类。秦简中除了"食者籍",还有一种被称为"廥籍"的簿籍。

> 入禾稼、刍稾,辄为廥籍,上内史。 ●刍稾各万石一
> 积,咸阳二万一积。其出入增积及效如禾　　　仓 95
> 　者必先度故积,当堤乃入焉。后节不备,后入者独负之。
> 而书入禾增积者之名事邑里于廥籍,万　　　　　　92

> 入禾。万□□□□,比黎之为户。籍之曰:"其廥禾若干
> 石,仓啬夫某、佐某、史某、禀人某。"是县入之县　效律 235

"廥"原本是刍稾的贮藏窖,由简 95 可知,储藏禾稼(谷物)的仓也被称为廥,记录出仓入仓的谷物量以及相关仓官等人姓名的账簿即是"廥籍"①,"廥籍"相当于所谓"谷出入簿"。

在此需要补充的是,居延汉简中"簿"与"籍"有严格区分,睡虎地秦简中不见以"○○簿"相称的账簿,全部统一为"籍"。简文"籍之曰其廥禾若千石"说明籍保留着本来的语义,账簿或许尚未分化为籍和簿。

无论如何,秦简中的谷仓簿籍与居延汉简中同类文书之间,

---

① 太田幸男:《湖北睡虎地出土秦律をめぐって——その二》,《東京学芸大学紀要》三部门第 32 集,1980 年。

并无多大的差异。在仓的管理体制上,秦汉时期是沿着同一方向发展的,然而,这里还存在着无法回避的问题。

2. 仓律(简88—94)的释读

睡虎地秦简《秦律十八种》的"仓律",包含了有关仓廪管理、谷物支给的各种规定,特别是以下涉及谷仓管理的律文不可轻视,在此直接罗列其中一些条文,不做句读,之后再对原文进行解释。

　　(A) 入禾仓万石一积而比黎之为户县啬夫若丞及仓乡
相杂以印之而遗仓啬夫及离邑仓佐主　　　　　　　　　88
　　廪者各一户以气自封印皆辄出余之索而更为发户啬夫
免效者发见杂封者以隉效之而复　　　　　　　　　　89
　　杂封之勿度县唯仓自封印者是度县出禾非入者是出之
令度〃之〃当堤令出之其不备出者负之　　　　　　　90

关于上简的解释,太田幸男与大栉敦弘观点各异。① 两者的分歧在于,律文涉及的仓是否存在差异? 条文的字里行间是否反映出县管仓与官民共管仓的区别。

以上仓律(A)所见规定,亦见于秦律十八种之一的"效律"以及做为单行律收入睡虎地秦简的《效律》。

---

① 关于两人的论争,详见以下论文:
　　太田幸男:《湖北睡虎地出土秦律の倉律をめぐって——その一》,《東京学芸大学紀要》三部門31集,1980年;太田幸男:《湖北睡虎地出土秦律をめぐって——その二》,《東京学芸大学紀要》三部門第32集,1980年;太田幸男:《湖北睡虎地出土秦律の倉律をめぐって・追補-大櫛敦弘氏の批判に答えて一》,《東京学芸大学紀要》三部門43集,1992年;大櫛敦弘:《秦代国家の穀倉制度》,《海南史学》28,1990年;大櫛敦弘:《雲夢秦簡倉律より見た戦国秦の穀倉制度——〈秦代国家の穀倉制度〉補論1》,《海南史学》30,1992年。

(B)入禾万□□□□比黎之为户籍之日其廥禾若干石仓啬夫某佐某史某廪人某是县入之县 235

啬夫若丞及仓乡相杂以封印之而遗仓啬夫及离邑仓佐主廪者各一户以气人其出禾有 236

书其出者如入禾然 效 237

啬夫免而效〃者见其封及隩以效之勿度县唯仓所自封印是度县终岁而为出凡曰某廥出禾若干 238

石其余禾若干石仓啬夫及佐史共有免去者新仓啬夫新佐史主廥者必以廥籍度之其有所疑 239

谒县〃啬〃夫〃令人复度及与杂出之禾赢入之而以律论不备者 效 240

(C)入禾万石一积而比黎之为户及籍之日某禾若干石仓啬夫某佐某史 295

某廪人某是县入之县啬夫若丞及仓乡相杂以封印之而遗仓啬夫及离 296

邑仓佐主廪各一户以气人其出禾有书其出者如入禾然啬夫免而效〃者 297

见其封及廥以效之勿度县唯仓所自封印是度县终岁而为出凡日某唐 298

出禾若干石其余禾若干石 299

仓啬夫及佐史其有免去者新仓啬夫新佐史主廥者必以廥籍度之其有 300

所疑谒县〃啬〃夫〃令人复度及与杂出之禾赢入之而以律论不备者禾刍稾 301

(B)是秦律十八种中的"效律",(C)是单独整理的《效律》,(B)与(C)都是效律,故而是同文的。以下参照(B)和(C)来解释一下(A)的仓律内容。其中也对太田、大栉两人的观点做一介绍。

(补:本章是在以前发表的拙稿《汉代谷仓制度》的基础上添笔修正而成的。关于文中批评太田说的内容,太田近年在其《中国古代国家形成史论》第8章《战国末期の仓律——〈云梦秦简〉秦律十八种、仓律の分析》(汲古书院,2007年)提出了反论。笔者在此或许有必要针对太田反论进一步提出反驳意见,从而更新原来文章的内容。然而,太田似乎无意在这一问题上继续争论。坦言之,太田说与拙论之间的差异,不仅在于序文解释,还在于法规含义以及相关历史事实。这些分歧的存在使得其他争议失去了意义。鉴此,本章不再对太田说提出新的反论,基本保留先前论文的原貌。)

入禾仓万石一积而比黎之为户

"积",是由囤积谷物引申而来的计量单位,一般县仓以禾1万石为1积,栎阳以2万石为1积,秦都咸阳以10万石为1积。如果是刍藁,咸阳以2万石为1积。

> (省略)栎阳二万石一积,咸阳十万一积,其出入禾增积如律令……(仓律)

此处的"石"是重量单位?还是容积单位?目前尚不明确。秦汉时期的谷物一般以容积计量,本书屡屡提到〇石〇斗〇升,秦律中应该也是如此。不过,秦律中的确也有作为重量单位的石。

> 斗不正半升以上赀一甲不盈半升到少半升赀一盾レ半

石不正八两以　　　　　　　　　　　　　　　273
　　上钧不正四两以上斤不正三朱以上レ牛斗不正少半升
以上レ参不正六　　　　　　　　　　　　　274

以上的"石"见于效律，无疑是重量。在此，将"万石一积"的"石"视为重量单位，其根据后文详述。

"比黎"，《注释》①解释为"花莉"（用竹子或荆棘编成的篱）。原义为篱，同时还有并列的意思。关于"为户"，我的解释与太田、大栉两人存在差异。太田认为，"为户"意为"关闭门户"②，大栉也持相同意见。③ 太田解释说："门户在关闭状态下才开始发挥功能，为户就是闭户。"但是，"为"没有"闭"的语义，"为户"→"做户"→"闭户"这样的语义变化可以说是飞跃性的。秦简中还发现有"闭扉"的用语，动词用的是"闭"字。

　　毋敢以火藏府，书府中，吏已收藏，官啬夫及吏夜更行
官，毋火乃闭门户令，令史循其廷府，节新为　264

　　穴盗。爰书，某里士五乙告曰：自宵藏乙复結衣一乙房
内中，闭其户，乙独与妻
　　丙晦卧堂上，今旦起启户取　　　　　　　　653

以上两简证明，秦律中"户"也可以取"扉"的意思。然而，如果将（A）中的"户"理解为"扉"，那么，后文有计数含义的"各一户"的意思就成了"各一扉"，显得有些不自然。我认为，"为户"的"户"

---

① 睡虎地秦墓竹简整理小组《睡虎地秦墓竹简》(文物出版社，1978年)一书中的注，在此略称为《注释》。
② 太田幸男：《湖北睡虎地出土秦律の倉律をめぐって——その一》，《東京学芸大学紀要》三部門 31 集，1980 年，第 145 頁。
③ 大櫛敦弘：《秦代国家の穀倉制度》，《海南史学》28，1990 年，第 7 頁。

是一种单位。秦简的"户"也表示某种空间,如果涉及人,那么它就是"家"①;如果涉及谷仓,"户"就是保管一万石谷物的场所,与表示谷物堆积单位的"一积"相对应,"一户"应该是收纳谷物的空间单位。名之为"户",的确容易让人联想到加锁的门扉。

县啬夫君丞及仓乡相杂以印之

关于秦律中所见啬夫,目前已有不少研究②,其中,裘锡圭的《啬夫初探》是一篇广征博引、考证绵密的优秀文章。③ 啬夫是县属官吏的长官,裘说将县啬夫视为县令和县长的别称,学界对此没有异论。关于该条文字中的"仓乡",太田和大栉都认为,"仓乡"包含了仓啬夫、乡啬夫,是分别代表仓、乡的官吏。④ 我同意此说,但在这种情况下,代表仓·乡的当事者,与其模糊地定义为代表,不如看做是汉简常见的"某(姓名)以某印(私印或官印)行某(原先负责官员)事"和文书记载的职务代行。这一点与下文的"相杂以印之"的解释相关联。⑤

太田、大栉两人的争论点是,共同封印的仓廪是否存在。这里的"共同",表示县署与一般农民或聚落共同管辖。太田认为,当时存在共同管辖的情况,而大栉则否定这一点。太田强调"共同",其根据是条文中所说的"相杂以印之",特别是"杂"的解释。

---

① 冨谷至:《連坐制とその周辺》,《戦国時代出土文物の研究》,京都大学人文科学研究所,1985年。
② 籾山明:《雲夢睡虎地秦簡》,《中国法制史基本資料の研究》,東京大学出版会,1993年。
③ 裘锡圭:《啬夫初探》,《云梦秦简研究》,中华书局,1981年。
④ 太田幸男:《湖北睡虎地出土秦律の倉律をめぐって・追補——大櫛敦弘氏の批判に答えて》,《東京学芸大学紀要》三部門43集,1992年,第209页;大櫛敦弘:《雲夢秦簡倉律より見た戦国秦の穀倉制度——〈秦代国家の穀倉制度〉補論1》,《海南史学》30,1992年,第64页。
⑤ 仓啬夫这一官名,也见于汉简,本书前文已有论述。秦代的仓啬夫是仓的长官,相当于汉代仓长。汉代的仓啬夫与秦代仓啬夫不同,是更低一级的下级吏员。

关于"相杂",与太田说观点相左的大栉说也将之解释为"共同"。严格来讲,这并不准确,而且为此还会产生误解。

"杂"的确有"共同"的意思,但这里的条文,其语境涉及官吏的职务,实际的含义应是:"官署不同的官吏共同处理某项事务。"《汉书·楚元王传》"刘德为宗正丞杂治刘泽诏狱"颜师古注:

> 杂,谓以他官共治之也。

除了"杂治"以外,汉代将官吏集体议论一件公务会议称为"杂议"。

睡虎地秦律中,(A)条文之外,还有如下"杂"的用例。

> (长吏相)杂以入禾仓及发见靡之粟积议积之勿令败
> 仓 94
> 禾刍稾积索出日上赢不备县廷出之未索而已备者言县廷〃令长吏杂封其廥与出之辄上数 96
> □□□□不备令其故吏与新吏杂先索出之其故吏弗欲勿强其毋故吏者令有秩之吏令 98

这些都是来自不同部署的几个吏员联合处理一项事务的案例。我认为,"县啬夫君丞及仓乡相杂以印之"的"杂",意指县、仓、乡的官吏一起来封印,这是官对官的事务,并无官民共同的意思。

还有一点尚不清楚:"杂以印之"的情况下,封印究竟有多少,县啬夫、仓、乡是否分别在各自的检上按印?这一问题或许与以下条项有关。

> 而遣仓啬夫及离邑仓佐…余之索而更为发户

裘锡圭指出,离邑是县治所的派出机关,设有离官。[①]

[①] 裘锡圭:《啬夫初探》,《云梦秦简研究》,中华书局,1981年,第233页。

> 如官啬夫其他冗吏𠃊令史掾计者及都仓库田亭啬夫坐其离官　　　　　　　　　　　　　　　　　　320
>
> 属于乡如令丞　　　　　　　　　　　321

以上是以都仓啬夫为首的啬夫与下属乡的离官连坐的相关规定，仓啬夫的直属仓和离邑仓配有仓佐。"遗"，《注释》解释为"给"，太田和大栉两人意见也与此相同。不过，仓律其他条文也有"遗"字，意为"留"或"剩"。

> 县遗麦以为种用者殽禾以藏之　　　　　仓　107

(A)文中取"留"的字意，文意也能成立：给仓啬夫及离邑仓佐主管廪的人各留一户，以此发放。

接下来的"自封印皆辄出余之索而更为发户"，是关于仓啬夫所接手的户的附加规定。与(B)、(C)做比较，(B)和(C)中不见这一条文，也证明它是一条附加规定。"索"还有以下例文：

> 度禾刍稾而不备十分一以下令复其故数过十分以上先索以廪人而以律论其不备　　　　　　效　234

两者比较来看，"索"应是"清空残余"的意思，与《注释》的解释相同。

另外，还必须弄清"发户"的语义。《注释》将"发"解释为"打开（仓库门扉）"，太田则将之看做"为户"的反义词，译为"开门放出"①。大栉将其理解为"发给"，并且由此引申出开仓发粮的问题。但是，此处的"发"的正确语义并不是"开户"、"发给"

---

① 太田幸男：《湖北睡虎地出土秦律の倉律をめぐって——その一》，《東京学芸大学紀要》三部门31集，1980年，第46页。

的意思。① 我认为,"发"所对应的是"封",而非太田所说的"为"。解说下面条文的时候,我还将对此进行详细论述。

> 啬夫免效者发见杂封者以隁效之而复杂封之勿度县唯仓自封印者是度县出禾非入者是出之

这段条文的解读,最容易出问题,断句不同,对于文句整体的理解就会产生差异。

首先,就"发"字而言,前条出现了"发户"的"发",它并不是"打开门户"的意思,"发"是"封"(封印)的反语,指的是去掉封印、打开封泥。"封"与"发"的对应关系,在居延汉简邮书收发记录中也能得到证实,关于这一语义的详细情况,本书第二编第三章"行政文书的格式和惯用语"已有论述。在此,仅列举与"封"、"发"有关的两个例证:

```
             其一封吕宪印
书三封    一封王建国        十月癸巳令史弘发
         一封李胜                    180·39,33
```

□候长候史曰迹簿言府·二事集封　十月癸巳令史弘封
　　　　　　　　　　　　　　　　　　　　238·39

此处的"封"与"发",在睡虎地秦简中也是一样的。

> 发伪书弗智赀二甲∟今咸阳发伪传弗智即复封传它〃县〃亦传其县次到关而得∟今当独咸阳坐以赀且它　　427

---

① 秦简中"开门"称作"启户":

> 穴盗爰书某里士五乙吉日自宵藏乙复結衣一乙房内中闭其户乙独与妻丙晦卧堂上今旦起启户取　　　　　　　　　　　　　　653

打开封印,或许在结果上与打开门扉、让物资出入是一样的,然而,条文的意思毕竟应该解读为有关封印的规定。

关于句首的"啬夫",太田将之视为仓啬夫,大栉最初解释为县啬夫,后来又采用了太田意见。太田将之视为仓啬夫的根据,是前句写有从仓啬夫和离邑仓佐之仓搬出谷物的内容,而"啬夫免"是沿着这一文脉出现的。但是,为什么后文再次出现了"仓啬夫",这一点必须从名称表记体例上做出解释。

以"啬夫免"开头的仓律条文,也发现于秦律十八种的"效律"(B)和单行的"效律"(C)上。相关条文见于秦律十八种"效律"简238。之前的简239仅有"书其出者如入禾然效"九字,换了新简之后开始书写"啬夫免"条文。根据秦律十八种的体例来看,每条律文都改行书写,各条末尾逐一标注律名。这条以"啬夫免"起头的条文,是效律中独立的一条,具体就(B)而言,简238—240合为一条。这样,与其强调简238开头的"啬夫"与简236"仓啬夫"之间关系密切,不如关注238—240系列简中起头的"啬夫"为何在后文又写为"仓啬夫"。

我认为,"啬夫免"的"啬夫"并非仓啬夫,这里应指"官署长官"。从其他条文来看,有关仓的封印、"杂封"等行为,"县啬夫"都要参与。"啬夫免效者发见杂封者"的"啬夫",应是"县啬夫"。

仓律(A)"啬夫免效者发见杂封者以隄效之而复杂封之",对照效律(B)和(C),读做"啬夫免,效者发,见杂封者,以隄效之,而复杂封之"(B)(C)读做:"啬夫,免而效,效者见其封及隄,以效之。""见",并不是太田所说的"会见以前运入物品的见证人"[①],

---

[①] 太田幸男:《湖北睡虎地出土秦律の倉律をめぐって・追補——大櫛敦弘氏の批判に答えて》,《東京学芸大学紀要》三部門43集,1992年,第210页。

而是"确认"①,确认杂封,取下旧的封印,重新封印。下面的规定则提到有无重新计量的必要。后文的"度县",应该被视为一个用语?还是在"度"的位置断句,将接下来的文句读为"县唯仓自封印者……"两种不同的断句方式,会导致不同的解释。

太田就是在"度"处断句,将"县唯仓自封印者是度"看做一句,理解为:"县署自己负责封印的仓库,仓啬夫职务交接之际要计量贮藏物的重量。"大樯反对这种理解,笔者也无法苟同。

第一个问题是:将"县唯仓自封印者是度"解释为"县署自己封印的仓"是否妥当?睡虎地秦简简文之中,的确有很多俗语,语言结构上与当时的文献史料也有不少差异。然而,我认为,太田对于这段简文的解读而言,有背语法,过于牵强。

第二,关于"度"、"度县",在(B)、(C)效律条文中,有与"啬夫免效者发见杂封者以堤效之而复杂封之勿度县唯仓自封印者度县"对应的文句:

  (A)……勿度县唯仓自封印者度县出禾非人者是出之
  (B)(C)…勿度县唯仓所自封印是度县终岁而为出凡曰

将(A)、(B)、(C)的相应语句进行比较可知,"度县"是一个固定用语,应在"度县"的位置断句。

第三,太田把县做为"自封印"的主语。但是,正如大樯指出的那样,"自封印"也出现在同一条仓律中,其主语是仓啬夫和仓佐。另外,"杂封"＝县啬夫、仓、乡;"自封"＝仓,这种主谓对应模式应该是合理的。

第四点或许是最关键的,关于"唯仓自封印"的"唯"字的字

---

① 大櫛敦弘:《雲夢秦簡倉律より見た戰國秦の穀倉制度——〈秦代国家の穀倉制度〉補論1》,《海南史学》30,1992年,第52頁。

义,我并不倾向于将其解释为"单独",它应是一个发语词,作用在于整顿语调,从调整文章的脉络。太田凭借这个字而取"县署自己封印"的语义进行解读,必会导致歧义。①

另外,关于笔者视为固定用语的"度县",正如学者已经所考证过的,"县"通"悬",有"悬衡"的意思。特别是计算重量的时候,容易让人联想起"悬"的语义,秦律中以"县"(悬)表示计测重量的例证。

> 有实官县料者。各有衡石赢斗甬期践计其官毋假百姓不用者。正之如用有　　　　　　　　　　内史杂　261

前文提到,效律中"一万石一积"的"石"是重量单位,其重要论据之一就是"县"的解释。不过,这毕竟是傍证,有必要对"石"这一单位另做探讨。

以上围绕仓律(A)评述了太田、大栉两人的观点,同时提出了笔者自己的意见。我自己对仓律(A)做如下解读:

> 入禾仓,万石一积而比黎之为户。县啬夫、若丞及仓·

---

① 后接官署名之际,"唯"不一定都是发语词,例如:

敢言之谨写移唯府报	4·16
元康二年九月丁酉朔庚申肩水候长〃生敢言之谨写移唯官移昭武狱敢言之	10·11
今昔欲自言唯官移书验问音当得逋三月	30·7
戌朔癸巳甲渠鄣候谨遣令史薛谊	270·20
张宗为家私市糵得唯府告	
一编唯府令	E.P.T5:217
正月甲子当曲燧长谊敢言之　未得十二月奉	E.P.T52:521A
奉唯官赋以何强钱□前十月皆已出三	
唯卿亲所	E.P.T59:766B
白诚失子严至今未得渡唯掾□	E.P.T65:468B

以上"唯官"、"唯府"、"唯掾"中的"唯",应该是"担当的"、"该"、"所辖的"的意思。今后有必要进一步探讨。

乡相杂以印之,而遗仓啬夫及离邑仓佐主廥者各一户,以气,自封印,皆辄出,余之索而更为发户。

啬夫免,效者发,见杂封者,以隙效之,而复杂封之,勿度县。唯仓自封印者,是度县。出禾,非入者,是出,度之。度之当堤,令出之。其不备,出者,负之。

其大意为:谷物入仓之际,以万石为一积,将之排列为户。县啬夫或丞,与仓的官吏及乡官一起对仓进行封印。仓啬夫及离邑仓仓佐等廪给负责者,各自保留一户份量,从中发放廪给。各自进行封印,支出之际全部拿出,然后打开其他户的封印。

啬夫免官,须检查谷物之际,要确认所有官方封印,与账簿数量进行对照,然后重新进行多道封印,没有计量的必要。仓啬夫(或仓官)各自封印的户,需要重新计量。〔以下略〕

需要补充说明的是,后半部分"啬夫免"中的"啬夫",我认为原本并无具体所指,只是有"杂封"出现,故而特定化为县啬夫。县啬夫免官之际,因有多个官方封印,故需检查账簿记载条目并确认封印;仅有仓官封印的情况下,则需重新进行计量。

太田认为,根据仓律(A)的条规可以看出,作为仓律适用对象的仓库是一种"共同体的仓",国家通过将其管理者纳入官僚体系,进而实现了对仓的控制,同时利用与仓库相关的固有的共同体关系将储藏物转化为国家财源。[①] 然而,从上文对于仓律(A)的条规的解读,我们很难得出这些结论。(A)只是针对仓库管理

---

① 太田幸男:《湖北睡虎地出土秦律の倉律をめぐって・追補——大櫛敦弘氏の批判に答えて》,《東京学芸大学紀要》三部门43集,1992年,第213页。

者封印的规定而已,其中包含了官吏的职务准则,从中看不出官与民之间的关系。就本质而言,律就是官吏履行职责时应守的规定,仓律和效律都是以官吏为适用对象的。的确,在封印方式上,仓(或户)可以分为"杂封"和非杂封两种,不过,能否由此分析仓库管理权属,我对此持怀疑态度。

另外,笔者的句读方式与大栉接近,但是,对于他所强调的"贮藏中的仓"和"正在发放物品的仓"的区别,我很难苟同。条规内容的侧重点,并不是谷物支给的时间、状况,而是封印的形态。

仓律(A)是谷仓制度方面的史料,我认为,目前从中还看不出它与汉代仓制度之间的明显差异。再来看一下西汉"平都枓"的铭文:

元年十月甲午
平都戌丞糺仓
亥佐癸黍斛

所谓"平都",即西汉上郡平都县,"平都戌"即平都县令戌,同样,"丞糺"就是该县的县丞糺。"仓亥佐癸"分别是仓长亥、仓佐癸。县内相关长官和副官姓名都刻在枓上,"黍斛"即枓,或者是其计量单位。铭刻县令、仓长等人姓名表明,枓及其测量的出入谷物都在县令、县丞、仓长、仓丞的管理之下。这与秦律(A)条文反映出的县与仓官吏管理谷仓的状况相比,并无多大区别。

秦律所见大小石规定、簿籍内容,都与前节居延汉简反映的相关状况相似。笔者无意通过上述讨论来断言秦与汉、内地与边地的谷仓制度完全相同。在此想要指出的是,现阶段并未找到显示谷仓制度时代与地域变化的材料。

小　结

　　本章前半部分利用新旧居延汉简，详细探讨了汉代额济纳河流域的谷仓制度和粮食供给的实态。后半部分旨在弄清汉代边地的事象是否与内地相同，以及秦汉之间谷仓制度的有机联系。

　　然而，后半部分的既定目标并未达成。笔者择取秦律中仓律的一部分进行考察，始终局限于文本的解读，必然会受到诟病。

　　就秦简而言，还应对其他效律、仓律条文进行详细探讨，然后再与汉代情况展开比较，期待今后这方面的研究能够有所推进。在本章后半部分的秦律解读上，也包含着笔者对于睡虎地秦简研究方法的思索。利用出土秦简资料之际，应当尽可能保持一种淡然沉静的态度。迄今为止，以睡虎地秦简为资料开展研究的学者不在少数，恐怕谁都能体会到这些秦简资料带给人们的某种焦急和浮躁。正因为秦简具有一般文献史料所没有的巨大魅力，大家都希望尽量从中得到所需要的信息。然而，面对想要弄清的历史事象，又常常找不到最终的决定性资料，难免会有隔靴搔痒之感。秦简中的秦律只不过是秦律的一部分，作为资料是有局限性的。我们只见到了其局部，却希望把握其整体，最终的结果只能是在假说的基础上堆砌假说，这必会招致远离历史真实的危险。

　　关于睡虎地秦简，现阶段有必要进行一番整理回顾，从而弄清真正可以给出结论的是什么，资料的局限性在何处。这一建议不仅是就睡虎地秦简而言的，也是就全部历史资料而言的。

结　语

一

本书由简牍的形态与功能——视觉简牍之考察、文书记录及其相关背景、汉代行政制度考证三编内容构成。汉帝国的强大，很大程度上归因于军力的强大、财力的雄厚、法律的完备以及刑罚的实施等等方面，然而，行政制度的重要性凌驾于以上各种因素之上。在以皇帝为顶点构成的官僚行政系统中，各级官署向所辖官署下达命令，进而传达至更下一级官署。与此成反方向，下级官署向上级官署进行定期或不定期的报告，报告最终汇总于皇帝案前。如果这种命令的下达与报告的上传能够切实得到执行的话，那么皇帝的权力意志就可以蔓延浸透到帝国各个角落，古代中央集权国家体制就可以有效地运转。国家财力的运用以及法令制度的实施，最终都要依凭行政体系来完成，这绝非夸大其词。

就今天的行政体系而言，正如国家与国民、市府与市民这种对应关系所显示的那样，普通大众是行政的对象。而秦汉帝制时代中国的行政，却并非如此。古代中国的行政，实质上是向官僚及吏役发号施令，并督责他们恪尽职守，或许这种诠释不够严谨，

结　语

但状况大抵如此。如果各级官吏尽职尽责,那么就会出现政治清明、国家安定、国力充实的局面。古代帝制行政的目的在于:明确官吏职分,并且督促他们各司其责、各尽其职。"民可使由之,不可使知之",是《论语·泰伯》中有名的句子,注家对此有多种解释。甚至有"不要让百姓为多余的事情烦忧"这样极端的释文,然而,古代社会的百姓无需参与政事,守令则家康,这不过是注家的理想解释。原文强调的应是官吏的责任:想了解行政事务,就向官吏询问,即所谓"以吏为师"。

这种自上而下的指令,以及自下而上的报告,均要凭借文书完成。虽然我们称之为"文书行政",但是这里所谓的"文书",其书写材料并不是纸,而是木简、竹简之类的简牍。今天的纸质文书与古代的简牍文书,两者在功能上有很大区别,以此为基础的行政样态也大相径庭。本书以简牍文书行政为主题,首先以文书书写材料——木简与竹简的考察为中心展开论述,第一编第一章名为"简牍时代及其终焉"。

二

中国何时出现了木简、竹简？在甲骨文时代的殷商,用于书写文字的材料,除了甲骨之外是否还有简牍,至今对此尚不清楚。现今发现的最古老的简牍,早不过公元前300—前200年的战国时代。就行政文书而论,时代应该更晚吧。以文书为载体的行政体制,在何时、如何确立起来？对于这个问题,笔者无法在此即刻罗举相关材料,并且阐明研究路径。故此,本书考察的年代范围设定于文书行政大致已经确立的秦统一(前221—　)以降的时代。

关于最古老的简牍出现于何时,研究者已经有所关注。然而,简牍延续至何时?关于其年代下限,迄今鲜有探究。我们可以认为,2世纪初的所谓"蔡侯纸"标志着具有书写功能的纸张自此出现,但是,纸的出现并不意味着简牍立刻在历史的舞台上消失得踪影全无。此后,存在着一个纸与简牍并用的漫长时期,纸张渐渐地取代了简牍的角色。这个过程并非短时间内完成的,而且纸张也并未彻底继承简牍的全部功能。

那么,简牍做为一种有用的书写材料究竟存续到什么时代?在此,需要考虑的是,在简牍中,既有单独使用的单简,又有编缀起来的册书,这两种简牍消失于不同的时代。就单简而论,可能一直延续到唐代。楼兰出土的4世纪木简,是单独使用的单简,属于纸、木作为书写材料并用时代的遗物,当时,册书的材料应该已经变成了纸张。册书包括文书、账簿等经过编缀的东西,还包括书籍简。楼兰遗址没有出土文书类的册书简,与书籍有关的发现则是带有两行注释的《春秋左氏传》残片。

从大约公元百余年蔡侯纸出现的时期到公元300年之间,存在着一个书写材料的转换期,笔者试着对这个年代问题做了探究,详见"简牍时代及其终焉"一章。在此,通过考证《论语》的错简何时、因何出现,力图从中获得启示,进而弄清简牍书写的《论语》使用至何时。另外,根据典故"韦编三绝"词语意思的变化,追溯古代册书的印象演变,最终探明简牍时代的终焉过程。就简牍时代的结束而言,正如本文最后所强调的,它与构筑于简牍功能之上的汉代行政体系的终焉存在着因果关系。

《论语·颜渊编》中查证出来的错简,大约出现于3世纪初、公元200年左右。附在这一条文上的郑玄注,可以断定是在错简产生前加上去的。这说明,蔡侯纸出现以后经过了一个世纪,简牍依然被使用着。纸和简并用的时代,经历了一个相当长的时期。为何这种过渡历时如此之久?原因之一是,用具的演变过程不可能迅急展开,此外,纸张对于简牍的功能替代,需要花费大量摸索时间。那么,简牍拥有怎样的功能呢?本书也将探究简牍功能的多样性。

再往后一个世纪当中,从三国魏至西晋,简牍册书向纸张的过渡继续进行。到4世纪,编缀起来的册书简变成了遥远过去的遗物,已经从人们的视线中消失。这个事实反映在"韦编三绝"语义的变化中。本来,并无"鞣皮"之意的"韦编"一词,到了4世纪初,出现于317年编纂而成的"抱朴子"一书中,贯穿在"原本切不断的鞣皮断了数次,原本折不断的铁鞭折了数次"这样的文脉当中。这个夸张的比喻源自已经成为历史遗物的简牍册书,同时也昭示着简牍时代的终焉。不过,必须再次指出的是,此时消失的是册书简,而单独使用的单简在4世纪以降仍然被使用着。

在本书卷头的第一编第一章"简牍时代及其终焉",笔者最想指出的是,简牍时代对应的正是秦汉帝国时代,伴随着汉帝国的覆亡,册书简也消失了踪影。

简牍长度通常为1尺(23 cm)。这是在制造过程中,为追求书写的便利性自然固定下来的长度,应该说,这一长度原本并不包含特定的意图。秦至汉初,公文和书籍的长度不确定,长度的差异最终取决于书写的内容,简牍的不同长度也因之对应了不同的意味。首先,皇帝的诏书长于其他一般简牍,从1尺1寸起始。在此,简牍的长度由自然的1尺转变为了具有数值含义的1尺。根据书写内容,以简牍长度的划分等级,使人一看到简牍就能认识到简牍内容的重要程度,这实际上给简牍附加了一种感官(视觉)的效用。由此,简牍不再单单是一种用来书写文字的材料,其外在形态也拥有了重要的功能。

尺一诏,应当始于西汉第三代皇帝汉文帝。这时期,文帝平定了吕氏之乱,构建汉帝国行政体制,并且明确了皇帝权威。自此,简牍形态乃至书写内容均趋于规范化。皇帝诏书、律令、经书等等具有权威性的文书典籍凭借长度来区分等级。与诏书并列的是儒家经典,这是因为武帝时代崇尚儒学,特意将儒学典籍与其他诸子之书区别开来,并且备加推崇。记录圣人言行、或由圣人君主编纂而成的经书,带有极高的权威性,使用比皇帝诏书更长的简牍来制作,就会在视觉上使其权威性得到进一步强化。因此,经书使用 2 尺 4 寸简,长度是 1 尺 1 寸的皇帝诏书的两倍之多。

以经书简的长度为标准,律简也为 2 尺 4 寸。这意味着,记载律文的简牍长度也被规范化了。以"律"的法规形式编纂"令",兴起于文帝时代以降。原本拥有皇帝诏令书式的"令"一旦成为了"律",就必须在形式上昭示这种新的权威,这样,律被提升到与经书同等的地位,并被赋予等同于经书的权威,此即 3 尺律(2 尺 4 寸的律)。简 1 尺、尺一诏、经 2 尺 4 寸、律 2 尺 4 寸成为一种通则,简牍长度由此开始确立了定制。这就是所谓"视觉简牍",可以说,这意味着文书行政真正意义上的开始,其时代为武帝时期。

本书特别论及"檄",并将其做为视觉简牍和文书行政最终完成的标志物之一。通常,各官署之间相互联络的文书简,使用普通的一尺简(约 23 cm),而且为了保密起见加上封检传送。然而,被称为"檄"的长形多面体,是一种特殊的简。它单独使用,而且不加封印,以内容公开的露布形式传送。今天所说的"飞檄"的檄,一般解释为在军事上具有鼓舞激励作用的紧急公文。另外,按照《说文解字》所言,它也被用做为皇帝召还臣下的"召文"。透

结 语

过木简遗物看到的檄文和檄书拥有多种功能,与此同时,同一种文书既可以采用檄的形式传递,也可以用其他形式传递。有时尽管是露布,但带有封泥匣,或者还会根据情况暗中起撰,使众人难以得知分发日期等信息。

在第一编第三章"檄书考"中,笔者试图弄清檄的定义及其功能。在考证之际,文中列出以下五个问题作为线索:

(1) 作为露布的檄为什么还需要封泥匣?检檄的必要性是什么?

(2) 为什么特意隐藏发送日期时间?

(3) 为什么用檄的形式将派遣事项公示于众?

(4) 为什么长形多面体、露布形态的檄作为一种文书有存在的必要?必须要用檄来写的内容是特定的吗?

(5) 檄既有上行文书,也有下行文书,为什么回复檄文必须要用檄的形式?

关于檄为何物,笔者的定义是:檄是一种以露布的形式发送,而且旨在向众人传布内容的木简。就其功能而言,第一,让各级官署普遍了解该行政文书需要切实传达,通过昭示执政者的权威以及政令的彻底性,达到强化行政效果的目的。第二,让有些文书的传送带有隐秘成分,并使传送形式有所差异,进而使各级官署目睹这种文书发布手段的变化莫测,由此强化对于官吏的掌控。第三,作为公开性的东西,置于百姓视线之内,檄可以产生威吓、督励的效果,针对私人而言,常现于眼帘,则可起到教训、自省、追忆的作用。拥有以上功能的檄,正是一种笔者上文言及的"视觉简牍"。

基于上述对于檄的思考,文献史料中将檄解释为军事警报、说谕、征召等等,是恰如其分的。然而,用檄的意图并非强调训戒、说谕的实际内容,其本质在于强化文书行政与文书传递所具有的训诫性和说谕性,进而达到控御官吏的目的。笔者认为,檄这种文书是一种巧妙创制的视觉木简,旨在促使简牍文书行政发挥最高效率。

三

文书行政的担当者是书记官。本书的第二编以"文书记录及其相关背景"为题,对书写于简牍上的文字、书法和语句进行了考察。

笔者在正文中有言犹未尽之处,在此略作补充。汉代文书行政的主体是官吏,文书在各个官署之间往来。一般百姓并不参与其中,文书最初就不是为了百姓阅读理解而撰制的。笔者认为,这一背景很大程度上影响到中国古代社会文字的功能和特征。

中国何时开始使用文字？虽然笔者也无法解答这一问题,但有一点需要指出,文字最初应该并不是作为人们相互之间传达意图的手段而创制的。至少,甲骨文是天帝、祖先神与天子交流的媒介,青铜铭文也是与祭祀密切相关的神圣文字。

秦统一天下以后,实施文书行政,一切行政事务均凭借文书进行处理,这在秦律中有明确规定:

　　有事请殹,必以书,毋口请,毋(羁)请。　　内史杂律

该条文收在"内史杂律"之中,而"内史杂律"是有关下级吏员职守的规定,这说明该条文所谓"有事"是指吏员的行政事务,口头请示也只是吏员的行为。

针对庶民的文书命令以及文书传送是不存在的。可以推知,

结　语

居住于"里"的庶民需要通过里正口头传达来获知行政指令。能够识文断字的百姓人数究竟有多少？考虑到这一点，就可以得出结论：直接针对百姓的文书传送行为是不可能发生的。况且，也没有必要向一般民众告知所有的行政事项，甚至账簿、户籍也只是吏役必备的行政簿籍，与一般庶民并不发生直接关系。

诚然，在邑里的醒目之处，官府常常为了"令吏卒民尽讼知之"而张贴公告。然而，如果说，公告是在里民全员均能读懂文字的前提下张贴出来的话，那么，基于民众大多没有识字能力这一事实，此处虚设的前提并不成立。那么，公告究竟具有怎样的意味？笔者认为，当时的公告也是一种具有视觉意义的木简，公告的基本内容由里正向百姓解读传达，而写有文字的木简则发挥着一种彰表权威的作用。通过学习才能掌握的文字，是一道分隔识字者与不能识字者的鸿沟。尤其是，包含着特定表现方法、特殊语句以及独特书法的行政文书，唯有官吏才能处理。在精于笔墨者与不晓文字者之间设置障壁，最终是为了在百姓中确立皇权的威信与威严。

承担文书行政任务的书记，被称为"史"。这或许也是由于"史"原本为世袭制，而在学校制度尚未完备的秦汉时代，只有书记官才能接受世袭的识字教育。那么，他们是如何学习文字，又如何得到任用的呢？关于考试及合格者的任用，在"史律"中载有相关规定，随着文书行政系统的充实，书记官的人数逐渐增加，选用对象不久就超越世袭家庭的范围，开始面向大众。在一般百姓当中，确有志在担任下级书记而学习文字的人，《汉书》所载路温舒以苇习字的事例就是一个很好的佐证。

然而，即便是文字学习，官吏为了书写行政文书所做的文字练习与初学蒙童的识字学习相比，两者目的迥然不同。使用的识字教科书就有所区别。汉代识字教科书有《急就篇》和《苍颉篇》，其实物见于居延、敦煌一带。它们是吏役学习书写行政文书的教材，《急就篇》里行政司法用语俯首皆是，就是极好的证据。需要指出，后世梁代周兴嗣（公元470—521）的《千字文》与此无关。

进行过相关文字学习的人，会被授予书记官资格，其资格称为"史"。书记官使用的书体、书法称为"史书"。书记的书体与行政文书十分匹配，换言之，是一种行政公文式的书法。它强调应当强调的文字，使行政文书带上一种威严、威信的色彩。文句中常见的"令"、"教"、"可"等含有命令意味的字词，其所用书体在书学书道史上被称为"悬针"、"波磔"。能否在文书之中恰如其分地使用波磔、悬针，取决于考验书记官的技量。长于此道者被称为"善史书"，他们擅长行政文书的书写，可以增加行政文书的公信力和说服力。"史书"，也是本书所谓视觉木简的一种形态。

第二编第三章"行政文书的格式和惯用语"，考察了行政文书的常规套式、惯用文句、检面表记、文书制作以及发信程序等相关问题。

在文书的文面中，包含着一些套语和惯用文句，它们文字本身已经"升华"为特定语义，不再具有更深的意味。如果要正确解读文书内容，就必须弄清哪些词语做为惯语使用，哪些词语则保留着文字本身意味。倘若按照文字字义对已经固化为惯语的词句进行解释，进而考察文书整体，探讨文书行政的样态，那么就势必得出错误的结论或令人啼笑皆非的解释。在文书研究中，对于文书惯用表达方法的研究相对欠缺，这一问题也与文书行政的成熟度有关。

惯用表现以及常套句式，都是固定文句，可以说是一种定型化的文书表现形式。笔者上文所谓"升华",正是一种文面表达的定型化,这不仅是指语句,也是指行政文书。文书体裁的形成,意味着文书自身特征的确立。假如没有这些惯用表现形式,那么行政文书与其他文字记录之间也就没有什么差别了。总之,以特定套式来区别行政文书与其他文字记录,可以赋予文书一种公信力,见诸文书末尾的"如律令"、"有教"、"有书"等等惯用表现,应当可以产生这种效果。

此外,这里还有视觉的效果。结尾用语常以悬针书法书写,有时"教"等字还被改行放大书写。将惯用句配置文书之中的适当位置,可以给文书增加一种视觉上的节奏感。

文书研究中,关于亲笔署名的探讨还不充分。本章(第二编第三章)对于署名考察也未取得圆满成果。什么场合必须亲笔署名?或者亲笔署名原本绝对必要?对于这些问题,由于受到资料囿限,笔者尚未得出完美的解答。有人提出一种假说,六百石以上等秩的官员发送公文时必须亲笔署名,这一观点考虑到了文书的权威性,故而具有合理的一面。以一定等级以上高官的名义发送的文书,拥有相当的重要性,亲笔署名可以对此有所强调。联想到皇帝的亲自签署的诏书与非亲署副本之间的区别,这一点就更易于理解了。亲自署名的特别意味,不仅局限于简牍,对于纸质文书应当也是如此。

四

本书第三编论述了汉代文书行政的实态。文书行政的贯彻实施,意味着从中央发出的命令切实传达到基层末端的官署,同时来自行政末端的报告则要畅通无阻地呈报到上级。笔者曾经以肌体、血管作比喻,而维持、增强国家肌体的血液和血流正是文书行政。(『木簡・竹簡の語る中国社会——書記の文化史』岩波書店 2003,218 页)。血液由心脏输送到肌体末端,再由肌体末端回流到心脏,与这种运行方式一样,从皇帝和朝廷下达的命令传达到基层末端的官署,来自基层末端的报告则被层层上报直至中央。如果将文书比喻为血液,血流就是文书的传送,血管则是接受并处理文书的行政机构——各级官署。

要保证文书行政顺利运转,就必须防止血管硬化和衰弱,并保持血流畅通。本书以亭、邮、关、仓等行政机构为关注对象,考察了文书传送、文书的报告内容、检阅制度以及相关通行证的办理。第三编第一章"汉代的地方行政",在考察亭、邮的基础上探讨了文书传送和通信的运行机制;第二章"交通行政",以关所和通行证的研究为基点,论述了有关人员空间移动的行政掌控;第三章"粮食供给及其管理",考察了仓储廪库以及官吏食物供给等方面物资管理的历史状况。

在此,考察的焦点是检阅制度。其核心是对于人、物以及文书传送的核查和检验,关、仓、邮正是对上述三者相关事项办理过程分别进行检查的机关。

以前关于"十里一亭"的讨论,都是在这样一种认识前提下展开的:汉代地方行政组织以郡、县为基本架构,其下依次设有乡-亭-里。然而,根据第三编第一章"汉代的地方行政"得出的结论,县之下设有乡-里行政机构,还有亭-邮-邮间(驿)这样的行政机关,它们虽然同属县辖,但系统有别。"十里一亭"的语句,指的是邮书传送系统的事项,"亭"应该在邮亭的概念中加以阐释。

关于邮书传递的具体方式以及亭与邮的关系,本书正文中有详细论考,此处不再赘言,需要再度强调的是,与邮书传递相关的

结 语

邮书检阅体制。邮书递送之际,首先要留下传送记录(邮书刺),传送记录需交付上级官署,上级官署将对记录进行检阅(邮书课),查看邮书是否按照规定顺利传送出去,如果察知邮书有所耽延,就会起拟"举书"言明问题所在并责成当事人进行解释。举书发自邮书课,故有"邮书课举"的说法。邮书课举涉及的当事官署必须对问题做出说明。这种责问有时以露布形式进行,而回答也需采取露布形式。借助公开的形式,宣明命令必须切实贯彻执行,这在第一编有关檄书的考察中已经详细阐述。

不仅邮书如此,食物供给、仓库管理等等,也都是通过文书进行切实有效的管理。

在汉代,官吏履职以及役卒承担劳役和兵役之际,可以得到食物供应。通常情况下,吏卒提前一个月就可依照概算领取食粮。首先,由各部向候官提交被称为"廪名籍"的食粮预定领取者名单。候官于每月中旬向各部提供所需食粮,各部则直接向候官领取。此时,要制作一份"谷出入簿",这实际上是一种用以记录谷物支出的账簿。各部从候官那里领回食粮之后,再发放给各燧,最终分配给吏卒个人。各燧均备有领收簿,用于记录从燧长到普通兵卒所有领取人的姓名和领取量,同时便于留存领取标记。在各部向燧提供食粮的环节,需做好领取记录,最后由各部整理编排后于每月晦日送交候官。这种也可以称做领取证的名籍,即"廪某月食名籍"。

月初概算并发放出去的粮食,必须根据发放之后吏卒的移动、出差以及死亡等情况进行精算,进而再做调整。这一环节完成的文书记录称为"当食案"、"当食者案",也可以说,它们就是类同于"课"的检阅调查记录。但是,所谓"课",是对公务是否按照规章正确执行进行检查,而"案"并非参照条规进行检阅,它是依据精算结果对概算进行核查。

另外,官吏和戍卒均可领取食粮,分发给官吏的是脱谷米,而分发给戍卒的则是非脱谷米。谷物脱谷需要额外劳力,这就意味着,官吏可以免去这项负担,戍卒则必须自己完成脱谷作业。对官吏提供脱谷米可能不限于边疆地区,内地也应如此。那么,向数量庞大的官吏群体发放谷物之际,脱谷作业由谁承担。本章并未论及这一问题,可以推测,这一工作应当由劳役刑徒来承担。"城旦舂",是秦律中出现的劳役刑名,为何会有"舂"这种劳役刑?这应当与脱谷米的提供有关,进而言之,这种劳役刑与秦汉时代官僚体制下的食粮供给有着密切联系。

关于人员移动的检查,由关所具体执行,关所要打开旅行者携带的身份证明(传),并誊写副本。由于传是旅行者通过多个关所的证明文件,查验之后关所还要对传重新施封,让旅行者带到下一个检查地点。尽管这是一种个人手续,但是关所也要单独制作关出入籍,对出关人员是否又确实入关进行记录,并且将此报送上级机关。

贯穿于邮书传递、谷物发放以及过关通行等活动之中的,是一种彻底的文书行政。从起始到中途再到结束,均凭借文书展开,此间必须报告并核查整个行政过程是否顺利进行,一旦发生问题,则必须弄清事由,所有事项都依赖文书做出处理,而且所有的文书都备有副本。

延伸至各个角落的文书行政体系,并不仅仅涉及边疆的军事施设,而且也覆盖内地。汉代边疆出土的居延、敦煌汉简足可证明汉代文书行政切实延及到了基层末端,虽然内地出土的此类行政简牍极为有限,但将云梦睡虎地秦简、江陵张家山汉代律令与汉代边地出土的简牍进行对比,难以发现它们所体现的行政制度有何不同。

文书行政的最终目的是保证各官署承担的公务切实得到顺利完成,依靠文书行政,中央政府可以对官吏实施直接的管理,进而间接控制人民。上文提到,检阅行为涉及文书、物品、人员,传和关所具有监查并管理人员流动的职能。言及关所的设置目的,可能首先会想到军事防卫,然而,汉代关所的功能,可能更侧重于内地人员通行的检查。内地关所的形象,并不是阻止外敌入侵的屏障(barrier),这从关所的出入方向也可推定。关所是针对管辖区域的人员出入状况进行监察的机关,是管理人员移动的检查站(checkpoint)。

但是,换个视角来看,对吏民移动实施有效管理,这种行政行为本身对于军事防卫、警戒治安是极为有利的。有效阻止本国向敌方的逃亡活动,是最为必要的防卫,因此,文书行政在治安防卫的意义上也是一种有效的武器。

五

以上对本书有关汉代文书行政的论述进行了概括。在此,我们来重新检证一下文书政治的彻底性和有效性。历时长达400年的汉帝国,是中国历代王朝之中延续时间最长的王朝,也是最为强大的中央集权制国家。后世的唐、宋、明、清等朝代也都出现过统一帝国的局面,但是大多在帝国中期趋于衰弱,中央集权逐渐解体。汉帝国则长久支撑着集权国家的架构,笔者认为,使之得以实现的力量正是完备的文书行政,以及依靠文书确立起来的人员及物品流动管理检查体系。那么,后世是否存在这样的文书行政?诚然,以帝王诏令为首的各种命令文书以及簿籍和通行文书的确存在,但是,像汉代那样延伸至末端机关的文书行政、文书检阅、往复于官署之间的公文、一丝不苟的副本制作等等,至少目前尚未得到确证。清代朱批谕旨的奏折,是皇帝与基层末端之间另类形态的往复文书,它反映出康熙、雍正、乾隆时代清王朝的兴盛。关于清代的文书行政,因为超出了笔者的研究领域,故而不敢妄加论说。但是,可以肯定的是,正因为清代贯彻实施了文书行政,中央集权化体制才得以强化。

在此,我想特别指出,简牍这种书写材料是汉代文书行政顺利运转的关键所在。正如本书所言,简牍的功能不仅包括书写文字,还包括利用侧面刻齿表意;制作封泥匣隐藏机密信息;凭借简牍尺寸体现内容的权威性;以檄之类多面体长简发布信息。另外,简牍上不仅写有文字信息,而且还被赋予了斥诸视觉的所谓"视觉简牍"功能,执政者不仅可以借此宣明文书的权威性与公信力,而且可以借此加强对官吏的控制。文书行政的实施凭借了简牍的三维功能。这是纸张这种书写材料所不具备的,或者说不曾具备的功能。汉代的文书行政是一种建构于简牍之上的行政,简牍时代终焉意味着文书行政的终焉,文书行政的终焉即是汉帝国的终焉。行文至此,回到本书第一编首章"简牍时代及其终焉"的话题,册书简牍应当消失于东汉末年。

最后,将本书基本观点整理如下:

汉帝国的行政制度高度成熟,这在以后的时代不复再现。司法行政及法律执行也是同样。如此彻底的文书行政和法令体制,甚至会给今人带来诸多启示与思考。那么,为何有如汉代这样无懈可击的文书行政只存续于有汉一代?

笔者认为,但凡考察完美的制度及其实践,最终都会发现其

结　语

完美之中包含的缺陷吧。总之,由于它的完美,它会变得难以为继,由于它的彻底,它会逐渐难于实施,或者说,这是一种长期执著于成规而势必遭遇的疲劳。这样的现象在任何时代、任何国度都会发生。然而,我们不能就此将答案归结为成熟制度本身的运作疲劳。事实上,对其进一步改进的策略在汉代之前就已经构思完毕。

高度完备的制度难于实施,然而制度本身又必须得到认可。一方面要直面实际执行的困难,另一方面要维护规则的尊严,中国社会在初期阶段就已经找到了规避 antimony(二律背反)的法门。

"实与文不与",基于现实的灵活应对可以得到容忍,但在原则上却不被认可。对现实与理念、内心想法与外在原则兼容并包的二元论,做为一种思维方式产生于春秋战国时代混乱的政治现实与完美的安邦理想之间巨大的悬隔之中,笔者认为,这一点贯穿了中国社会的发展历史。

臻于完美的文书行政体系支撑着汉帝国,汉帝国也因此存续了 400 百年之久。然而,完备的制度因其完备而逐渐丧失了实效性。随着更为便捷的纸张的普及,简牍在文书行政中扮演的角色最终被替代,或者说趋于弱化。从内部支持文书行政在重重困难中依旧切实运转的,是文实二元论的思想。

本文结尾作如是说:支撑着汉帝国的是彻底化的简牍文书行政。书写材料的演变催化了汉代文书行政的终结,汉帝国亦随之解体。这意味着古代专制国家的终焉,意味着中世世界自此拉开序幕。

著者跋

在撰写本书之前,笔者曾于2003年出版了《木簡・竹簡が語る中国古代》(岩波书店)一书,该书推出之后,受到学界杂志和报章的好评。之后,韩语版(四季节出版社)、中文版(人民出版社)也相继译成并且出版。特别是中译本连出两版,得到中国古代史研究者的广泛关注,中国报刊上还登载了相关评价与推介文章。笔者对此甚感欣喜。

《木簡・竹簡が語る中国古代》的副标题是"書記の文化史",在书的结尾部分,我曾提到希望以《書記の政治制度史》为书名再出一部续篇。《木簡・竹簡が語る中国古代》日文版出版不久,名古屋大学学术出版会橘宗吾氏前来探望,叙谈之际问及能否由名古屋大学出版会来推出《書記の政治制度史》。

书写材料演化给政治制度带来的影响,的确是需要进一步探讨的重要课题,前书内容对此已有论及。若要一探究竟,就有必要另著续篇——《書記の政治制度史》。坦言之,我当时对所谓"政治制度史"尚未做任何准备,只是随口说出的一个题目而已。

橘氏厚意难却,况且,当初既然已经将准备续篇的想法写于纸面,那么就必须担负相应的责任,于是考虑将已经发表的相关论文重新进行整合。然而,简单地将既发论文集纳为单行本的做法并不妥当,全书需要围绕一个核心组合篇目,沿循一条线索串联章节。于是,我设定了若干关键词语,即"行政文书"、"视觉简牍"、"行政制度",并且以此为基石搭建全书架构。将《文书行政的汉帝国》作为书名,旨在强调汉帝国政治制度正是凭借着简牍这种书写材料得以最终确立的。

自我开始以木简、竹简为研究对象撰写论文,迄今已有将近30年岁月。正如本书"绪言"所说,日本真正意义上的汉简研究,始于上世纪50年代京都大学人文科学研究所森鹿三先生发起的团队合作研究。回顾日本汉简研究史,森鹿三、藤枝晃两先生是第一代开拓者,在森鹿三研究班接受了学术训练的大庭脩、永田英正则属于第二代学人。就第一代学人的研究条件而言,当时可资分析的图版并不完整,木简的出土地也不甚明晰。在简牍研究中,简牍书式、形态以及简牍文书移动的考察至关重要,第一代的研究实际上是一种在诸多不利条件下的艰辛摸索,尽管如此,研究成果依然不断推出,森、藤枝两先生的论考反映出他们敏锐的洞察力和深厚的学养。两位开拓者凭借着渊博的学识取得了卓越的学术业绩,这的确是日本简牍学的幸运。

上世纪60年代至70年代,简牍图版陆续公开,而出土地点也得到确认。在此基础上,大庭脩、永田英正等第二代学人进一步将研究推向深入。大庭脩先生的论文,透显出一种观察与思维的敏锐,而那种敏锐也是他人难以习得和效仿的。永田英正先生汉简研究,一言蔽之,就是"正统"二字,根据书式、形制对文书进行系统分类,力图构建科学的汉简古文书学。从基础入手循理修行,最终习得一流剑道(研究),这正是永田先生津津乐道的北辰一刀流式的研究。

我和畏友籾山明,在汉简研究上受教于大庭、永田两先生。

或许自命为第三代学人有些勉强,但我们这一代在第二代无法遂愿的若干方面还是有所收获。首先,汉简的实物观察、烽燧的实地调查都成为可能,我和籾山都曾几次踏访额济纳河流域、疏勒河流域的汉代烽燧遗址,能够得到机会前往甘肃省考古研究所、台北历史语言研究所、英国大英图书馆考察木简实物。

第二,出土简牍的数量以令人难以置信的速度增加,其内容也趋于多样化。上世纪70年代以前出土的木简数量一般是10位数,2013年的今天,其数目已经达到庞大的难以计算的程度。

第三,利用电脑进行数据处理,已经变得极为普遍。文书、簿籍之类的汉简,可以说就是一种卡片,编辑起来则成为文档。在整理和分析具备此类特征的资料之际,电脑可以发挥无以伦比的强大功能。

作为第三代简牍研究者,拥有上述优越的研究条件,本应取得超越第一、二代前辈学者的研究业绩,但遗憾的是,事实并非如此。与一般文献史料不同,简牍资料数量的剧增,会使研究者疏忽对于个别简牍的关注。此外,电脑亦有消极的一面,电子数据库催生了大量机械组合同类简牍的、电脑味十足的论文。不可否认,本书也带着同样的气味。

鉴于这样的研究状况,很难再出现富于见地、内涵醇厚的成果,也很难再出现凭借零散简札洞察制度演变的睿智论见。电脑味浓重的论文,与北辰一刀流的理想标准渐行渐远。

木简和竹简毕竟是考古、历史资料,而且是文字资料,与汉代史研究中使用的《汉书》《史记》等文献史料是一样的。简牍上并没写着否定文献史料的另类内容。正因为如此,必须以传统的中国学研究方法加以利用。数据处理、表面观察,都不是真正意义的历史研究。搁置实拍照片、只看电脑图像,也达不到古文书考察的要求。

"唐代以前的文献当然要全部阅读"、"不能为了搜集史料、编集卡片而读书,必须从头到尾通读,'读书'并非'看书'"、"必须融入所研究的时代,如同亲身生活在当时一样,如果做不到这一点,就无法理解那个时代",这些话是我接受中国学入门指导之际,梅原郁先生常常对我们讲到的读书方法和研究方法,这恰恰是正宗北辰一刀流的基本要义。

尽管梅原先生严格教诲的话语时常萦绕耳畔,虽然永田先生教授亲身示范的情景依然悬于眼前,但我仍然无法达到北辰一刀流境界,没能修得正宗的剑道,这或许能从本书反映出来。

日暮途远,我所能做到的仅此而已。更进一步的开拓工作要交付给风华正茂的第四代汉简研究者。幸运的是,京都大学人文科学研究所汉简研究班正不断培养出优秀的年轻研究者。

我个人的汉简研究,到此为止可以告一段落。剩下的一个课题,是完成并出版汉简语汇辞典。汉简毕竟是文字资料,熟知简牍词语之外,还要能够对之加以正确读解。虽然正确读解全部简面文字是极为困难的事情,但简牍上的字句与《汉书》中的词语时代相同,彼此并无悬隔。对照汉代文献的语汇一字一句考证简牍词语的含义,是可以做到的,也是必须要做的。集合若干用例,归纳性地解读简面语句,最终确定语义,这是完成此项工作的不二法门。在简牍数量极大丰富而且用例检索也变得简捷的今天,完成这个任务应该并非奢想。此外,京都大学人文科学研究所合读文献的传统方法,也为这项工作的完成提供了保证。做到以上这些,权且可以算是自己对简牍学领域的些许贡献了。

除了以上原著跋文的内容，在此，我还想对中文译者以及在出版过程中鼎力襄助的诸位同仁致以诚挚谢意。

在本书中文版翻译与出版过程中付出最多辛劳的，是我的年轻友人——宁波大学刘恒武教授，他也是我另一本书《木简竹简述说的古代中国》（人民出版社，2007年）的译者。刘教授不仅日语口语流利，而且在文章翻译、概念诠释方面能力优秀。他曾作为京都大学人文科学研究所研究员参加我主持的简牍研究班，熟谙汉简研究状况，了解笔者的思维方式，故而能够十分精准地将我艰涩的文字译成中文。谨此向他致以诚挚谢意。另外，刘教授的学生孔李波也完成了本书部分章节的初译，在此一并致谢！

本书中译本能够在江苏人民出版社顺利出版，应该归功于浙江工商大学郭万平教授的推介、江苏人民出版社王保顶先生的筹划，我衷心感谢郭万平教授和王保顶先生的厚意支持！

在此，还要向另一位年轻同仁——南京大学文学院讲师童岭表达真诚的谢意。他在京都大学文学部留学之际，曾听过我授课，后来为本书日文原著撰写了书评，刊登于《西域研究》2011年第4期。书评准确把握并介绍了我的见解，书评题目《汉简研究中的"北辰一刀流"——读富谷至教授简牍学新作札记》中的"北辰一刀流"一词，也是我常常言及的。江苏人民出版社能够接受拙著，亦与童文的积极评介有关。

另外，我还要向其他中国友人致以谢辞。上世纪70年代，我曾前往中国西北大学留学，当时只有20多岁，如今40年春秋过去，与诸多中国学者结下友情，也一直得到他们的厚爱，获得了在西北大学、厦门大学、华东师范大学、北京大学等学府演讲和授课的机会，从而能够与众多青年学者、研究生们相识。

我个人的简牍研究即将就此画上休止符，但希望中文版《文书行政的汉帝国》能够成为本领域新乐章的引子，同时希望中国国内的简牍研究者、中国古代史研究者阅读本书之后能够惠赐指教。

2013 年 2 月　立春

富谷至

译后记

本书的翻译工作始于2010年9月，由于我个人必须将主要精力投入到日常的教学和研究，因此前期译稿推进得相当缓慢。后来考虑到翻译的进度，我委托学生孔李波先对其中部分章节进行初译，分解了部分压力，在他的协助之下，于2012年9月完成了翻译初稿。此后，修改、校正工作（包括著者冨谷教授自校）又花费了五个多月时间，最终于今年3月得以清稿。尽管如此，译稿之中仍然存在纰漏和瑕疵，还望诸位师友、方家不吝指正。

译稿的绪言、第一编第一章、第一编第二章第一——三节、第三编各章、结语、著者跋以及插图出处，由刘恒武翻译并修校完成。译稿第一编第二章第四节、第一编第三章以及第二编各章，是由孔李波完成初译，再经刘恒武修改、校正之后定稿的。全书最后统稿、校对工作由刘恒武承担。

在这部译稿即将付梓之际，首先感谢浙江工商大学郭万平先生将译稿推荐给江苏人民出版社，同时感谢江苏人民出版社王保顶先生的鼎力支持。另外，同社的张惠玲、刘艳两位女士在本书的编辑、出版过程中付出了辛劳，在此也向她们表示感谢！近年来，在我的教研工作中，一直得到浙江大学包伟民教授；复旦大学韩昇教授、李晓杰教授；华东师范大学牟发松教授；南京大学贺云翱教授、黄建秋教授、张学锋教授；上海师范大学黄纯艳教授、张兴成教授；西北大学黄留珠教授、陈峰教授、王维坤教授；陕西考古研究院王炜林所长、王小蒙研究员等诸多师友的指导与关怀，在此一并致以诚挚谢意！同时，衷心感谢我所在单位——宁波大学历史系的陈君静、张伟、龚缨晏、王万盈、贾庆军等诸位教授给予我的各种帮助。最后，还要向我的父母、妻子和儿子表达感激之情，是他们一如既往的支持和理解，使我能够静心从事自己喜爱的史学与考古学工作。

           宁波大学历史系　刘恒武
           2013 年 3 月 8 日

插图出处

插图位置	插图编号	插图说明	出处
第一编第一章			
	图1	论语简的推定	著者作成
	图2	双行注	《居延汉简 图版之部》（"中央研究院"历史语言研究所 专刊21 1957）
	图3	楼兰《左传》	Les Documents Chinois de la Troisieme Expedition de Sir Aurel Stein en Asia Central,（London 1953）
第一编第二章			
	图1	尺	大阪府立近つ飛鳥博物館開館記念特別展「シルクロードのまもり」图录「45 木尺」
	图2-1	王杖十简	《武威汉简》（文物出版社 1964）
	图2-2	乙瑛碑	京都大学人文科学研究所拓本
	图3	琅琊台刻石	京都大学人文科学研究所拓本
	图4	496（下），497（上）	彭浩、陈伟、工藤元男编《亚洲地域文化学丛书别卷 二年律令与奏谳书》（上海古籍出版、2006）

插图出处

第一编第三章

	图 1	E. P. F22:151A,B	《居延新简 甲渠候官》(中华书局 1991)
	图 2-1	E. P. F22:125	同上
		E. P. F22:126A	同上
		E. P. F22:126B	同上
		E. P. F22:127	同上
		E. P. F22:128	同上
		E. P. F22:129	同上
	图 2-2	E. P. F22:130	同上
		E. P. F22:131	同上
		E. P. F22:132	同上
		E. P. F22:133	同上
		E. P. F22:134	同上
		E. P. F22:135	同上
	图 2-3	E. P. F22:136	同上
		E. P. F22:137	同上
		E. P. F22:138	同上
		E. P. F22:139	同上
		E. P. F22:140	同上
		E. P. F22:141	同上
	图 2-4	E. P. F22:142	同上
		E. P. F22:143	同上
		E. P. F22:144	同上
		E. P. F22:145	同上
		E. P. F22:146	同上
		E. P. F22:147	同上
	图 2-5	E. P. F22:148	同上
		E. P. F22:149	同上
		E. P. F22:150	同上
		E. P. F22:151A,B（上）、(下)	同上
	图 3	E. P. T44:30A	同上
		E. P. T44:30B	同上
		E. P. T44:30C	同上

411

图 4	278·7A	《居延汉简 图版之部》("中央研究院"历史语言研究所 专刊21 1957)
	278·7B	同上
图 5	99ES16SF3:1A(上)	《额济纳汉简》(广西师范大学出版社 2005)
	99ES16SF3:1A(下)	同上
	99ES16SF3:1B,C(下)	同上
图 6	2000ES9SF3:4A	同上
	2000ES9SF3:4B	同上
	2000ES9SF3:4C	同上
	2000ES9SF3:4D	同上
	2000ES9SF3:4E	同上
图 7	E.P.F22:476	《居延新简 甲渠候官》(中华书局 1991)
图 8	E.P.F22:473A	同上
	E.P.F22:473B	同上
图 9	E.P.F22:474A	同上
	E.P.F22:474B	同上
图 10	E.P.F22:475A	同上
	E.P.F22:475B	同上
图 11	E.P.F22:389	同上
图 12	E.P.T52:83	同上
图 13	E.P.T57:108A	同上
	E.P.T57:108B	同上
图 14	D1448 玉门花海 77.J.H.S:1	《敦煌汉简》(中华书局 1991)
图 15	D1972A,B	同上
	D1972C	同上

第二编第一章

图 1	99ES16ST1:1—8	《额济纳汉简》(广西师范大学出版社 2005)
图 2	D1972A,B	《敦煌汉简》(中华书局 1991)
	D1972C	同上

图3		金海出土《论语》木简	国立庆州博物馆编《文字からみた新羅》(国立庆州博物馆 2002)136页,图版314
图4		观音寺出土《论语》木简	德岛县教育委员会・德岛县埋藏文化中心・国土交通省四国地方整备局编《観音寺遺跡》Ⅰ(観音寺遺跡木简篇)(德县埋藏文化中心 2002)

第二编第二章

图1		悬针	《居延汉简 图版之部》("中央研究院"历史语言研究所 专刊21 1957)、《居延新简 甲渠候官》(中华书局 1991)
图2		波磔	同上
图3		45・10B	《居延汉简 图版之部》("中央研究院"历史语言研究所 专刊21 1957)
		E. P. S4. T2:53A	《居延新简 甲渠候官》(中华书局 1991)
		E. P. T59:333	同上
图4		E. P. T48:130B	《居延新简 甲渠候官》(中华书局 1991)
图5		552・1 A27	《居延汉简 图版之部》("中央研究院"历史语言研究所 专刊21 1957)
		E. P. T51:163A	《居延新简 甲渠候官》(中华书局 1991)
图6		24・3	《居延汉简 图版之部》("中央研究院"历史语言研究所 专刊21 1957)
图7		E. P. T49:89A	《居延新简 甲渠候官》(中华书局 1991)
图8		E. P. F22:82	同上

图9	E.P.F22:56A	同上
	E.P.F22:56B	同上
图10	507·2A	《居延汉简 图版之部》（"中央研究院"历史语言研究所 专刊21 1957）
图11	E..P.F22:144	《居延新简 甲渠候官》（中华书局 1991）
	E.P.F22:145	同上
	E.P.F22:146	同上
	E.P.F22:147	同上
	E.P.F22:148	同上
	E.P.F22:149	同上
	E.P.F22:150	同上
	E..P.F22:151A,B（上）	同上
	E..P.F22:151A,B（下）	同上
图12	E.P.T59:340A	同上
	E.P.T59:340B	同上

第二编第三章

图1	D1065A	《敦煌汉简》（中华书局 1991）
图2	160·4	《居延汉简 图版之部》（"中央研究院"历史语言研究所 专刊21 1957）
图3	74·6A	同上
图4	E.P.F22:280	《居延新简 甲渠候官》（中华书局 1991）
图5	E.P.T51:213A	同上
图6	E.P.T59:359	同上
图7	58·29	《居延汉简 图版之部》（"中央研究院"历史语言研究所 专刊21 1957）
图8	E.P.T14:1	《居延新简 甲渠候官》（中华书局 1991）
图9	E.P.T40:7	同上

图 10	E. P. T40:8	同上
图 11	20·1	《居延汉简 图版之部》("中央研究院"历史语言研究所 专刊21 1957)
图 12	E. P. T56:1	《居延新简 甲渠候官》(中华书局 1991)
图 13	E. P. T48:118	同上
图 14	D1381	《敦煌汉简》(中华书局 1991)
图 15	D1219A	同上
图 16	259·5A	《居延汉简 图版之部》("中央研究院"历史语言研究所 专刊21 1957)
图 17	136·43	同上
图 18	140·1A	同上
图 19	55·1A	同上
图 20	E. P. T51:440	《居延新简 甲渠候官》(中华书局 1991)
图 21	28·15	《居延汉简 图版之部》("中央研究院"历史语言研究所 专刊21 1957)
图 22	35·22A	同上
图 23	E. P. F22:45A	《居延新简 甲渠候官》(中华书局 1991)
图 24	E. P. F22:47A	同上
图 25	E. P. F22:48A	同上
图 26	E. P. F22:50A	同上
图 27	E. P. F22:54A	同上
图 28	E. P. F22:51A	同上
图 29	E. P. F22:163	同上
图 30	E. P. F22:460A	同上
图 31	46·5	《居延汉简 图版之部》("中央研究院"历史语言研究所 专刊21 1957)
图 32	E. P. F22:82	《居延新简 甲渠候官》(中华书局 1991)
图 33	E. P. T48:25	同上

第三编第一章

图1	317·1	《居延汉简 图版之部》("中央研究院"历史语言研究所 专刊21 1957)
图2	157·14	同上
图3	E.P.T52:83	《居延新简 甲渠候官》(中华书局 1991)

第三编第二章

图1	170·3A	《居延汉简 图版之部》("中央研究院"历史语言研究所 专刊21 1957)
图2	15·19	同上
图3	140·1A	同上
图4	Ⅱ90DXT0216-②	中国文物研究所《出土文献研究》第七辑
图5	E.P.T59:677	《居延新简 甲渠候官》(中华书局 1991)
图6	175·20	《居延汉简 图版之部》("中央研究院"历史语言研究所 专刊21 1957)
图7	65·7	同上
图8	65·9	同上
图9	D1393	《敦煌汉简》(中华书局 1991)
图10	51·4	《居延汉简 图版之部》("中央研究院"历史语言研究所 专刊21 1957)
图11	62·13	同上
图12	140·3	同上
图13	170·7	同上
图14	25·2	同上

第三编第三章

图1	88·14	同上
图2	24·2	同上
图3	E.P.T52:1	《居延新简 甲渠候官》(中华书局 1991)

图 4	铜制椭圆形枡	《中国古代度量衡图集》（文物出版社 1981）图版 117
图 5	177·10	《居延汉简 图版之部》（"中央研究院"历史语言研究所 专刊 21 1957）
	177·13	同上
	250·5	同上
	177·11	同上
图 6	125·13	同上
	177·9	同上
	177·15	同上
	177·18,20	同上
图 7	E. P. F22:72	《居延新简 甲渠候官》（中华书局 1991）
	E. P. F22:73	同上
	E. P. F22:74	同上
	E. P. F22:75	同上
	E. P. F22:76	同上
	E. P. F22:77	同上
图 8-1	E. P. T68:195	同上
	E. P. T68:196	同上
	E. P. T68:197	同上
	E. P. T68:198	同上
	E. P. T68:199	同上
	E. P. T68:200	同上
	E. P. T68:201	同上
图 8-2	E. P. T68:202	同上
	E. P. T68:203	同上
	E. P. T68:204	同上
	E. P. T68:205	同上
	E. P. T68:206	同上
	E. P. T68:207	同上

"海外中国研究丛书"书目

1. 中国的现代化 [美]吉尔伯特·罗兹曼 主编 国家社会科学基金"比较现代化"课题组 译 沈宗美 校
2. 寻求富强:严复与西方 [美]本杰明·史华兹 著 叶凤美 译
3. 中国现代思想中的唯科学主义(1900—1950) [美]郭颖颐 著 雷颐 译
4. 台湾:走向工业化社会 [美]吴元黎 著
5. 中国思想传统的现代诠释 余英时 著
6. 胡适与中国的文艺复兴:中国革命中的自由主义,1917—1937 [美]格里德 著 鲁奇 译
7. 德国思想家论中国 [德]夏瑞春 编 陈爱政 等译
8. 摆脱困境:新儒学与中国政治文化的演进 [美]墨子刻 著 颜世安 高华 黄东兰 译
9. 儒家思想新论:创造性转换的自我 [美]杜维明 著 曹幼华 单丁 译 周文彰 等校
10. 洪业:清朝开国史 [美]魏斐德 著 陈苏镇 薄小莹 包伟民 陈晓燕 牛朴 谭天星 译 阎步克 等校
11. 走向21世纪:中国经济的现状、问题和前景 [美]D.H.帕金斯 著 陈志标 编译
12. 中国:传统与变革 [美]费正清 赖肖尔 主编 陈仲丹 潘兴明 庞朝阳 译 吴世民 张子清 洪邮生 校
13. 中华帝国的法律 [美]D.布朗 C.莫里斯 著 朱勇 译 梁治平 校
14. 梁启超与中国思想的过渡(1890—1907) [美]张灏 著 崔志海 葛夫平 译
15. 儒教与道教 [德]马克斯·韦伯 著 洪天富 译
16. 中国政治 [美]詹姆斯·R.汤森 布兰特利·沃马克 著 顾速 董方 译
17. 文化、权力与国家:1900—1942年的华北农村 [美]杜赞奇 著 王福明 译
18. 义和团运动的起源 [美]周锡瑞 著 张俊义 王栋 译
19. 在传统与现代性之间:王韬与晚清革命 [美]柯文 著 雷颐 罗检秋 译
20. 最后的儒家:梁漱溟与中国现代化的两难 [美]艾恺 著 王宗昱 冀建中 译
21. 蒙元入侵前夜的中国日常生活 [法]谢和耐 著 刘东 译
22. 东亚之锋 [美]小R.霍夫亨兹 K.E.柯德尔 著 黎鸣 译
23. 中国社会史 [法]谢和耐 著 黄建华 黄迅余 译
24. 从理学到朴学:中华帝国晚期思想与社会变化面面观 [美]艾尔曼 著 赵刚 译
25. 孔子哲学思微 [美]郝大维 安乐哲 著 蒋弋为 李志林 译
26. 北美中国古典文学研究名家十年文选 乐黛云 陈珏 编选
27. 东亚文明:五个阶段的对话 [美]狄百瑞 著 何兆武 何冰 译
28. 五四运动:现代中国的思想革命 [美]周策纵 著 周子平 等译
29. 近代中国与新世界:康有为变法与大同思想研究 [美]萧公权 著 汪荣祖 译
30. 功利主义儒家:陈亮对朱熹的挑战 [美]田浩 著 姜长苏 译
31. 莱布尼兹和儒学 [美]孟德卫 著 张学智 译
32. 佛教征服中国:佛教在中国中古早期的传播与适应 [荷兰]许理和 著 李四龙 裴勇 等译
33. 新政革命与日本:中国,1898—1912 [美]任达 著 李仲贤 译
34. 经学、政治和宗族:中华帝国晚期常州今文学派研究 [美]艾尔曼 著 赵刚 译
35. 中国制度史研究 [美]杨联陞 著 彭刚 程钢 译

36. 汉代农业:早期中国农业经济的形成　[美]许倬云 著　程农 张鸣 译　邓正来 校
37. 转变的中国:历史变迁与欧洲经验的局限　[美]王国斌 著　李伯重 连玲玲 译
38. 欧洲中国古典文学研究名家十年文选　乐黛云 陈珏 龚刚 编选
39. 中国农民经济:河北和山东的农民发展,1890—1949　[美]马若孟 著　史建云 译
40. 汉哲学思维的文化探源　[美]郝大维 安乐哲 著　施忠连 译
41. 近代中国之种族观念　[英]冯客 著　杨立华 译
42. 血路:革命中国中的沈定一(玄庐)传奇　[美]萧邦奇 著　周武彪 译
43. 历史三调:作为事件、经历和神话的义和团　[美]柯文 著　杜继东 译
44. 斯文:唐宋思想的转型　[美]包弼德 著　刘宁 译
45. 宋代江南经济史研究　[日]斯波义信 著　方健 何忠礼 译
46. 一个中国村庄:山东台头　杨懋春 著　张雄 沈炜 秦美珠 译
47. 现实主义的限制:革命时代的中国小说　[美]安敏成 著　姜涛 译
48. 上海罢工:中国工人政治研究　[美]裴宜理 著　刘平 译
49. 中国转向内在:两宋之际的文化转向　[美]刘子健 著　赵冬梅 译
50. 孔子:即凡而圣　[美]赫伯特·芬格莱特 著　彭国翔 张华 译
51. 18世纪中国的官僚制度与荒政　[法]魏丕信 著　徐建青 译
52. 他山的石头记:宇文所安自选集　[美]宇文所安 著　田晓菲 编译
53. 危险的愉悦:20世纪上海的娼妓问题与现代性　[美]贺萧 著　韩敏中 盛宁 译
54. 中国食物　[美]尤金·N.安德森 著　马嬱 刘东 译　刘东 审校
55. 大分流:欧洲、中国及现代世界经济的发展　[美]彭慕兰 著　史建云 译
56. 古代中国的思想世界　[美]本杰明·史华兹 著　程钢 译　刘东 校
57. 内闱:宋代的婚姻和妇女生活　[美]伊沛霞 著　胡志宏 译
58. 中国北方村落的社会性别与权力　[加]朱爱岚 著　胡玉坤 译
59. 先贤的民主:杜威、孔子与中国民主之希望　[美]郝大维 安乐哲 著　何刚强 译
60. 向往心灵转化的庄子:内篇分析　[美]爱莲心 著　周炽成 译
61. 中国人的幸福观　[德]鲍吾刚 著　严蓓雯 韩雪临 吴德祖 译
62. 闺塾师:明末清初江南的才女文化　[美]高彦颐 著　李志生 译
63. 缀珍录:十八世纪及其前后的中国妇女　[美]曼素恩 著　定宜庄 颜宜葳 译
64. 革命与历史:中国马克思主义历史学的起源,1919—1937　[美]德里克 著　翁贺凯 译
65. 竞争的话语:明清小说中的正统性、本真性及所生成之意义　[美]艾梅兰 著　罗琳 译
66. 中国妇女与农村发展:云南禄村六十年的变迁　[加]宝森 著　胡玉坤 译
67. 中国近代思维的挫折　[日]岛田虔次 著　甘万萍 译
68. 中国的亚洲内陆边疆　[美]拉铁摩尔 著　唐晓峰 译
69. 为权力祈祷:佛教与晚明中国士绅社会的形成　[加]卜正民 著　张华 译
70. 天潢贵胄:宋代宗室史　[美]贾志扬 著　赵冬梅 译
71. 儒家之道:中国哲学之探讨　[美]倪德卫 著　[美]万白安 编　周炽成 译
72. 都市里的农家女:性别、流动与社会变迁　[澳]杰华 著　吴小英 译
73. 另类的现代性:改革开放时代中国性别化的渴望　[美]罗丽莎 著　黄新 译
74. 近代中国的知识分子与文明　[日]佐藤慎一 著　刘岳兵 译
75. 繁盛之阴:中国医学史中的性(960—1665)　[美]费侠莉 著　甄橙 主译　吴朝霞 主校
76. 中国大众宗教　[美]韦思谛 编　陈仲丹 译
77. 中国诗画语言研究　[法]程抱一 著　涂卫群 译
78. 中国的思维世界　[日]沟口雄三 小岛毅 著　孙歌 等译

79. 德国与中华民国　[美]柯伟林 著　陈谦平 陈红民 武菁 申晓云 译　钱乘旦 校
80. 中国近代经济史研究:清末海关财政与通商口岸市场圈　[日]滨下武志 著　高淑娟 孙彬 译
81. 回应革命与改革:皖北李村的社会变迁与延续　韩敏 著　陆益龙 徐新玉 译
82. 中国现代文学与电影中的城市:空间、时间与性别构形　[美]张英进 著　秦立彦 译
83. 现代的诱惑:书写半殖民地中国的现代主义(1917—1937)　[美]史书美 著　何恬 译
84. 开放的帝国:1600年前的中国历史　[美]芮乐伟·韩森 著　梁侃 邹劲风 译
85. 改良与革命:辛亥革命在两湖　[美]周锡瑞 著　杨慎之 译
86. 章学诚的生平与思想　[美]倪德卫 著　杨立华 译
87. 卫生的现代性:中国通商口岸健康与疾病的意义　[美]罗芙芸 著　向磊 译
88. 道与庶道:宋代以来的道教、民间信仰和神灵模式　[美]韩明士 著　皮庆生 译
89. 间谍王:戴笠与中国特工　[美]魏斐德 著　梁禾 译
90. 中国的女性与性相:1949年以来的性别话语　[英]艾华 著　施施 译
91. 近代中国的犯罪、惩罚与监狱　[荷]冯客 著　徐有威 等译　潘兴明 校
92. 帝国的隐喻:中国民间宗教　[英]王斯福 著　赵旭东 译
93. 王弼《老子注》研究　[德]瓦格纳 著　杨立华 译
94. 寻求正义:1905—1906年的抵制美货运动　[美]王冠华 著　刘甜甜 译
95. 传统中国日常生活中的协商:中古契约研究　[美]韩森 著　鲁西奇 译
96. 从民族国家拯救历史:民族主义话语与中国现代史研究　[美]杜赞奇 著　王宪明 高继美 李海燕 李点 译
97. 欧几里得在中国:汉译《几何原本》的源流与影响　[荷]安国风 著　纪志刚 郑诚 郑方磊 译
98. 十八世纪中国社会　[美]韩书瑞 罗友枝 著　陈仲丹 译
99. 中国与达尔文　[美]浦嘉珉 著　钟永强 译
100. 私人领域的变形:唐宋诗词中的园林与玩好　[美]杨晓山 著　文韬 译
101. 理解农民中国:社会科学哲学的案例研究　[美]李丹 著　张天虹 张洪云 张胜波 译
102. 山东叛乱:1774年的王伦起义　[美]韩书瑞 著　刘平 唐雁超 译
103. 毁灭的种子:战争与革命中的国民党中国(1937—1949)　[美]易劳逸 著　王建朗 王贤知 贾维 译
104. 缠足:"金莲崇拜"盛极而衰的演变　[美]高彦颐 著　苗延威 译
105. 饕餮之欲:当代中国的食与色　[美]冯珠娣 著　郭乙瑶 马磊 江素侠 译
106. 翻译的传说:中国新女性的形成(1898—1918)　胡缨 著　龙瑜宬 彭珊珊 译
107. 中国的经济革命:20世纪的乡村工业　[日]顾琳 著　王玉茹 张玮 李进霞 译
108. 礼物、关系学与国家:中国人际关系与主体性建构　杨美惠 著　赵旭东 孙珉 译　张跃宏 译校
109. 朱熹的思维世界　[美]田浩 著
110. 皇帝和祖宗:华南的国家与宗族　[英]科大卫 著　卜永坚 译
111. 明清时代东亚海域的文化交流　[日]松浦章 著　郑洁西 等译
112. 中国美学问题　[美]苏源熙 著　卞东波 译　张强强 朱霞欢 校
113. 清代内河水运史研究　[日]松浦章 著　董科 译
114. 大萧条时期的中国:市场、国家与世界经济　[日]城山智子 著　孟凡礼 尚国敏 译　唐磊 校
115. 美国的中国形象(1931—1949)　[美]T.克里斯托弗·杰斯普森 著　姜智芹 译
116. 技术与性别:晚期帝制中国的权力经纬　[英]白馥兰 著　江湄 邓京力 译

117. 中国善书研究　[日]酒井忠夫 著　刘岳兵 何英莺 孙雪梅 译
118. 千年末世之乱:1813年八卦教起义　[美]韩书瑞 著　陈仲丹 译
119. 西学东渐与中国事情　[日]增田涉 著　由其民 周启乾 译
120. 六朝精神史研究　[日]吉川忠夫 著　王启发 译
121. 矢志不渝:明清时期的贞女现象　[美]卢苇菁 著　秦立彦 译
122. 明代乡村纠纷与秩序:以徽州文书为中心　[日]中岛乐章 著　郭万平 高飞 译
123. 中华帝国晚期的欲望与小说叙述　[美]黄卫总 著　张蕴爽 译
124. 虎、米、丝、泥:帝制晚期华南的环境与经济　[美]马立博 著　王玉茹 关永强 译
125. 一江黑水:中国未来的环境挑战　[美]易明 著　姜智芹 译
126. 《诗经》原意研究　[日]家井真 著　陆越 译
127. 施剑翘复仇案:民国时期公众同情的兴起与影响　[美]林郁沁 著　陈湘静 译
128. 华北的暴力和恐慌:义和团运动前夕基督教传播和社会冲突　[德]狄德满 著　崔华杰 译
129. 铁泪图:19世纪中国对于饥馑的文化反应　[美]艾志端 著　曹曦 译
130. 饶家驹安全区:战时上海的难民　[美]阮玛霞 著　白华山 译
131. 危险的边疆:游牧帝国与中国　[美]巴菲尔德 著　袁剑 译
132. 工程国家:民国时期(1927—1937)的淮河治理及国家建设　[美]戴维·艾伦·佩兹 著　姜智芹 译
133. 历史宝筏:过去、西方与中国妇女问题　[美]季家珍 著　杨可 译
134. 姐妹们与陌生人:上海棉纱厂女工,1919—1949　[美]韩起澜 著　韩慈 译
135. 银线:19世纪的世界与中国　林满红 著　詹庆华 林满红 译
136. 寻求中国民主　[澳]冯兆基 著　刘悦斌 徐硙 译
137. 墨梅　[美]毕嘉珍 著　陆敏珍 译
138. 清代上海沙船航运业史研究　[日]松浦章 著　杨蕾 王亦诤 董科 译
139. 男性特质论:中国的社会与性别　[澳]雷金庆 著　[澳]刘婷 译
140. 重读中国女性生命故事　游鉴明 胡缨 季家珍 主编
141. 跨太平洋位移:20世纪美国文学中的民族志、翻译和文本间旅行　黄运特 著　陈倩 译
142. 认知诸形式:反思人类精神的统一性与多样性　[英]G.E.R.劳埃德 著　池志培 译
143. 中国乡村的基督教:1860—1900江西省的冲突与适应　[美]史维东 著　吴薇 译
144. 假想的"满大人":同情、现代性与中国疼痛　[美]韩瑞 著　袁剑 译
145. 中国的捐纳制度与社会　伍跃 著
146. 文书行政的汉帝国　[日]富谷至 著　刘恒武 孔李波 译
147. 城市里的陌生人:中国流动人口的空间、权力与社会网络的重构　[美]张骊 著　袁长庚 译
148. 性别、政治与民主:近代中国的妇女参政　[澳]李木兰 著　方小平 译
149. 近代日本的中国认识　[日]野村浩一 著　张学锋 译
150. 狮龙共舞:一个英国人笔下的威海卫与中国传统文化　[英]庄士敦 著　刘本森 译　威海市博物馆 郭大松 校
151. 人物、角色与心灵:《牡丹亭》与《桃花扇》中的身份认同　[美]吕立亭 著　白华山 译
152. 中国社会中的宗教与仪式　[美]武雅士 著　彭泽安 邵铁峰 译　郭潇威 校
153. 自贡商人:近代早期中国的企业家　[美]曾小萍 著　董建中 译
154. 大象的退却:一部中国环境史　[英]伊懋可 著　梅雪芹 毛利霞 王玉山 译
155. 明代江南土地制度研究　[日]森正夫 著　伍跃 张学锋 等译　范金民 夏维中 审校
156. 儒学与女性　[美]罗莎莉 著　丁佳伟 曹秀娟 译

157. 行善的艺术:晚明中国的慈善事业(新译本) [美]韩德玲 著 曹晔 译
158. 近代中国的渔业战争和环境变化 [美]穆盛博 著 胡文亮 译
159. 权力关系:宋代中国的家族、地位与国家 [美]柏文莉 著 刘云军 译
160. 权力源自地位:北京大学、知识分子与中国政治文化,1898—1929 [美]魏定熙 著 张蒙 译
161. 工开万物:17世纪中国的知识与技术 [德]薛凤 著 吴秀杰 白岚玲 译
162. 忠贞不贰:辽代的越境之举 [英]史怀梅 著 曹流 译
163. 内藤湖南:政治与汉学(1866—1934) [美]傅佛果 著 陶德民 何英莺 译
164. 他者中的华人:中国近现代移民史 [美]孔飞力 著 李明欢 译 黄鸣奋 校
165. 古代中国的动物与灵异 [英]胡司德 著 蓝旭 译
166. 两访中国茶乡 [英]罗伯特·福琼 著 敖雪岗 译
167. 缔造选本:《花间集》的文化语境与诗学实践 [美]田安 著 马强才 译
168. 扬州评话探讨 [丹麦]易德波 著 米锋 易德波 译 李今芸 校译
169. 《左传》的书写与解读 李惠仪 著 文韬 许明德 译
170. 以竹为生:一个四川手工造纸村的20世纪社会史 [德]艾约博 著 韩巍 译 吴秀杰 校
171. 东方之旅:1579—1724耶稣会传教团在中国 [美]柏理安 著 毛瑞方 译
172. "地域社会"视野下的明清史研究:以江南和福建为中心 [日]森正夫 著 于志嘉 马一虹 黄东兰 阿风 等译
173. 技术、性别、历史:重新审视帝制中国的大转型 [英]白馥兰 著 吴秀杰 白岚玲 译
174. 中国小说戏曲史 [日]狩野直喜 张真 译
175. 历史上的黑暗一页:英国外交文件与英美海军档案中的南京大屠杀 [美]陆束屏 编著/翻译
176. 罗马与中国:比较视野下的古代世界帝国 [奥]沃尔特·施德尔 主编 李平 译
177. 矛与盾的共存:明清时期江西社会研究 [韩]吴金成 著 崔荣根 译 薛戈 校译
178. 唯一的希望:在中国独生子女政策下成年 [美]冯文 著 常姝 译
179. 国之枭雄:曹操传 [澳]张磊夫 著 方笑天 译
180. 汉帝国的日常生活 [英]鲁惟一 著 刘洁 余霄 译
181. 大分流之外:中国和欧洲经济变迁的政治 [美]王国斌 罗森塔尔 著 周琳 译 王国斌 张萌 审校
182. 中正之笔:颜真卿书法与宋代文人政治 [美]倪雅梅 著 杨简茹 译 祝帅 校译
183. 江南三角洲市镇研究 [日]森正夫 编 丁韵 胡婧 等译 范金民 审校
184. 忍辱负重的使命:美国外交官记载的南京大屠杀与劫后的社会状况 [美]陆束屏 编著/翻译
185. 修仙:古代中国的修行与社会记忆 [美]康儒博 著 顾漩 译
186. 烧钱:中国人生活世界中的物质精神 [美]柏桦 著 袁剑 刘玺鸿 译
187. 话语的长城:文化中国历险记 [美]苏源熙 著 盛珂 译
188. 诸葛武侯 [日]内藤湖南 著 张真 译
189. 盟友背信:一战中的中国 [英]吴芳思 克里斯托弗·阿南德尔 著 张宇扬 译
190. 亚里士多德在中国:语言、范畴和翻译 [英]罗伯特·沃迪 著 韩小强 译
191. 马背上的朝廷:巡幸与清朝统治的建构,1680—1785 [美]张勉治 著 董建中 译
192. 申不害:公元前四世纪中国的政治哲学家 [美]顾立雅 著 马腾 译
193. 晋武帝司马炎 [日]福原启郎 著 陆帅 译
194. 唐人如何吟诗:带你走进汉语音韵学 [日]大岛正二 著 柳悦 译

195. 古代中国的宇宙论　[日]浅野裕一 著　吴昊阳 译
196. 中国思想的道家之论:一种哲学解释　[美]陈汉生 著　周景松 谢尔逊 等译　张丰乾 校译
197. 诗歌之力:袁枚女弟子屈秉筠(1767—1810)　[加]孟留喜 著　吴夏平 译
198. 中国逻辑的发现　[德]顾有信 著　陈志伟 译
199. 高丽时代宋商往来研究　[韩]李镇汉 著　李廷青 戴琳剑 译　楼正豪 校
200. 中国近世财政史研究　[日]岩井茂树 著　付勇 译　范金民 审校
201. 魏晋政治社会史研究　[日]福原启郎 著　陆帅 刘萃峰 张紫毫 译
202. 宋帝国的危机与维系:信息、领土与人际网络　[比利时]魏希德 著　刘云军 译
203. 中国精英与政治变迁:20世纪初的浙江　[美]萧邦奇 著　徐立望 杨涛羽 译　李齐 校
204. 北京的人力车夫:1920年代的市民与政治　[美]史谦德 著　周书垚 袁剑 译　周育民 校
205. 1901—1909年的门户开放政策:西奥多·罗斯福与中国　[美]格雷戈里·摩尔 著　赵嘉玉 译
206. 清帝国之乱:义和团运动与八国联军之役　[美]明恩溥 著　郭大松 刘本森 译
207. 宋代文人的精神生活(960—1279)　[美]何复平 著　叶树勋 单虹泽 译
208. 梅兰芳与20世纪国际舞台:中国戏剧的定位与置换　[美]田民 著　何恬 译
209. 郭店楚简《老子》新研究　[日]池田知久 著　曹峰 孙佩霞 译
210. 德与礼——亚洲人对领导能力与公众利益的理想　[美]狄培理 著　闵锐武 闵月 译
211. 棘闱:宋代科举与社会　[美]贾志扬 著